हिंदी

कैनन-निर्मा

हिंदी में 'प्रतिमानीकरण की प्रक्रिया' पर पहली आलोचनात्मक पुस्त

हिंदी आलोचना में कैनन-निर्माण की प्रक्रिया

मृत्युंजय

राजकमल प्रकाशन
नयी दिल्ली पटना इलाहाबाद कोलकाता

ISBN : 978-81-267-2713-1

मूल्य : ₹ 500

पहला संस्करण : 2015

प्रकाशक : राजकमल प्रकाशन प्रा. लि.
1-बी, नेताजी सुभाष मार्ग, दरियागंज
नई दिल्ली-110 002

शाखाएं : अशोक राजपथ, साइंस कॉलेज के सामने, पटना-800 006
पहली मंजिल, दरबारी बिल्डिंग, महात्मा गांधी मार्ग, इलाहाबाद-211 001
36 ए, शेक्सपियर सरणी, कोलकाता-700 017

वेबसाइट : www.rajkamalprakashan.com
ई-मेल : info@rajkamalprakashan.com

मुद्रक : बी.के. ऑफसेट
नवीन शाहदरा, दिल्ली-110 032

HINDI AALOCHANA MEIN CANON NIRMAN KI PRAKRIYA
Criticism by Mrityunjay

- ग्रियर्सन
- तासी
- मिश्रबंधु
- रामचंद्र शुक्ल
- नंददुलारे वाजपेई
- हजारी प्रसाद द्विवेदी
- रामविलास शर्मा
- मुक्तिबोध
- नामवर सिंह
- निर्मल वर्मा
- विजयदेव नारायण साही
- स्त्री और दलित-विमर्श

भूमिका

इस किताब की अवधारणा दिवंगत प्रो. सत्यप्रकाश मिश्र की थी। सन् 1989 में इलाहाबाद विश्वविद्यालय के हिंदी विभाग द्वारा आयोजित प्रतिष्ठित 'निराला व्याख्यानमाला' में नामवर जी के व्याख्यान में 'कविता के नए प्रतिमान' पर पुनर्विचार के साथ 'कैनन' की बात भी उठी थी। हालांकि उस व्याख्यान में 'कैनन' का प्रयोग काफी विस्तृत संदर्भों में किया गया पर वहीं से सत्यप्रकाश जी ने इसे चिह्नित किया और मेरे सुपुर्द किया। उन्होंने हिंदी आलोचना में कैनन-निर्माण की प्रक्रिया को रेखांकित करने की सलाह के साथ इस संदर्भ में कुछ प्रारंभिक सुझाव भी दिये थे। अब, जैसा भी यह कार्य बन पड़ा है, इसके पूरे होने पर उनकी याद आना नितांत स्वाभाविक है। शायद वे होते तो उनकी टिप्पणियों और कठोर आलोचनाओं से और बेहतरी संभव हो पाती।

इस विषय को धारण करने और उस पर संकेंद्रित करने में मुझे काफी समय लगा। हिंदी आलोचना में कैनन-निर्माण की प्रक्रिया को दरसाने और उसके विश्लेषण के लिए पहले कैनन की परिभाषा से मैंने उन अंशों को चुना जो हिंदी आलोचना से संबंध रख सकते थे। इस प्रक्रिया में कठिनाइयां आईं। प्रथम तो कैनन पर चली पश्चिमी बहसों का प्रारंभिक स्रोत कम मिला। दूसरे, ये बहसें बहुत काम इसलिए नहीं आईं क्योंकि हिंदी आलोचना की प्रकृति और स्वरूप पर उन आधारों पर बहस नहीं की जा सकती थी। उदाहरण के लिए पश्चिम में कैनन पर बहस में शैक्षिक संस्थाओं आदि को महत्त्वपूर्ण माना गया। ऐसे किसी अध्ययन की अनुमति न तो मेरा यह विषय देता है और न ही मैं अपने को यहां तक ले जा सका। दूसरे, रंगभेद और स्त्री-विमर्शों के जरिए पश्चिम की कैनन संबंधी आलोचना में बहसें संचालित हुईं। हमारे हिंदी प्रदेश के साहित्य और आलोचना में अभी स्त्री और दलित विमर्शों ने आलोचनात्मक कैननों को धक्का ही दिया है। इस दिशा में और अधिक विकास की अभी हम कामना ही कर सकते हैं। हिंदी आलोचना के बहुलांश में अभी भी इन कैननों द्वारा उठाए गए प्रश्नों के संदर्भ मौजूद नहीं हैं।

इस विषय में 'कैनन-निर्माण की प्रक्रिया' पद-बंध आलोचना के इतिहास के पूर्वापर संबंधों में कैननों की खोज के लिए मुझे धकेलता रहा। संदर्भ यह कि

क्रमागत रूप से कैननों का विकास खोजने की बजाय यह भी धारणा मन में आई कि कैननों के आधार में परिवर्तन को चिह्नित करते हुए आलोचना के विकासक्रम को परखा जाए। जैसे तुलसी ग्रियर्सन शुक्ल और रामविलास शर्मा-तीनों के कैनन में शामिल हैं। कैनन के निर्माण की प्रक्रिया यहां से भी देखी जा सकती है पर यह प्रक्रिया अपनाने में बड़ा खतरा यह था कि इससे एक कैनन से दूसरे कैनन में विकास का ढांचा अनदेखा छूट जाएगा। इसलिए मैंने मूलत: आलोचना के इतिहास का ही ढांचा पकड़ा है।

इसी संदर्भ में यह भी निवेदन करना जरूरी लगता है कि मैंने आलोचना के इतिहास का ढांचा मात्र ही प्रयोग किया है। इसलिए कई महत्त्वपूर्ण आलोचक इस किताब की विवेचन सीमा में नहीं हैं। मैंने प्रयत्न किया है कि कैनन-निर्माण की प्रक्रिया के लिहाज से महत्त्वपूर्ण कोई आलोचक न छूटे, पर ऐसी स्थिति में जहां किसी एक आलोचक के विश्लेषण से कैनन-निर्माण की प्रक्रिया की गुत्थी मेरी समझ से खुल सकी है, वहां अन्यों का किंचित उल्लेख मात्र किया गया है। दूसरे, ऐसे आलोचक, जिनके कैनन आलोचना के कैनन-निर्माण की प्रक्रिया में उतने महत्त्वपूर्ण नहीं समझे गए, उनका भी थोड़ा जिक्र है। तीसरे, हिंदी आलोचना मुख्यत: कविता केंद्रित रही है। मैंने भी इसीलिए कविता आलोचना में ही कैनन-निर्माण की प्रक्रिया को रेखांकित करने का प्रयास किया है। ये मानक मुझे इसलिए बनाने पड़े क्योंकि हिंदी के समूचे आलोचना-भंडार के अवगाहन के लिए न तो यह अकेला काम पर्याप्त है और न मेरी मति। इस अनुशासन के बाद भी विषय का विस्तार मुझे चुनौती देता रहा। तुलसी के शब्दों में 'मन मति रंक, मनोरथ राऊ' वाले हालात रहे। बावजूद इसके, अब यह आपके सामने है।

इस विषय पर काम करते हुए मैंने पाया कि हिंदी आलोचना में कैनन-निर्माण की प्रक्रिया इतिहास की बहसों से गहरे रची-बसी है। लगभग हर आलोचक ने अपने समय-समाज पर टिप्पणी की है। ये टिप्पणियां कभी सीधी राजनीतिक हैं तो कभी वे आलोचना के बीच से झांकती हैं। अपने समय-समाज में चल रहे नवजागरण और हिंदी आलोचना के उद्भव का संबंध बहुत घना है। हमारे राष्ट्र-निर्माण की प्रक्रिया से कैनन-निर्माण की प्रक्रिया का बहुत दूर तक संबंध है। जैसे-जैसे देश बन रहा था, वैसे-वैसे आलोचना के कैनन और उनके आधार भी बदल रहे थे। जहां आलोचना का आभास लिये आरंभिक कामों में उपनिवेशवाद की गहरी छाया है, वहीं मिश्रबंधुओं के कैनन में नवजागरण की प्रतिध्वनि लिये हुए पुराने और नए का द्वंद्व मिलता है। शुक्ल जी के कैनन में उपनिवेशवाद का जबरदस्त प्रतिरोध और नवजागरण की समस्याएं मौजूद हैं। उनके बाद के आलोचकों के आलोचनात्मक कैननों पर राष्ट्र की परिभाषा के विस्तार का दबाव साफ लक्ष्य किया जा सकता है।

बाद इसके आलोचना में कैनन-निर्माण की प्रक्रिया मार्क्सवाद के समर्थन और विरोध की धुरी पर गतिशील रही। रामविलास शर्मा ने विचारधारा के रूप में मार्क्सवाद को प्रतिष्ठित किया और उनके आलोचनात्मक कैननों में उपनिवेशवाद विरोध का जबरदस्त देशी पाठ मौजूद है। उन्होंने राष्ट्र की अवधारणा को 1857 के स्वाधीनता संग्राम से गहरे जोड़ दिया। मुक्तिबोध ने शीतयुद्ध के तनावों और उसकी पृष्ठभूमि में कैननों के लिए नए आधार तलाशे और नई समीक्षा की बहसों, 'कामायनी' के पुनर्मूल्यांकन और रचना-प्रक्रिया के सहारे भारतीय आधुनिक आलोचना का पाठ तैयार किया। नामवर सिंह ने नई कविता से जूझते हुए नए प्रतिमान गढ़े। विजयदेव नारायण साही ने शमशेर और जायसी को कैनन में शामिल करते हुए दो ध्रुवों के बीच अवस्थित सृजन की पड़ताल की। रचना की स्वायत्तता और वर्तमानता आदि को आधार बनाते हुए उन्होंने मार्क्सवादी आलोचना का प्रतिपक्ष निर्मित किया। निर्मल वर्मा ने इस कड़ी को एक सैद्धांतिक ऊंचाई देते हुए यूरोपीय ज्ञानमीमांसा के बरअक्स सनातनता पर आधारित भारतीयता की खोज उपन्यासों को आधार बनाकर की।

अभी हिंदी आलोचना में कैनन-निर्माण के लिहाज से अस्मिता विमर्श, स्त्री और दलित-विमर्श महत्त्वपूर्ण हैं। इनसे जुड़े आलोचक पुराने कैननों और उनके निर्माण की प्रक्रियाओं पर प्रश्नचिह्न लगा रहे हैं। जहां तक नए कैननों के निर्माण का प्रश्न है, इस दिशा में अभी काफी काम होना बाकी है। खासतौर पर अपने कैननों के आधार पर इतिहास के पुनर्मूल्यांकन का प्रश्न अभी इन विमर्शों के लिए बना ही हुआ है। आलोचना में आई इन सरणियों पर स्वतंत्र काम की जरूरत है।

इस काम में दो आलोचना पुस्तकों—क्रमशः 'उत्तर औपनिवेशिकता के स्रोत और हिंदी साहित्य' : [प्रणय कृष्ण] और 'समकालीन कविता और मार्क्सवाद' : [आशुतोष कुमार]—से काफी मदद मिली। प्रो. नित्यानंद तिवारी, श्री सूर्यनारायन, अवधेश, दुर्गा सिंह, कमलाकांत और तूलिका आदि बहुतेरे वरिष्ठों और मित्रों से कई मानीखेज सुझाव मिले, उनका आभारी हूं। साथ ही हिंदी विभाग, इलाहाबाद विश्वविद्यालय का, जिसका वह दौर अब स्मृति में ही है, और हमेशा रहेगा।

—मृत्युंजय

अनुक्रम

हिंदी आलोचना में
कैनन-निर्माण की प्रक्रिया

अध्याय : एक

कैनन क्या है?

कैनन की व्युत्पत्ति, अर्थ एवं इतिहास

सन् 1989 में इलाहाबाद विश्वविद्यालय के हिंदी विभाग द्वारा आयोजित 'निराला व्याख्यानमाला' में डॉ. नामवर सिंह ने व्याख्यान दिया और उसी सिलसिले में अपनी पुस्तक 'कविता के नए प्रतिमान' पर पुनर्विचार भी किया। अपने इसी वक्तव्य में उन्होंने आलोचना द्वारा मान-निर्धारण की प्रक्रिया की चर्चा की। इसी संदर्भ में उन्होंने कैनन और कैनन-निर्माण पर भी टिप्पणी की जो हिंदी आलोचना में कैनन की अवस्थिति के साथ-साथ उसके प्रारूपों और कठिनाइयों की तरफ इशारा भी है। नामवर जी ने कविता, इतिहास, आलोचना, शिक्षण-संस्थाओं तथा पाठ्यक्रमों के सहारे कैनन की भूमिका को स्पष्ट किया।

व्याख्यान देते हुए नामवर सिंह ने कहा–"अंग्रेजी का एक शब्द है 'कैनन'। कैनन में हम 'हायरार्की ऑफ वैल्यूज' कायम करना चाहते हैं। मिश्रबंधुओं ने हिंदी नवरत्न में एक कैनन का निर्माण किया। यह जो प्रतिमानीकरण [कैननाइजेशन] है साहित्य का, वह कैसे होता है? मैं यह कहना चाहता हूं कि हिंदी आलोचना हिंदी साहित्य के इतिहास का अंग नहीं है, बल्कि हिंदी साहित्य का इतिहास हिंदी आलोचना का अंग है। विश्वविद्यालय और शिक्षा-संस्थाएं निरंतर इस 'कैनन' का निर्माण करते रहते हैं। हिंदी साहित्य का इतिहास एक 'कैनन' है। तुलसी से लेकर निराला, मुक्तिबोध तक एक 'कैनन' बना हुआ है। 'कैनन' का विरोधाभास यह है कि वह एक ही साथ कालातीत भी होता है और नितांत समकालीन भी। अगर ऐसा नहीं होगा तो 'कैनन', 'कैनन' नहीं रहेगा। अतः कविता के नए प्रतिमानों की चर्चा करते हुए मैं कहना चाहता हूं कि इस 'कैनन-निर्माण' की प्रक्रिया पर भी विचार होना चाहिए।"[1]

इस पुस्तक की मूल अवधारणा नामवर जी के इसी व्याख्यान से निःसृत है।

पाश्चात्य धर्मशास्त्र से आए शब्द 'कैनन' के आशयों में उलटफेर की प्रक्रिया अनवरत चलती रही है। यूरोपीय दुनिया में मूल रूप से गिरजे संबंधी नियम-कानून या आदर्श और निर्णय कुछ पुस्तकों पर निर्भर होते थे। इन्हीं नियमों-कानूनों,

संहिताओं को 'कैनन' कहा गया। अंग्रेजी-हिंदी शब्दकोशों में 'कैनन' के निम्नांकित अर्थ मिलते हैं–

1. धर्मनिरपेक्ष कानून, नियम या संहिता
2. निर्णय, मानदंड या कसौटी का आधार
3. चर्च द्वारा औपचारिक रूप से अनुमोदित बाइबल, किताबें
4. रोमन कैथोलिक चर्च द्वारा मान्य संतों का कैलेंडर
5. लेखक के लेखन की प्रामाणिक सूची
6. नियमों-प्रतिज्ञाओं से बंधा किसी धार्मिक समूह का व्यक्ति
7. संगीत, एक रचना या अनुच्छेद
8. छपाई की एक प्रकार की नाप
9. गिरजे में कार्यरत पुजारियों का एक समूह
10. गिरजे संबंधी कानून, चर्च समितियों द्वारा स्थापित विधियों की नियमावली।[2]

जान ग्विलोरी ने इस अवधारणा की व्युत्पत्ति ग्रीक शब्द से मानते हुए लिखा– "कैनन शब्द प्राचीन ग्रीक के 'Kanon' से बना है, जिसका अर्थ छड़ या छड़ी होता है। यह शब्द मापन के संदर्भ में प्रयुक्त होता था। कालांतर में यह शब्द अपना द्वितीयक अर्थ संप्रेषित करने लगा और इसे मापदंड और नियमों से जोड़कर देखा जाने लगा।"[3]

धर्मशास्त्र में कैनन-निर्माण [कैननाइजेशन] रोमन कैथोलिक चर्च की वह प्रक्रिया है, जिसके द्वारा कोई व्यक्ति संत के रूप में वर्गीकृत किया जाता है। अब सिर्फ रोम में प्रचलित यह प्रथा पहले मध्यकाल में लगभग सारी दुनिया में व्याप्त थी। सन् 1634 में कैनन-निर्माण की एक औपचारिक प्रक्रिया गिरजे द्वारा बनाई गई, जिसका स्वरूप एक जांच-जिरह का होता था। किसी मुकदमे की कार्यवाही जैसी इस प्रक्रिया में चर्च, संत को अपने बचाव के लिए कहता था और संत के प्रतिपक्ष में एक अभियोजक को भी खड़ा किया जाता था। यह अभियोजक संत द्वारा अपने पक्ष में दी जाने वाली युक्तियों का खंडन करता था। इस प्रक्रिया में विजित होने और दो चमत्कार दिखाने के बाद ही कोई व्यक्ति संत के रूप में कैनन में शामिल हो पाता था। प्रसंगत: चर्च ने 1983 से चमत्कारों और आचार-व्यवहार के आधार पर ही कैनन-निर्माण की पद्धति अपना ली। किन धर्मगुरुओं की किन रचनाओं को चर्च संबंधी व्यवहारों में शामिल किया जाएगा, यही प्रक्रिया कैथोलिकों में कैनन-निर्माण की प्रक्रिया थी।

वरिष्ठ कवि और आलोचक नीलाभ ने इस प्रक्रिया की पड़ताल इस तरह की है–"ये दोनों ही शब्द [कैनन और कैननाइजेशन], जैसा हमने कहा, ईसाई कैथोलिक संप्रदाय की पारिभाषिक शब्दावली के शब्द हैं और इनका संबंध धार्मिक कानून से है। यह कानून 'एक्लिसिस्टिकल लॉ' है, यानी इसका संबंध ईसाई चर्च की आंतरिक कार्य-प्रणाली से है यानी उस समूची प्रक्रिया से है, जो परा-सांसारिक मामलों का

निबंधन करती है। इसमें सामान्य पादरियों से लेकर बिशप, आर्चबिशप, कार्डिनल और अंततः पोप तक की समूची हायरार्की, समूची श्रेणीबद्ध व्यवस्था आती है। इससे अलग जो है, वह टेम्पोरल और सेक्युलर है, इहलौकिक है और ईसाई धर्मावलंबियों का वह सामान्य सहज है, जिसे 'लेयटी' कहा जाता है। 'कैनन' अर्थात पढ़ने योग्य पुस्तकों की सूची सबसे पहले और ऐकांतिक रूप से उस पुरोहित समूह के लिए बनती है, जो चर्च की आंतरिक व्यवस्था का अंग है। सामान्य जन चाहे तो उसे माने, न चाहे तो न माने। इसी तरह संतों का बनाया जाना एक अत्यंत जटिल, औपचारिक प्रक्रिया है, जिसमें सामान्य जन की प्रत्यक्ष रूप से कोई हिस्सेदारी नहीं होती। हिंदुस्तान के विपरीत, जहां किसी व्यक्ति को संत मानना न मानना प्रमुखतः सामान्य जन की मान्यता पर निर्भर करता है, ईसाई चर्च में यह विशेषाधिकार केवल चर्च के पुरोहित-वर्ग का है। बाद में सामान्य जन भी पुरोहितों के निर्णय को स्वीकार कर लेते हैं। महज सामान्य जन की आस्था, विश्वास या मान्यता किसी को संत बनाने के लिए काफी नहीं है।''[4] इसी संदर्भ में वे आगे लिखते हैं–'' ...कैनन–वह मूलतः ईसाई कैथोलिक संप्रदाय का एक पारिभाषिक शब्द है, जो आलोचना में चला आया है। अपने मूल रूप में 'कैनन' के अर्थ हैं–फतवा, खासतौर पर धार्मिक कानून के तहत ऐसी पुस्तकों की सूची, जिन्हें पवित्र और पढ़ने योग्य समझा जाए–संतों की सूची। और 'कैननाइजेशन' का अर्थ है–किसी व्यक्ति को औपचारिक और आधिकारिक रूप से संतों की सूची में शामिल करना। लेकिन 'पवित्र और पढ़ने योग्य पुस्तकों' या 'संतों' की सूची जारी करते समय परस्पर इनमें कोई कोटि निर्धारण नहीं होता। प्रकारान्तर से ऐसी सूचियों से यह तो व्यंजित होता है कि जो पुस्तकें या व्यक्ति सूची में शामिल नहीं हैं, उन्हें चर्च 'पढ़ने योग्य' नहीं समझती अथवा 'संत' नहीं मानती। लेकिन चर्च उन पर कोई प्रतिकूल टिप्पणी भी नहीं करती। यही नहीं, बल्कि इन पुस्तकों या संतों के सिलसिले में श्रेष्ठता और अल्प श्रेष्ठता की दृष्टि से कोई विचार नहीं होता, कि अमुक-अमुक पुस्तक फलां-फलां पुस्तक से अधिक श्रेष्ठ या पढ़ने योग्य है, फलां-फलां संत अमुक-अमुक संत से श्रेष्ठ है।''[5]

इस तरह हम देखते हैं कि 'कैनन' शब्द मूल रूप से चर्च से आया। प्रारंभिक ईसाई ग्रंथों, उनकी टीकाओं और बाइबल के संदर्भ में प्रयुक्त होते-होते इस अवधारणा की अंतर्वस्तु का विकास हुआ। धर्म से साहित्यिक आलोचना में आते-आते इस अवधारणा के स्वरूप में काफी अंतर आ जाता है।

जान ग्विलोरी ने लिखा है–''इस शब्द का साहित्यिक आलोचना में पहला महत्त्वपूर्ण विश्लेषण चौथी शताब्दी में देखा गया। यहां कैनन का अर्थ पाठों अथवा रचनाकारों की सूची के संदर्भ में माना गया। इनका संदर्भ बाइबल पर लिखी टीकाओं और प्रारंभिक ईसाई धर्मशास्त्र के ग्रंथों से था। इस प्रसंग में कैनन ने, अपने

प्रयोगकर्ताओं को विकल्प के उन सिद्धांतों से परिचित कराया, जिसके द्वारा कुछ रचनाकार अथवा स्थापित कृतियां अन्य रचनाकारों या कृतियों से अधिक महत्त्वपूर्ण सिद्ध हुईं।''[6]

'गाइड टू लिटरेरी टर्म्स' में जैक लिंच ने साहित्यिक कैनन की अवधारणा पर प्रकाश डालते हुए लिखा–''साहित्यिक कैनन का पद साहित्य के वर्गीकरण को निर्दिष्ट करता है। यह पद किसी विशिष्ट काल या देश में घटित सबसे प्रमुख समझे जाने वाले साहित्यिक कार्यों के समूह के लिए व्यापक तौर पर इस्तेमाल किया जाता है।''[7] इन साहित्यिक कार्यों की अवस्थिति को और अधिक स्पष्ट करते हुए वे लिखते हैं–''उदाहरण के लिए किसी खास देश के साहित्यिक कार्य या कुछ विशेष वर्षों में हुए कार्य अथवा निश्चित समय और निश्चित क्षेत्र में किए गए साहित्यिक कार्यों का संकलन साहित्यिक कैनन कहलाता है। इस तरह एक साहित्यिक कैनन समान या संबंधित साहित्यिक कार्यों को स्थापित करता है।''[8]

साहित्य के वर्गीकरण के बहुविध तरीकों में ही साहित्यिक कैनन भी एक तरीका है। जहां साहित्य का वर्गीकरण करने वाली अन्य कोटियां स्थापित करने और वैधता प्रदान करने का दायित्व प्रायः नहीं निभाती हैं, वहीं कैनन स्पष्टतया ऐसा करता है। किसी रचनाकार या कृति के कैनन में शामिल होने का अर्थ है कि उसने विस्तृत पाठकीय और साहित्यिक कृतियों के बीच अपनी जगह सुस्थिर कर ली है। पारिभाषिक रूप से कैनन की अवधारणा क्लासिक के संदर्भ में देखी जाती रही है। समकालिकता से इस अवधारणा का संबंध कम ही है। ''कहा जा सकता है कि 'क्लासिक' और 'महान रचनाएं' और वे 'पाठ' जो साहित्यिक ग्रंथावलियों में बार-बार पुनःप्रकाशित होते हैं, कैनन का निर्माण करते हैं।''[9] कैनन के व्युत्पत्तिमूलक और धर्मशास्त्र से जुड़े अर्थ को भी ध्यान में रखा जाए तो उसके 'क्लासिक' से संबंध अधिक नजदीक के हैं। क्लासिक की अर्थच्छायाओं में 'स्थिरता' की भी एक ध्वनि होती है परंतु इसके निर्माण की प्रक्रिया का अध्ययन गतिशील रूप में ही संभव है। व्यावहारिक समीक्षा में स्थापित कृति या कृतिकार और आलोचना की सैद्धांतिकी के विकसित होने की प्रक्रियाओं को कैननों का अध्ययन करते हुए जांचा-परखा जाना संभव है। ठीक इसी तरह कैनन-निर्माण की प्रक्रिया का अध्ययन करते हुए कृति या कृतिकार के विश्लेषण के लिए आलोचक द्वारा प्रयुक्त पद्धतियों तक जाना संभव है।

पाश्चात्य साहित्यालोचना में कैनन पर बहस

अब हम पश्चिमी साहित्यालोचना में हाल-फिलहाल के वर्षों में चली बहसों का सिंहावलोकन करेंगे और कैनन के स्वरूप को लेकर चली बहसों पर दृष्टि डालेंगे।

पश्चिम में साहित्य के आलोचक इस बात को मानते हैं कि कैनन-निर्माण के लिए किसी भी साहित्यिक कृति का चुनाव धार्मिक कैननों के निर्माण की प्रक्रिया से अलग नहीं है। आलोचकों का मानना यह भी है कि मूल्य-निर्धारण का आधार बनने वाली तथाकथित वस्तुगतता दरअसल एक राजनीतिक एजेंडा है, जिसका इस्तेमाल साहित्यिक कैनन में अलग-अलग समूहों के प्रतिनिधित्व को रोकने के लिए किया जाता है। इन आलोचकों ने सशक्त तथ्यों के आधार पर यह तर्क निर्मित किया कि सरसरी निगाह से भी 'महान पश्चिमी साहित्य को देखा जाए तो वहां महिलाओं की उपस्थिति नगण्य है। अश्वेतों का प्रतिनिधित्व इससे भी कम है और निम्न वर्गों में पैदा हुए लेखक तो लगभग नदारद हैं।' संदर्भत: तब यहां निश्चित रूप से बहिष्करण की प्रविधि काम कर रही है। लगभग इसी स्थिति की ओर इशारा आज के हिंदी साहित्य में अस्मितावादी विमर्श [दलित और महिला] भी कर रहे हैं।

पर यह प्रक्रिया क्या है? इस प्रश्न से जूझते हुए रोचक परिकल्पनाएं दिखने लगती हैं। क्या हुआ होगा? क्या बहुत सारी श्रेष्ठ कृतियों के सृजन के बावजूद महिलाएं, अश्वेत या निम्न वर्ग के रचनाकार अपनी 'अस्मिता' के कारण कैनन में जगह नहीं बना सके? यदि ऐसा हुआ होगा तो कैनन-निर्माण का इतिहास एक षड्यंत्र की तरह हमारे सामने उपस्थित होगा; अर्थात एक सोची-समझी रणनीति के आधार पर उन लोगों की रचनाओं को बहिष्कृत किया गया होगा जो सामाजिक या राजनीतिक शक्तिसमूहों से संबद्ध न थे या जो वर्चस्वशाली समूह की विचारधारा को अपनी विचारधारा नहीं कहते थे।

इस आधार पर पश्चिम में बहुतेरी शोध परियोजनाएं शुरू हुईं जो विस्मृत कर दिए गए महत्त्वपूर्ण कार्यों को खोजने के उद्देश्य से परिचालित थीं। सचमुच कुछ महत्त्वपूर्ण रचनाएं खोजी भी गईं लेकिन उनकी संख्या अपेक्षतया बेहद कम थी और वह प्रभावी रूप से कैनन को बदलने या पदच्युत करने में समर्थ नहीं हुईं।

कोई रचना कैनन में कैसे शामिल होती है, यह एक विचारणीय प्रश्न है। इस प्रश्न को लेकर पाश्चात्य साहित्यालोचना में पर्याप्त बहसें हुई हैं। कैनन समर्थक पाश्चात्य विद्वानों ने इस प्रश्न का सीधा जवाब सुझाते हुए कहा कि कुछ रचनाएं महान होती हैं और महानता की पहचान के पश्चात वे कैनन का हिस्सा बन जाती हैं। लेकिन कैनन के पक्ष में दिया गया यह सीधा और सहज तर्क उस समय अपनी अन्वितियों में असंगत लगने लगता है जब हम देखते हैं कि भिन्न-भिन्न पाठकों द्वारा पढ़ी गई 'महान रचना' पर उनके विचार भिन्न-भिन्न होते हैं। ऐसी स्थिति में कौन कैसे तय कर सकता है कि उनमें से 'सही' कौन है? कुछ विद्वानों ने यह तर्क दिया कि दोनों पाठकों की मत-भिन्नता का कारण यह है कि किसी भी रचना के संदर्भ में मूल्य-निर्णय मात्र सौंदर्यगत आधारों पर किया जाना असंभव है।

कैनन विरोधी आलोचकों ने इस पूरी प्रक्रिया पर प्रश्नचिह्न लगाते हुए इस बहस को संदर्भित किया और कहा कि कैनन-निर्माण की प्रक्रिया सदैव से ही शक्तिशाली लोगों, समूहों के हितों के द्वारा ही प्रचालित होती रही है। यही कारण है कि कैनन के भीतर से महिलाएं, अश्वेत और निम्न वर्ग के रचनाकार गायब हैं। इस तरह हम देखते हैं कि पाश्चात्य साहित्यालोचन में कैनन को लेकर मोटे तौर पर दो वैचारिक सरणियां आपस में टकराती हुई दिखती हैं। जहां एक पक्ष मानता है कि महान साहित्य की पहचान होने मात्र से ही वह कैनन का हिस्सा हो जाता है, वहीं दूसरा पक्ष इस बात को प्रश्नांकित करते हुए कहता है कि ये निर्णय हमेशा से ही निहित स्वार्थों और पूर्वग्रहों से संचालित होते आए हैं। तो क्या साहित्यिक कृतियों के बारे में मूल्य-निर्णय अभिजन लोगों के छोटे से समूह के द्वारा नहीं बल्कि गुप्त मतदान द्वारा होना चाहिए? लेकिन यह गुप्त मतदान कौन करेगा? इस मांग के पीछे यह स्वाभाविक तर्क है कि यदि पुरुष, उच्चवर्गीय, श्वेत लोगों का कोई समूह किसी रचना का मूल्य-निर्णय करेगा तो उसके निर्णयों में निश्चित रूप से उनकी सामाजिक हैसियत, विश्वास और विचारधारा की झलक होगी। इसके विपरीत यदि मूल्य-निर्णय की प्रक्रिया में विभिन्न सामाजिक समुदाय शामिल हों तो कैनन अधिक समावेशी होगा। इस प्रक्रिया से उभरे कैनन समाज की विभिन्न अस्मिताओं, विभिन्न सामाजिक समूहों के हितों या पूरे समाज के अधिक प्रतिनिधि होंगे। लेकिन ठीक यहीं यह प्रश्न फिर उठेगा कि वे कौन सी संस्थाएं होंगी जो इस प्रक्रिया को संचालित करेंगी?

यदि इस तर्क को आधार बनाया जाए तो उपरोक्त प्रक्रिया से निःसृत कैनन में शामिल कृतियों की गुणवत्ता के बारे में निश्चित रूप से कुछ कहना असंभव होगा क्योंकि यहां निर्णय का आधार 'प्रतिनिधित्व' है। इस तर्क को कैनन को 'सबके लिए खोलने' [opening the canon] के रूप में जाना जाता है। यह तर्क प्रतिनिधिमूलक लोकतंत्र की अवधारणा पर आधारित है जहां मतभेदों को सामूहिक निर्णय प्रक्रिया के माध्यम से हल किया जाना चाहिए। इसका कारण यह है कि अल्पसंख्यक समुदायों के अधिकार इस प्रक्रिया में सुरक्षित रहेंगे। यह विचार सरणि कैनन-निर्माण की प्रक्रिया को मूलतः षड्यंत्रमूलक की जगह प्रतिनिधित्वमूलक बनाती है और ठीक-ठीक उस प्रक्रिया का उद्घाटन करने का यत्न करती है जिसमें कोई रचना किसी कैनन का हिस्सा बनती है। यह विचार सरणि दो भिन्न समूहों के किसी एक रचना के बारे में मतभेद की व्याख्या सुसंगत रूप से करती है लेकिन जब बात एक ही समूह के भिन्न-भिन्न व्यक्तियों की होती है तब इस सरणि की सीमाएं उजागर होने लगती हैं।

संदर्भतः 'सौंदर्यात्मक' प्रतिमानों को आधार बनाए बिना शायद हम एक ही समूह के व्यक्तियों के बीच मत वैभिन्न्य की व्याख्या न कर सकें। कैनन के

उदारवादी विचारकों का अंतर्विरोध इस बिंदु पर स्पष्ट है। यदि वे कैनन से बाहर रखी गई कुछ साहित्यिक कृतियों को कैनन में शामिल कराना चाहते हैं या कैनन में शामिल कृतियों के समकक्ष बनाना चाहते हैं तो इसका निर्णय उन्हें वास्तविक साहित्यिक प्रतिमानों के आधार पर करने की चेष्टा करनी होगी। निश्चय ही प्रतिनिधित्व के तर्क के आधार पर यह कार्यभार पूरा नहीं किया जा सकता। इस तर्क का अभिप्राय यह है कि किसी कृति के मूल्यांकन के लिए कुछ वस्तुगत प्रतिमान होते हैं। क्या किसी साहित्यिक कृति के मूल्य-निर्णय के लिए कुछ वस्तुगत प्रतिमान हो सकते हैं? पूरे पश्चिमी साहित्यालोचन की परंपरा में प्लेटो, अरस्तू से लेकर आज तक सौंदर्यशास्त्र के पूरे इतिहास में किसी कृति की महानता को स्थापित करने के लिए जो तर्क दिए जाते रहे हैं, उनमें से अधिकांश परस्पर विरोधी रहे हैं। भारतीय काव्यशास्त्र में भी विभिन्न संप्रदायों द्वारा कृति की महानता को स्थापित करने की कोई सर्वमान्य वस्तुगत कसौटी उपलब्ध नहीं है। ठीक इसी तरह कैनन के पक्षधर आलोचकों ने भी एक ही कृति को महान बताने के लिए परस्पर विरोधी तर्क दिए बल्कि कई बार तो आलोचकों ने कृति को महान सिद्ध करने के लिए नए आधार भी गढ़े ताकि कैनन में शामिल गई कृति लंबे समय तक कैनन में बनी रहे। इस पूरी प्रक्रिया में एक ही कृति को कई बार दो नितांत परस्पर विरोधी आधारों पर महान बताया गया। हिंदी में तुलसी, कबीर आदि कैननों में शामिल कवि हैं, जिनके मूल्यांकन के आधार अलग-अलग आलोचकों में अलग-अलग हैं।

कृति की महानता के निर्धारण के लिए चूंकि सार्वभौम प्रतिमान असंभाव्य थे इसलिए रूढ़िवादी कैनन समर्थकों को अंततः आस्था की शरण लेनी पड़ी। पर ये कैनन समर्थक इस आस्था की तात्त्विक और तर्कसंगत व्याख्या सैद्धांतिक स्तर पर न कर सके। तब फिर वही प्रश्न सामने आएगा कि किसी कृति की महानता के बारे में इन रूढ़िवादियों को कैसे पता चलता है? निष्कर्षतः कृतियों की महानता के बारे में निर्विवाद प्रतिमान आकाशकुसुम हैं। रूढ़िवादी कैनन समर्थकों के बारे में यह भी महत्त्वपूर्ण है कि वे सार्वदेशिक व सार्वकालिक मूल्य-निर्णय देते रहे। इस तरह उन्होंने सौंदर्य का एक पारलौकिक जगत रच लिया जहां या तो वे थे या उनके कैनन। वहां किसी तीसरे पक्ष की असहमतियों के लिए कोई गुंजाइश ही न थी। कैनन के रूढ़िवादी समर्थक अपने मूल्य-निर्णयों की पारलौकिकता के कारण सदैव उदारवादी आलोचकों के निशाने पर रहे। उदारवादी आलोचक लगातार इस बात पर ज़ोर देते रहे कि कोई भी मूल्य-निर्णय अंततः किसी समूह, काल और देश में अवस्थित होता है। अतः पारलौकिकता में वस्तुगतता और सार्वभौमिकता का दावा निरर्थकता से भरा है।

तब हम इस स्थिति में हैं कि न तो हम सौंदर्यात्मक मूल्यों को नकार सकते हैं और न ही मूल्य निर्धारकों की सामाजिक स्थिति को। दरअसल कैनन-निर्माण की प्रक्रिया में निर्णयों को इस तरह प्रश्नांकित करना एक गलत आधार बिंदु हो सकता है। यद्यपि संरक्षण के लिए किसी कृति का चुनाव एक निर्णयात्मक प्रक्रिया है जो जटिल मनोवैज्ञानिक और सामाजिक कारणों से संचालित होती है। कैनन-निर्माण की प्रक्रिया में मूल्य-निर्णय अनिवार्य घटक तो है लेकिन पर्याप्त नहीं। किसी कृति की महानता के बारे में किसी एक व्यक्ति का मूल्य-निर्णय अपने आप में महत्त्वहीन है जब तक कि वह किसी संस्था के संदर्भ में न किया जा रहा हो, क्योंकि संस्थाएं ही किसी कृति के पुनरुत्पादन और अनेक पीढ़ियों के लिए पुनःपरिचय को संभव बनाती हैं।

किसी कृति के संरक्षण का कार्य किसी पाठक की तात्कालिक प्रतिक्रिया के बजाय जटिल सामाजिक संदर्भों के द्वारा निर्धारित होता है। यदि सामाजिक संदर्भ और संस्थाएं कैनन का निर्माण करते हैं तो क्या कभी यह प्रक्रिया पूरी [closed] हो सकती है? इसे ईसाई धर्मशास्त्रीय कैननों के बारे में लागू करने पर ज्ञात होता है कि चर्च के कैनन में किसी कृति का होना या न होना उस कृति से अधिक चर्च के चरित्र के बारे में बताता है। धर्मशास्त्रीय कैनन में कोई कृति या तो सदैव के लिए शामिल होती है या वह सदैव के लिए निकाल दी जाती है। लेकिन क्या यही साहित्यिक कैनन के लिए भी लागू किया जा सकता है? क्या साहित्यिक कैनन कभी भी बंद कैनन हो सकता है? यह एक ऐतिहासिक तथ्य है कि साहित्यिक कैनन में लगातार कृतियां, कृतिकार जोड़े और निकाले जाते रहे हैं। अतः हम देख सकते हैं कि साहित्यिक कैनन धर्मशास्त्रीय या चर्च के कैननों से एकदम भिन्न अवधारणा है।

साहित्यिक कैननों में चर्च के कैननों की अपेक्षा लोकतंत्र की मात्रा अधिक है। इस बिंदु पर कहा जा सकता है कि साहित्यिक कैनन का निर्माण हठधर्मिता से आगे बढ़कर एक सामाजिक एजेंडा है। कई बार ऐसा भी संभव है कि कैनन-निर्माण की प्रक्रिया वर्चस्वशाली समूहों के द्वारा कृतियों को कैनन में शामिल करने या न करने या फिर उनकी वैचारिक विशुद्धता का निर्णय करने की प्रक्रिया से प्रभावित न होती हो। यदि कैनन-निर्माण का इतिहास कठोरतापूर्वक तमाम महत्त्वपूर्ण कृतियों के बहिष्करण का इतिहास है तो आज योजनाबद्ध तरीके से दबा दिए गए, बाहर किए गए ग्रन्थों की खोज की जानी चाहिए। लेकिन पूर्व शर्त यह है कि हमें स्थापित करना होगा कि ये कृतियां अपनी श्रेष्ठता में समकाल में कैनन में शामिल कृतियों के समकक्ष ठहरती हैं। उदाहरणार्थ पश्चिमी साहित्यालोचन में बहुत सारी महिलावादी आलोचकों ने यह प्रश्न उठाया है कि जो भी साहित्यिक कैनन अठारहवीं सदी में बने, उनमें पुरुष वर्चस्वशाली स्थिति में हैं। उनका आरोप है कि इन कैननों में कोई महिला

शामिल नहीं की गई। हिंदी में लिखित 'हिंदी साहित्य का आधा इतिहास' [डॉ. सुमन राजे] जैसी कृतियों के पीछे भी यही दृष्टि रही है। हिंदी में स्त्री-विमर्श का आगमन होने के साथ ही साथ यह सवाल उठना प्रारंभ हो गया कि साहित्य के कैननों में महिलाएं नगण्य क्यों हैं?

अंग्रेजी के एक महत्त्वपूर्ण संकलन 'नार्टन एंथालजी ऑफ इंग्लिश लिटरेचर' के पहले संस्करण में 1750 ई. के पहले की महिलाओं की कोई कृति शामिल ही नहीं की गई। तकरीबन दो दशकों की खोज और शोध के बाद इक्का-दुक्का लेखिकाओं को निकाला गया और उन्हें बाद के संस्करणों में शामिल किया गया। इसके क्या कारण हैं? अठारहवीं सदी के पहले पश्चिम में महिला लेखकों द्वारा महान कृतियों का सृजन लगभग नगण्य है। इस अनुपस्थिति का कारण बहुत स्पष्ट है। उस दौर में महिला लेखन ही बहुत कम मात्रा में हुआ। एक ऐसे समय में जब केवल पुरुषों को ही लिखना-पढ़ना सिखाया जाता रहा हो, या जब केवल पुरुषों की ही ऐसी सामाजिक स्थिति रही हो कि वे साहित्य का सृजन कर सकें, उस समय में महिला रचनाकारों द्वारा महान कृतियों का सृजन न होना एक स्वाभाविक सी बात है। अठारहवीं सदी के बाद जब से स्त्री-शिक्षा में बढ़ोतरी हुई, महिलाओं को पढ़ना-लिखना सिखाया जाने लगा, साहित्यिक कैननों में उनकी उपस्थिति दर्ज की जाने लगी।

हिंदी में हालांकि 'एंथालजी' की परंपरा पश्चिम की तरह समृद्ध नहीं है, पर फिर भी समय-समय पर निकलने वाले रचना-संकलनों को इसमें शामिल किया जा सकता है। इन संकलनों में संपादक अपने विवेक से कैनन बनाता है। कौन रचनाकार उसमें शामिल होंगे और कौन छूट जाएंगे, यह संपादक के विवेक पर निर्भर करता है। पुराने इतिहास ग्रंथों में, जिन्हें शुक्ल जी ने 'इतिवृत्त' कहा था, और स्वयं आचार्य शुक्ल के अपने इतिहास में भी शामिल किए गए कवियों की कसौटी में इसी तरह से संग्रह-त्याग का विवेक है। हिंदी और अंग्रेजी में इस प्रक्रिया के उदाहरण देते हुए नीलाभ ने लिखा– ''इन संचयनों में मान-निर्धारण के दो उदाहरण यहां विशेष रूप से उल्लेखनीय हैं। पहला उदाहरण अंग्रेजी साहित्य का है। एक लंबे समय तक सत्रहवीं सदी के महत्त्वपूर्ण अंग्रेजी कवि जॉन डन को अंग्रेजी कविता के दो महत्त्वपूर्ण संचयनों–पालग्रेव की 'गोल्डन ट्रेजरी' और 'ऑक्सफोर्ड बुक ऑफ इंग्लिश वर्स'–के शुरुआती संस्करणों में या तो शामिल नहीं किया गया या फिर महज एक कमतर कवि की हैसियत से शामिल किया गया। इस बात के बावजूद कि उनके समकालीन बेन जानसन उनके प्रशंसकों में थे। यह तो उन्नीसवीं सदी में जाकर हुआ कि कॉलरिज और ब्राउनिंग की कोशिशों के चलते जॉन डन का अंग्रेजी कविता में पुनर्वास हुआ। दूसरा उदाहरण सन् 1967 में प्रकाशित और डॉ. इंद्रनाथ मदान द्वारा सम्पादित संचयन 'कविता और कविता' का है, जिसमें भारतेंदु हरिश्चंद्र,

मैथिलीशरण गुप्त और अयोध्या सिंह उपाध्याय नहीं शामिल किए गए। अपने चयन का आधार बताते हुए डॉ. मदान ने लिखा है– "इस संकलन को तैयार करने का उद्देश्य उन कविताओं को देने का है, जो रचना की दृष्टि से संश्लिष्ट हों या जिनमें बहुत कम दरारें हों। इन कविताओं का संकलन करते–करते मुझे लगा है कि छायावाद या इसके पहले नामवर कवि हैं और इसके बाद कविताएं। भारतेंदु हरिश्चंद्र, मैथिलीशरण गुप्त, अयोध्या सिंह उपाध्याय आदि नामवर कवियों को इसलिए छोड़ना पड़ा है क्योंकि खोजने पर भी इनकी कविताएं नहीं मिल सकीं।"[10]

संकलन की यह भूमिका बताती है कि कवियों की पवित्र सूची के पीछे संपादक की क्या अवधारणा या मंशा है, और संपादक किस तरह से कैनन बनाते हैं। यही वह पद्धति है जिससे कैनन–निर्माण की प्रक्रिया आकार पाती है।

पश्चिमी साहित्यालोचन में अठारहवीं सदी के संकलनों में कैनन में यदि महिलाएं नहीं थीं तो निश्चय ही यह स्वाभाविक प्रक्रिया न थी। कहने का तात्पर्य यह है कि पुरुष आलोचकों ने महिला लेखकों को कैनन में शामिल किए जाने की मुखालफत की। लेकिन इन कार्रवाइयों से क्या हासिल हुआ? निश्चित रूप से कैनन में तो वे नहीं ही शामिल की जा सकीं, उन्हें गंभीर लेखन या लेखन मात्र से वंचित कर दिया गया।

तात्पर्य यह है कि साहित्यिक कैनन लोकतांत्रिक व्यवस्था की भांति न तो तमाम सामाजिक समूहों के प्रतिनिधित्व की गारंटी कर सकता है और न ही निर्णयों की सामाजिक परिस्थितियों को नकार करके 'परम सौंदर्यात्मक मूल्य' के सिद्धांतों की वकालत कर सकता है; अर्थात जितना लोकतांत्रिक अपनी प्रक्रिया में कैनन लगता है, उतना है नहीं। हमें इस बात पर ध्यान देना चाहिए कि इतिहास की प्रक्रियाओं में कोई कृति कैसे रची गई और उसका प्रचार–प्रसार कैसे हुआ। यह भी ध्यान देने की बात है कि कैसे कोई कृति पीढ़ी दर पीढ़ी युगों तक समय की धारा में बार–बार उत्पादित होती है, बार–बार पढ़ी जाती है और बार–बार पढ़ाई जाती रही है। इस संदर्भ बिंदु से कैनन–निर्माण की प्रक्रिया को देखने पर हम पाएंगे कि किसी कृति के कैनन में शामिल न होने की प्रक्रिया और 18वीं शताब्दी के पहले महिलाओं की कैनन में अनुपस्थिति के पीछे कौन से कारण विद्यमान थे। कैनन के आलोचक अपने तर्कों में जिस बात को 'महान' कृतियों के चयन से बहिष्करण तक सीमित रखते हैं, वास्तव में उसका एक ऐतिहासिक संदर्भ है। इस ऐतिहासिक संदर्भ में देखा जा सकता है कि समाज के बहुसंख्य समूहों को दरअसल साहित्यिक उत्पादन के साधनों, शिक्षा मात्र से वंचित कर दिया गया।

साहित्यिक कैननों के निर्माण को निर्धारित करने वाली ऐतिहासिक परिस्थितियों का अध्ययन करते समय रचनाओं के उत्पादन के साथ–साथ उनकी ग्राह्यता का भी

अध्ययन वांछित है। साहित्य का इतिहास सिर्फ इतना नहीं है कि हम क्या पढ़ते हैं बल्कि यह भी है कि कौन पढ़ता है, कौन लिखता है, किन सामाजिक स्थितियों में लिखा और पढ़ा जाता है। यह भी ध्यान में रखना होगा कि किस तरह का लिखा जाता है और उसका पाठक समूह कहां अवस्थित है। इन प्रश्नों का उत्तर तलाशने की प्रक्रिया में ही पश्चिमी साहित्यालोचना ने कैनन-निर्माण की ऐतिहासिक प्रक्रिया को अन्वेषित किया है।

धर्मशास्त्रीय कैनन और साहित्यिक कैनन की तुलना हमें कई बार गलत निष्कर्षों की तरफ ले जा सकती है। लेकिन इस तुलना को खारिज करने का अभिप्राय यह नहीं है कि साहित्य को विचारधारा और साहित्यिक संबंधों से अलग कर लिया जाए। पढ़ना और लिखना ऐसे तो दो भिन्न सामाजिक प्रक्रियाएं हैं परंतु वे सघन रूप से एक दूसरे से जुड़ी हुई हैं। इस बिंदु से कैनन-निर्माण की ग्राह्यता के इतिहास के बारे में बहुत सरलतापूर्वक कुछ भी नहीं कहा जा सकता। अन्य दूसरी सामाजिक प्रक्रियाओं की तरह ही लिखना और पढ़ना भी विभिन्न संस्थागत संगठनों द्वारा नियंत्रित और संचालित किए जाते रहे हैं। उदाहरण के लिए हम कह सकते हैं कि यदि किसी समाज में महिलाओं को विभिन्न सामाजिक दबावों के द्वारा लिखने और पढ़ने के लिए हतोत्साहित किया जाता है तो इसे उस समय के समाज में स्त्री-पुरुष संबंध और समाज के समूचे चरित्र के बारे में एक टिप्पणी समझा जा सकता है। यह तथ्य हमें बताता है कि उस समाज में कुछ निश्चित प्रकार के ज्ञानों, मसलन लिखने और पढ़ने की क्षमता का वितरण असमान है। यह असमान वितरण अपने कुछ पहलुओं में धन और संसाधनों के असमान वितरण जैसा ही है।

किसी भी मनुष्य में पढ़ने-लिखने की क्षमता जन्मजात नहीं होती। यह एक अर्जित किया हुआ गुण है। यदि इसे अर्जित कर भी लिया जाए तो साहित्यिक कृतियों का सृजन सिर्फ व्यक्ति की 'प्रतिभा' मात्र पर निर्भर नहीं करता है। यह सृजन उस सामाजिक हैसियत पर भी निर्भर करता है जो साहित्य के सृजन को संभव बनाती है। 18वीं शताब्दी के पूर्वार्द्ध में पश्चिम में शिक्षित हुई महिलाओं को चिट्ठी-पत्री लिखने के लिए प्रोत्साहित किया गया लेकिन प्रकाशन योग्य साहित्य के सृजन के नगण्य अवसर दिए गए। हिंदी में भी महिला रचनाकारों की लगातार कमी की वजह इस बिंदु से अन्वेषित की जा सकती है। पश्चिम में 18वीं शताब्दी के अंत में भी महिलाओं के पास महान उपन्यासों की रचना के अवसर तो थे परन्तु लंबी कविताओं और दार्शनिक लेखों के सृजन के अवसर ही नहीं प्राप्त हुए।

अत: हम कह सकते हैं कि किसी भी समाज में पढ़ने और लिखने की प्रक्रिया को बहुत ही सुनियोजित ढंग से नियंत्रित किया जाता रहा है। यह नियंत्रण व्यक्तिगत निर्णयों की अपेक्षा सामाजिक संस्थाओं द्वारा संचालित होता है। सामाजिक संस्थाएं

भी आकाश में नहीं होतीं, वे स्वयं किन्हीं वैचारिक शक्ति समूहों को वहन करती हैं। तब कैनन-निर्माण की प्रक्रिया की अंतिम कड़ी की खोज में हमें तत्कालीन समाज की वर्चस्वशाली और प्रतिरोध की धाराओं का अन्वेषण करना होगा।

कैनन-निर्माण की समस्या किसी समाज के व्यापक इतिहास का केवल एक पहलू है, कि उसने पढ़ने और लिखने की प्रक्रिया को किस तरह संगठित और नियंत्रित किया। यह शायद हमारे समय और समाज से पैदा हुआ भ्रम है कि हम अपनी इच्छानुसार कुछ भी, कभी भी, किसी भी तरह पढ़ने के लिए स्वतंत्र हैं। लेकिन सत्तावर्गों के वर्चस्व की अवधारणा के आइने में इस प्रक्रिया को देखा जाना चाहिए। ठीक बुर्जुवा लोकतंत्र की तरह, जो किसी खास वर्ग का होते हुए भी अपने को सभी वर्गों का प्रतिनिधि बताता है, कैनन भी यही करते हैं।

पढ़ने और लिखने की प्रक्रिया को नियंत्रित करने वाले संस्थान–मुख्यत: शिक्षण संस्थान या स्कूल हैं। किसी कृति के महत्त्व, उसकी प्रासंगिकता और उसे संरक्षित किए जाने की जरूरत के बारे में निर्णय स्कूलों की जरूरतों और उनके सामाजिक कार्यों के संदर्भ में ही होते आए हैं। शिक्षण संस्थान महज कृतियों के संरक्षण के संस्थान के रूप में ही नहीं उभरे। उनका सामान्य सामाजिक दायित्व भी था। यह दायित्व था विभिन्न प्रकार के ज्ञानों का वितरण। कैसे पढ़ा जाए और कैसे लिखा जाए के साथ-साथ स्कूलों के लिए यह भी उनके सामाजिक दायित्व का अंश था कि क्या पढ़ा और लिखा जाए।

पश्चिम में साहित्य के इतिहासकारों ने यह स्थापित किया कि लिखने और पढ़ने के ज्ञान का प्रसार करने की अपनी सामाजिक भूमिका के निर्वहन के संदर्भ में ही प्राचीन स्कूलों में सर्वप्रथम कैनन-निर्माण की प्रक्रिया दिखाई देती है। स्कूल की जरूरतों के मद्देनजर शोधार्थी और अध्यापकों की रुचि तमाम उपयुक्त कृतियों की खोज और उनके संरक्षण में थी। आधुनिक हिंदी साहित्य के शुरुआती वर्षों में फोर्ट विलियम कॉलेज की स्थापना को इसी संदर्भ बिंदु से देखा जा सकता है। यहां नई बात यह थी कि पुरानी भारतीय शिक्षा पद्धति लगभग समाप्तप्राय थी या खास वर्गों के अधीन थी। औपनिवेशिकों ने यहां अपने विद्यार्थियों, अफसरों के लिए शिक्षा की व्यवस्था की। इसमें निश्चय ही उनकी औपनिवेशिक शासन को सुदृढ़ करने की मंशा थी। बाद में जैसा कि यहां आधुनिकता के साथ भी हुआ, सामंती संस्कारों के साथ स्कूल की प्रणाली भी जारी रही।

प्रारंभ में चयन और संरक्षण की प्रक्रिया पश्चिम में पूरी तरह संस्थानों के उद्देश्य के अनुरूप ही थी। बाद में इस प्रक्रिया के पीछे सार्वदेशिक और सार्वकालिक प्रतिमानों की बात कही गई। हम देख सकते हैं कि कैनन की समस्या अपने प्रारंभिक रूप में पाठ्यक्रम की समस्या थी। संस्थानों को किसी कृति की 'महानता' अपनी

जरूरतों के अनुरूप निर्धारित करनी होती थी। प्रारंभिक स्कूलों की भूमिका लगभग आज के पुस्तकालयों जैसी थी। लेकिन यहां एक बड़ा भारी अंतर भी था जिसको नजरअंदाज करना कठिन है। आजकल के पुस्तकालयों में अच्छी और बुरी कृतियों का विभेद किए बगैर सभी कृतियों को संरक्षित और संगृहीत किया जाता है जबकि प्राचीन स्कूलों में ऐसा नहीं था। स्कूलों ने न सिर्फ साक्षरता प्रसार के केंद्र के बतौर काम किया बल्कि उन्होंने भाषा के स्तर पर समाज में श्रेणीकरण की प्रक्रिया को जन्म दिया। भारतीय संदर्भों में पुरानी संस्कृत शिक्षण परंपरा में हम इस श्रेणीकरण की झलक पाते हैं जब कालिदास या ऐसे ही किसी महान रचनाकार की रचनाओं में नायक और अन्य पात्रों अर्थात स्त्री, सेवक आदि की भाषा अलग-अलग होती है। यहां दुष्यंत संस्कृत बोलते हैं और शकुंतला पालि।

अर्नेस्ट राबर्ट कर्टियस ने अपनी किताब 'यूरोपियन लिटरेचर एंड द लैटिन मिडिल एज' में पश्चिम में स्कूलों की इस भूमिका को समझने के लिए प्राचीन रोम में सामाजिक श्रेणीकरण में भाषा की भूमिका को समझने की कोशिश की। उन्होंने कहा कि "लंबे अंतराल में कैननों में संरक्षित साहित्यिक कृतियों की भाषा और रोमन समाज में बोली जाने वाली भाषा के बीच भारी अंतर खड़ा हो गया। स्कूल वे स्थान थे जहां कैननों की प्राचीन भाषा के साथ पढ़ने-पढ़ाने के क्रम में तात्कालिक भाषा अंत:क्रिया कर रही थी। इस अंत:क्रिया ने एक नई भाषा को जन्म दिया जिसमें कुछ पुरानी भाषा का था, कुछ तात्कालिक भाषा का और कुछ ऐसा जो सर्वथा नवीन था। लेकिन यह भाषा स्कूलों में पढ़ने की सुविधा पाने वाले उच्चवर्गों के कब्जे में आई। इसीलिए प्राचीन रोम का कुलीन तबका लैटिन का ऐसा संस्करण बोलता है जो जनसामान्य की ठेठ भाषा से काफी अलग है। ध्यान दिया जाना चाहिए कि समाज में श्रेणीकरण की यह प्रक्रिया [कम से कम भाषा के क्षेत्र में] कैनन में सम्मिलित ग्रन्थों ने अपने सृजन के ठीक बाद नहीं संचालित कर दी, न ही उनके विचारधारात्मक संदेश ही इस प्रक्रिया को पूरा कर सके। यह एक सामाजिक प्रक्रिया में ही संभव हुआ जहां ये 'महान' ग्रन्थ स्कूलों की आवश्यकता के दास थे।"[11]

यहां यह प्रश्न उठ सकता है कि क्या स्कूलों और पाठ्यक्रमों का उद्देश्य भाषा मात्र के आधार पर समाज में श्रेणीकरण करना है? क्या स्कूलों में साहित्य पढ़ाते हुए अध्यापकों का उद्देश्य और महान नहीं होता? इन प्रश्नों पर विचार करते हुए हमें सदैव स्कूल जैसे संस्थानों और समाज व्यवस्था के अंतर्संबंधों पर ध्यान देना चाहिए। कोई भी सामाजिक व्यवस्था निश्चित ही किसी भी संस्थान को सिर्फ उसी रूप में अस्तित्ववान होने देती है जिस रूप में वह उसकी जरूरतों को पूर्ण करता है। यदि स्कूलों से मिलने वाला ज्ञान सबको समान रूप से उपलब्ध होता तो तस्वीर संभवत: एकदम अलग होती। लेकिन फिलहाल की 'लोकतांत्रिक शिक्षा प्रणाली' शिक्षा के

समान वितरण के खिलाफ है। जब तक स्कूल अपने सही अर्थों में सामाजिक भूमिका का निर्वहन करने की स्थिति में नहीं आ जाते तब तक कैनन और साहित्यिक पाठ्यक्रम व्यापक समाज के लिए अपकारक ही साबित होंगे।

रचना या रचनाकार के साहित्य की पहुंच किस वर्ग के पाठकों तक है, यह महत्त्वपूर्ण होता है। नीलाभ अपनी पुस्तक में इस विषय में चर्चा करते हुए लिखते हैं– ''और अंतिम कारण है–स्वीकृति। इस स्वीकृति का सबसे बड़ा आधार है–पाठ्यक्रम। एक बार पाठ्यक्रम का अंग बनने और अन्य तत्त्वों को अपने अनुकूल पाने पर शुक्ल जी का इतिहास अब वास्तव में 'कैनन' का 'कैनन' बन गया है।''[12]

नामवर सिंह ने कैनन के संदर्भ में बोलते हुए कहा था– ''विश्वविद्यालय और शिक्षण संस्थान निरंतर इस कैनन का निर्माण करते रहते हैं।''[13]

नीलाभ जी इस संदर्भ में भी शुक्ल जी के इतिहास को याद करते हैं। आचार्य शुक्ल अपने इतिहास में हिंदी साहित्य के इतिहास की आवश्यकता बताते हुए लिखते हैं– ''इधर जब से विश्व-विद्यालयों में हिंदी की उच्च शिक्षा का विधान हुआ तब से उसके साहित्य के शृंखलाबद्ध इतिहास की आवश्यकता का अनुभव छात्र और अध्यापक दोनों कर रहे थे।''[14]

इसी कैनन बनने की प्रक्रिया को ध्यान में रख नीलाभ जी ने यह विचारोत्तेजक प्रश्न उठाया है कि हिंदी में क्यों आचार्य शुक्ल का इतिहास किसी भी रचना या रचनाकार से ऊंचे आसन पर अवस्थित है, जबकि संसार की अन्य भाषाओं में सदैव साहित्येतिहास लेखक की प्रतिष्ठा, रचनाकार से कम होती है? उन्होंने आगे लिखा– ''ऐसा गौरव संसार की किसी अन्य भाषा के रचनाकार को न मिला होगा कि उसे उस भाषा और साहित्य के बड़े से बड़े रचनाकार से ज्यादा महत्त्वपूर्ण समझा जाए। अंग्रेजी साहित्य के बड़े से बड़े अध्येता से पूछिए। वह रचनाकारों के नाम गिना देगा, आलोचकों के नाम भी गिना देगा, मगर अंग्रेजी भाषा और साहित्य का इतिहास लिखने वालों को वह महज एकेडमिक महत्त्व का बताएगा। वहां साहित्य-समीक्षा के सिद्धांतों और सिद्धांतकारों का तो महत्त्व है, लेकिन साहित्य का इतिहास लिखने वालों का नहीं।''[15]

यह प्रश्न ठेठ हिंदी का है। नीलाभ का यह प्रश्न हिंदी साहित्य के भीतर कैनन-निर्माण की प्रवृत्तियों की छानबीन के लिए उकसाता तो है ही, साथ ही हिंदी आलोचना पर लदे औपनिवेशिक दबावों और उनके प्रतिकार के प्रयत्नों के ऐतिहासिक संदर्भ की ओर भी आकर्षित करता है। अगले अध्यायों में इस विषय पर विस्तार से विचार किया जाएगा।

जरूरी नहीं कि किसी भी महान साहित्यिक कृति का अध्ययन किसी व्यक्ति को विचारधारात्मक भ्रमों से उबार ले। महान साहित्यिक कृतियां या कभी-कभी तो

एक ही कृति सामाजिक समस्याओं के बारे में अलग-अलग या परस्पर विरोधी बातें करती हैं। साथ ही इन कृतियों के प्रभाव का ग्रहण भी अलग-अलग तरीकों से किया जाता है। तब ऐसी स्थिति में किसी साहित्यिक कृति के किसी व्यक्ति विशेष पर असर को ठीक-ठीक प्रगतिशील या प्रतिगामी नहीं कहा जा सकता। विद्वानों ने शायद इसीलिए प्रस्तावित किया कि हमें कैननों में एक ही तरह की साहित्यिक कृतियों के चुनाव को रोकना चाहिए। कैनन की एकरूपता की जगह 'कैनन के ऐतिहासीकरण' का नारा दिया गया। निश्चित ही साहित्यिक कैनन काफी हद तक इतिहास का विषय है। लंबी अवधि तक लोकप्रियता के चलते कोई कृति परा-ऐतिहासिक नहीं हो जाती। प्रसंगतः कैनन का निर्माण एक ऐतिहासिक घटना है जो पश्चिम में स्कूलों के इतिहास के साथ संबद्ध है।

जान ग्विलोरी ने यह प्रस्तावित किया है कि "यदि मुझे साहित्य के पाठ्यक्रमों पर पुनर्विचार का अवसर दिया जाए तो मैं कैनन के बाहर और भीतर की तमाम कृतियां पढ़ना चाहूंगा। लेकिन मैं उन्हें बेहतर तरीके से पढ़ना चाहूंगा। मैं पढ़ना चाहूंगा कि कृतियां अपने देश-काल में क्या कहती हैं, साथ ही यह भी कि मात्र कैनन में शामिल होने के कारण कृतियों पर आरोपित किए गए नए अर्थों और उनके वास्तविक अर्थ के बीच में क्या अंतर है।"[16]

इस तरह हम देखते हैं कि कैनन के समरूपीकरण की जगह ऐतिहासीकरण की प्रक्रिया पर जोर देने से हम साहित्यिक कृति पर सर्वथा नए अर्थ आरोपित कर देने की प्रक्रिया का निषेध करते हैं। साथ ही साथ यह समझना भी संभव हो पाता है कि किस तरह पढ़ने और लिखने की प्रक्रिया को सामाजिक व्यवस्थाएं और संस्थान नियंत्रित तथा संचालित करते हैं।

कैनन का हिंदी में प्रयोग

हिंदी आलोचना में कैनन-निर्माण की प्रक्रिया पर बात करते हुए निश्चय ही हम उन सारी बहसों से नहीं गुजर सकते जो पश्चिम में कैनन पर चलीं। यहां उन बहसों के संदर्भ बिंदु ही बदले हुए हैं। उदाहरण के लिए स्कूलों की भूमिका पर वहां बहुत बहसें हुईं। हिंदी समाज में स्कूलों का इतिहास देखें तो ज्ञात होता है कि आधुनिक स्वरूप में औपनिवेशिक कार्ययोजना के तहत स्कूल बने। इस आधार का प्रभाव आज तक शिक्षा व्यवस्था में देखा जा सकता है; जबकि पश्चिम के जिन स्कूलों में कैनन-निर्माण की बहस पर हमने ऊपर दृष्टि डाली, वे उपनिवेशवाद की छाया से मुक्त रहे। तब ऐसी स्थिति में, दो भिन्न परिस्थितियों में स्कूलों की भूमिकाएं भी निश्चय ही बदल गईं। भारतीय आधुनिक स्कूल का प्रारंभ फोर्ट विलियम कॉलेज से होता है। कहना न होगा कि इस कॉलेज का लक्ष्य क्या था। आगे चलकर स्कूल

स्वाधीनता आंदोलन में प्रमुख अस्त्र की तरह प्रयोग किए जाते हैं। इस तरह स्कूल यहां बिलकुल नई भूमिका में दिखते हैं।

प्रसंगत: यह अंतर आलोचना में भी देखा जा सकता है। हमने देखा कि पश्चिम में कैनन पर बहस की एक बड़ी परंपरा रही है। हिंदी में कैनन पर बहस की परंपरा तो नहीं ही है, हिंदी आलोचना के लिए यह एकदम नई अवधारणा है। हिंदी आलोचना में आलोचना के मानों पर तो बहस हुई है पर उसका संबंध कैनन-निर्माण से कम ही रहा है। शिवदान सिंह चौहान का 'आलोचना के मान' शीर्षक निबंध, जो इलाहाबाद में हुए 'साहित्यकार सम्मेलन' में 16 दिसंबर, 1957 को पढ़ा गया था, भी आलोचना के दायित्वों और समकालीन स्थितियों पर ही केंद्रित है। इस लंबे लेख में चौहान जी ने जिस दृष्टिबिंदु से बात की है, उसका उदाहरण इस उद्धरण से मिल जाएगा– "...मानव चेतना को हर पहलू से उन्नत और समृद्ध बनाना। इन तथ्यों को स्मरण रख के हर आलोचक अपने साहित्य ज्ञान और अनुभव से प्राप्त जीवन बोध के सहारे यथासंभव समन्वयकारी दृष्टिकोण का विकास तो कर ही सकता है। इसमें जिस आलोचक को जितनी सफलता मिलेगी, सत्यान्वेषण की दिशा में वह उसकी अपनी विशिष्ट देन और उपलब्धि होगी। आलोचना क्षेत्र की सामयिक अराजकता से लड़ने का यही एकमात्र तरीका है।"[17]

कुल मिलाकर हिंदी आलोचना में सैद्धांतिक बहसों से इस अवधारणा के सूत्र निकाले जा सकते हैं पर मान और मूल्य संबंधी ये बहसें ठीक-ठीक कैनन-निर्माण की प्रक्रियाओं की व्याख्या में बहुत उपयोगी साबित होती नहीं दिखती हैं।

हिंदी में कैनन शब्द के लिए मान, मूल्य, प्रतिमान, मानक आदि शब्द प्रयुक्त किए जाते रहे हैं। लेकिन अवधारणा के रूप में कैनन शब्द के अर्थ का वहन इनमें से कोई भी शब्द नहीं करता। मान और मूल्य अंग्रेजी के वैल्यू के अधिक नजदीक के हिंदी अर्थ हैं। इसके प्रयोग में वस्तु के समाज में प्रचलित गुण-दोषों का, और अर्थशास्त्र का अर्थ विन्यस्त हो गया है। विचारों के संसार में इनका प्रयोग सारतत्त्व के अर्थ के अधिक करीब है। ठीक इसी तरह प्रतिमान और मानक अंग्रेजी के स्टैंडर्ड की अर्थछवियों को अधिक व्यंजित करते हैं न कि कैनन के।

हालांकि हिंदी ही नहीं, संसार में साहित्यालोचना के सामने यह पुराना प्रश्न रहा है कि दूसरे क्षेत्रों के शब्द आलोचना के क्षेत्र में प्रविष्ट हों तो कैसे। उदाहरणार्थ अरस्तू का विरेचन मूलत: चिकित्साशास्त्र से आया हुआ शब्द था। साहित्यालोचन के क्षेत्र में इस समस्या का हल निकला कि शब्द नए क्षेत्र में आकर नई अर्थच्छायाओं की संभावना धारण कर लेते हैं। फिर प्रयोग करते-करते नई अर्थच्छवियां स्थायी हो जाती हैं। परंतु यह एक ही देशकाल में संभव है। दो भिन्न देशकालों में अवस्थित अवधारणाओं के विषय में यह लगभग असंभव है। यही समस्या कैनन के अनुवाद

को लेकर है। कैनन शब्द जिस तरह की ऐतिहासिक प्रक्रियाओं के बाद पश्चिम में विकसित हुआ, मूल्य, मान, प्रतिमान या मानक उन बहसों या प्रक्रियाओं तक पाठक को नहीं ले पाते। ईसाई धर्मशास्त्र से निकलकर जब यह शब्द पाश्चात्य साहित्यालोचन में प्रविष्ट हुआ तो उसने अपने सारे धर्मशास्त्रीय अर्थ नहीं खोए, क्योंकि इस शब्द का इतिहास वही था। इस शब्द के हिंदी अनुवाद में सर्वाधिक कठिनाई उस इतिहास के कारण ही है। अतः इस संपूर्ण शोध में कैनन शब्द का ही प्रयोग किया गया है।

अध्याय : दो

औपनिवेशिक कैनन

अंग्रेजों का औपनिवेशिक अभियान

[संदर्भ : फोर्ट विलियम कॉलेज]

> *द कॉलेज मस्ट स्टैंड, ऑर द एम्पायर मस्ट फॉल।*
> [कॉलेज–(फोर्ट विलियम)– बना रहना चाहिए, अन्यथा साम्राज्य का पतन हो जाएगा।]
> 12 अगस्त, 1802 को मार्क्विस वेलेजली द्वारा अपने मित्र डेविड स्काट को लिखे गए निजी पत्र से।[18]

फोर्ट विलियम कॉलेज, विलियम जोन्स द्वारा स्थापित 'एशियाटिक सोसाइटी' [15 जनवरी, 1874] के बाद शिक्षा के क्षेत्र में अंग्रेजों द्वारा स्थापित किया गया दूसरा महत्त्वपूर्ण संस्थान है। इस संस्थान ने, ऐसा कहा जाता है, पहली बार व्यवस्थित आधुनिक शिक्षा का प्रारंभ हिंदुस्तान में किया। मार्क्विस वेलेजली द्वारा स्थापित और योजनानिबद्ध किया गया यह कॉलेज लगभग पचास वर्षों [1800-1854] तक शिक्षा के क्षेत्र में काम करता रहा। कॉलेज का अध्ययन करते हुए हम न केवल आधुनिक भारतीय शिक्षा के प्रति अंग्रेजों का दृष्टिकोण देख सकते हैं, वरन आधुनिक गद्य की उत्पत्ति और उस समय की भाषा-संबंधी नीति की भी समीक्षा कर सकते हैं जो आगे चलकर कैनन-निर्माण में भूमिका निभाती रही।

'आधुनिकता' का जो रूप अंग्रेज यहां लेकर आए थे, वह किसी औद्योगिक बदलाव की नींव पर नहीं टिका था, न किसी ऐसे औद्योगिक बदलाव के कारण था जिसमें भारतीय सामाजिक संरचना में वर्गों के अंतर्विरोध का कारण कहा जा सके, वरन हिंदुस्तान को औपनिवेशिक शोषण के लायक बनाने की आवश्यकताओं के कारण उपजा था। यहां स्थापित आधुनिकता के अलग प्रकार थे। एडवर्ड सईद से बहस करते हुए मार्क्स के इस कथन को कि ब्रिटिश शासन भारत में 'इतिहास का अवचेतन औजार'

है, उसके समूचे परिदृश्य में रखते हुए एजाज अहमद ने कहा– ''ब्रिटेन ने जो इतिहास असल में बनाया, उसके बाद कौन इस तरह के 'अचेतन औजार' की चाह करेगा?''[19] आगे उन्होंने यह भी कहा– ''अब यह एकदम साफ है कि यह उपनिवेशवाद हमारे लिए कोई 'क्रांति' नहीं लेकर आया था, बल्कि यकीनन इसने हमारे संकटग्रस्त समाज के सामने पिछड़ी हुई संकल्पनाएं प्रस्तुत की थीं। यह संकट अठारहवीं सदी में तकनीकी और उत्पादन में गतिरोध के रूप में सामने आया।''[20]

डॉ. रामविलास शर्मा ने इस संदर्भ में बहस करते हुए अपनी किताब 'आचार्य रामचंद्र शुक्ल और हिंदी आलोचना' में इस धारणा को इन शब्दों में व्यक्त किया– ''अपरिवर्तित ग्राम समाजों के देश भारत में अंग्रेजों ने आकर पहली बार सामाजिक क्रांति की– इस धारणा के आधार पर नए-पुराने भारतीय साहित्य का जो मूल्यांकन होगा, वह उसे अस्वीकारने के अलावा और कुछ कर नहीं सकता।''[21]

रामविलास जी यहां न सिर्फ अपने उपनिवेशवाद विरोध को स्थापित कर रहे हैं बल्कि वे परंपरा और आधुनिकता के संबंधों को एक नए धरातल पर रखने का यत्न भी कर रहे हैं।

सन् 1800 आते-आते अंग्रेजों को अपने शासन को सुदृढ़ करने के लिए नये औजारों की जरूरत पड़ी। बंगाल का शासन हाथ में आ जाने के कारण अंग्रेजों की भाषा संबंधी मुश्किलें और बढ़ गई थीं। इस कारणवश फारसी, जो कि तब तक चली आ रही राज-काज की भाषा थी, अंग्रेजों के लिए अपर्याप्त साबित होने लगी। ऐसे में देशीभाषा के शिक्षण की राजनीतिक जरूरत के कारण ऐसी संस्था की जरूरत महसूस की गई जो अंग्रेज अधिकारियों को शिक्षित करे। अंग्रेजों की शिक्षा संबंधी गतिविधियों की यही आधारशिला थी। 10 जुलाई, 1800 को कॉलेज स्थापना के संदर्भ में वेलेजली ने नोट्स लिखे, जो कॉलेज स्थापना के मूल उद्देश्यों को भली भांति रेखांकित करते हैं– ''विभिन्न भाषा-भाषी और आचार, रूढ़ियों एवं धर्मों का अनुसरण करने वाली असंख्य जनता के साथ न्याय बरतना, विस्तार में यूरोप के कुछ बड़े-बड़े राज्यों के बराबर जिलों में भारी और पेचीदा मालगुजारी प्रथा को व्यवहार में लाना, संसार के सबसे अधिक घने बसे हुए और झगड़ालू भूमि भागों में शांति बनाए रखना, यही अब कंपनी के अधिकतर कर्मचारियों का काम है।...कंपनी की पूंजी का उस समय तक अपने को अधिक से अधिक लाभ और प्रतिष्ठा के साथ, या प्रजा के साथ यथेष्ट न्याय कर संचालन नहीं हो सकता जब तक कि उसके तिजारती एजेंट राजनीतिज्ञ के...गुणों से विभूषित न हों।...कारीगरों तथा श्रमिक वर्ग के अन्य लोगों का उत्पादक परिश्रम ही हमारी पूंजी का मूल स्रोत है।...यदि वे [ब्रिटिश कर्मचारी] देशी भाषा, जनता की रीति-रस्म और आचार के साथ-साथ देश के कायदे-कानून से परिचित होंगे...इसलिए ईस्ट इंडिया कंपनी के कर्मचारी किसी

प्रकार भी एक व्यापारिक संस्था के एजेंट नहीं समझे जा सकते। वास्तव में वे एक शक्तिशाली राज्य के प्रतिनिधि हैं, इसलिए उनका अध्ययन, शिक्षाक्रम, आचरण, आचार-विचार, और चरित्र इस प्रकार विकसित और उन्मुख किए जाने चाहिए।...उन्हें भारतीय धर्मशास्त्र तथा शरअ मुहम्मदी और धर्मनीति, एशिया में ग्रेट ब्रिटेन के राजनीतिक और व्यापारिक हितों और संबंधों की शिक्षा सहित भारतीय इतिहास, भाषाओं, रीति-रस्मों और आचारों से भली भांति परिचित करा देना चाहिए।...शुरू से ही उनके मन में परिश्रम, दूरदर्शिता, सच्चाई और धर्म की पक्की नींव डालनी चाहिए, जिसके सहारे वे यहां, वहां, कहीं, किसी भी हालत में होने और खास तौर पर भारत में पहले पहल आने पर यहां के जलवायु और लोगों के अजीब भ्रष्टाचरणों से उत्पन्न प्रलोभनों और कुव्यसनों से अपने को बचा सकें। सरकारी कर्मचारियों के प्रारंभिक अनुशासन द्वारा उनको यहां के जलवायु और लोगों के कुव्यसनों और प्रवृत्तिजन्य आलस्य, ऐयाशी और शोहदेपन से बचाना हमारा ध्येय होना चाहिए...''[22]

इस उद्धरण से प्रथमत: तो अंग्रेज सरकार की भारतीय जनता और हिंदुस्तान के बारे में दृष्टि का पता चलता है। यह वही दृष्टिबिंदु है जहां पश्चिम न्याय, सभ्यता और सत्य जैसे गुणों का प्रचारक है और भारत आलसियों, ऐयाशों, शोहदों, भ्रष्टाचारियों और पिछड़े लोगों का देश। बहुत ही साफ शब्दों में वेलेजली इस कॉलेज और शिक्षा को अंग्रेज साम्राज्य के हितों के लिए गढ़ना चाहते हैं। अजीब भ्रष्टाचार और कुव्यसनों वाले देश भारत पर राज करने के लिए जिस 'सच्चाई, दूरदर्शिता, न्याय और धर्म' की आवश्यकता थी, कॉलेज उसे पूरा कर सकता था। इसी वैचारिक आधारभूमि के साथ स्थापित कॉलेज को हमारी भाषा का 'आधुनिक' रूप गढ़ना था, और उससे भी आगे आलोचनात्मक 'गद्य' का। 'आधुनिकता' का यह रूप तब और किसी तरह का हो भी नहीं सकता था, जैसा आज इतिहास में इतनी दूरी तय करने के बाद हम देख पाते हैं। इसीलिए बार-बार राष्ट्रवादी चिंतकों-आलोचकों के स्वर इन विषयों की चर्चा करते हुए व्यंग्य से भर उठते हैं, और बार-बार वे कई विषयों पर अपनी असहमतियां दर्ज कराते हैं। उदाहरण के लिए कॉलेज को 'नए गद्य ग्रंथों' के, खड़ी बोली गद्य के उन्नायक संस्थान के रूप में देखने की बात से वे अपनी असहमति दर्ज करते हैं।

डॉ. लक्ष्मीसागर वार्ष्णेय ने लिखा– ''कॉलेज के संरक्षण में निर्मित हुए खड़ी बोली गद्य ग्रंथों के पूर्व हिंदी में खड़ी बोली गद्य ग्रंथों की रचना हो चुकी थी।''[23] डॉ. वार्ष्णेय का यह निष्कर्ष नया नहीं है। आचार्य शुक्ल ने भी अपने इतिहास में इस तर्क को प्रमुखता से अंकित किया है– ''अत: यह कहना कि अंग्रेजों की प्रेरणा से ही हिंदी खड़ी बोली गद्य का प्रादुर्भाव हुआ, ठीक नहीं है।''[24] इस क्षोभ के संदर्भ में शुक्ल जी की टिप्पणी, जो उन्होंने प्रारंभिक 'गद्य उन्नायकों' के संदर्भ में व्यंग्य करते

हुए की है, उद्धरणीय है– "मुंशीजी [सदासुखलाल] ने यह गद्य न तो किसी अंग्रेज अधिकारी की प्रेरणा से और न किसी दिए हुए नमूने पर लिखा।"[25] देखा जा सकता है कि शुक्ल जी अंग्रेज अधिकारी की प्रेरणा पर लिखे गए को कितना महत्त्व देते हैं! पर समस्याएं दूसरे स्थानों पर हैं। इस निष्कर्ष के बावजूद जब हिंदी-उर्दू के प्रसंग में बहस सामने आती है, आचार्य शुक्ल ईसाई मिशनरियों की संस्कृतनिष्ठ हिंदी की तारीफ करते नहीं थकते। और डॉ. वार्ष्णेय कहीं कॉलेज को आधुनिकता का प्रतीक बताते हैं तो कहीं वेलेजली की प्रशंसा करते हैं, जो उन्हीं के शोधपूर्ण ग्रंथ से निकलने वाले निष्कर्षों पर संगत नहीं उतरती। डॉ. वार्ष्णेय ने लिखा– "भारत में अंग्रेजी राज्य और आधुनिकता के प्रतीकस्वरूप फोर्ट विलियम कॉलेज का भारतीय इतिहास में महत्त्वपूर्ण स्थान है।"[26] और वेलेजली की प्रशंसा करते हुए कहते हैं– "किसी भी रूप में विद्या-दान करने वाले को यदि संसार के इतिहास में यश प्राप्त हो सकता है तो वेलेजली पूर्ण रूप से उसके भागी हैं। अपनी हृदयगत प्रिय आयोजना को मूर्त रूप देने के लिए जो बीज उन्होंने बोया था, उसमें विशाल वटवृक्ष छिपा हुआ था।"[27]

वेलेजली, अंग्रेजी राज और ईसाई मिशनरियों के प्रति यह प्रशंसा हमारे अपने राष्ट्रीय जागरण की चिंतनधारा की एक विशिष्ट गुत्थी का हिस्सा है जो आलोचनात्मक कैननों में बहुधा अलग-अलग रूपों में अभिव्यक्त हुई है।

प्रसंगत: कॉलेज में जॉन गिलक्राइस्ट हिंदुस्तानी विभाग में अध्यक्ष की भूमिका में थे। कॉलेज की विधिवत स्थापना के पूर्व ही वे 'बंगाल सेमिनरी' के माध्यम से अंग्रेजों को शिक्षा देने का काम कर रहे थे। अत: उन्होंने फारसी के अलावा देशी भाषाओं की शिक्षा की औपनिवेशिक जरूरत को पूरा करने का बीड़ा उठाया। चिंता वही थी, शिक्षा के माध्यम से साम्राज्य को और स्थायी और संगत बनाना। ऐजाज अहमद ने उर्दू के प्रसंग में इस कॉलेज और गिलक्राइस्ट की मंशा को रेखांकित किया है– "उन्नीसवीं सदी के आरंभिक दशकों के आख्यान गिलक्राइस्ट और स्कॉट्समैन के आग्रहों पर लिखे गए। उन्होंने अपने दायरे, अंग्रेजों के बीच यह तर्क दिया कि ईस्ट इंडिया कंपनी के कर्मचारी सिर्फ फारसी या अंग्रेजी के बल पर हिंदुस्तान में अपना कब्जा बरकरार नहीं रख पाएंगे। ऐसे में सन् 1800 में ब्रिटिशों को भारतीय भाषाओं में शिक्षा के लिए फोर्ट विलियम कॉलेज की स्थापना की गई। शुरू के दिनों में कॉलेज में पढ़ाई जाने वाली भाषाओं में फारसी सबसे लोकप्रिय थी। पर गिलक्राइस्ट अपनी कल्पना देशी भाषा के विद्वान के रूप में करते थे। इन भाषाओं में उर्दू भी शामिल थी, तो उन्होंने अपने मन-मुताबिक लिखवाने के लिए देशी भाषा के कुछ काबिल विद्वानों को लगाया।"[28]

अपनी औपनिवेशिक आवश्यकताओं की पूर्ति के लिए गिलक्राइस्ट ने 'हिंदुस्तानी' में ग्रंथ तैयार करवाए। इन ग्रंथों में गिलक्राइस्ट अपनी भाषा की समझ भी आरोपित

कर रहे थे। यह भाषा की समझ उनकी 'मन-मुताबिक' औपनिवेशिक योजना का हिस्सा थी।

ये वही गिलक्राइस्ट हैं जिन्हों ने अपनी किताब 'द ओरियंटल लिंग्विस्टिक्स' में अपना भाषा ज्ञान जताते हुए लिखा था– "...हिंदुस्तान [Hindoostan] एक संयुक्त शब्द है और इसका अर्थ है 'हिंदुओं का देश' या 'नीग्रो लोगों का देश'।...इस देश के मुख्य वासी हिंदू और मुसलमान हैं।...इनकी भाषा को हम बेखटके, एक साधारण व्यापक शब्द में 'हिंदुस्तानी' कह सकते हैं।...निस्संदेह यहां के रहने वाले और दूसरे लोग भी इसे 'हिंदी' अर्थात Indian कहते हैं मानो इस नाम को हिंद से निकला हुआ बताते हैं।...लेकिन इस नाम में मुश्किल यह है कि इसे 'हिंदुवी [Hinduwee] या 'हिंदूई [Hindooee], हिंदवी [Hindvee] का आभास होता है। ये शब्द हिंदू से निकले हैं अतः इस देश की भाषा के लिए हमें और सब नाम स्थायी रूप से त्याग देने चाहिए।...हमें केवल 'हिंदुस्तानी' कहना चाहिए।...यहां के लोग इसे 'हिंदुस्तानी' नाम दें या न दें [इसका महत्त्व नहीं], क्योंकि इन लोगों में विभेद करने की क्षमता उपयुक्त दर्जे की नहीं है और अगर उपयुक्तताओं और पाबंदियों की ओर उनका ध्यान आकर्षित किया भी जाए तो वे इनको क्रियान्वित नहीं कर सकते। 'हिंदुवी' [Hinduwee] को मैं पूर्ण रूप से हिंदुओं की संपत्ति करार देता हूं।...यह वह भाषा है जो मुस्लिम आक्रमण से पहले प्रचलित थी।"[29]

जिस दुराग्रहपूर्ण आधिपत्य की भाषा गिलक्राइस्ट बोल रहे थे, और जिसमें हिंदुस्तान को जिस 'लेने वाले छोर' पर निष्क्रिय बैठा दिया गया था, उसका जवाब देते हुए शम्सुर्रहमान फारूकी ने लिखा– "आपने देखा कि हमारे गिलक्राइस्ट बहादुर ने किस तरह हंसते-खेलते और किस अंदाजे-बेपरवाही से यह घोषणा कर दी कि वे स्थानीय लोगों [Natives] की ओर से फैसला कर सकते हैं, क्योंकि बेचारे Native में इतनी समझ कहां है कि वे विवेक बरत सकें और अपना अच्छा-बुरा स्वयं जान सकें। हिंदुस्तानी लोग अपनी भाषा को हिंदी कहते हैं तो कहें, लेकिन अंग्रेज की बुद्धि कहती है कि हिंदी से 'हिंदू' का आभास मिलता है, इसलिए यह नाम ठीक नहीं। स्वयं गिलक्राइस्ट साहब के ज्ञान का हाल यह है कि वे 'हिंदवी' को न केवल विशेष रूप से हिंदुओं की संपत्ति करार देते हैं, बल्कि वे इसे ऐसी भाषा कहते हैं, जो हिंदुस्तान में 'मुसलमानों' के आक्रमण से पहले प्रचलित थी। [कौन से 'आक्रमण' से पहले, इसका स्पष्टीकरण वे नहीं करते।] इस पर तुर्रा यह कि वे फारसी भाषा और इसके बोलने वालों पर यह झूठा आरोप भी लगाते हैं कि फारसी में हिंदू का अर्थ नीग्रो होता है।...उनको यह मालूम नहीं कि 'हिंदुवी' कोई अलग भाषा नहीं, बल्कि 'हिंदी/हिंदुस्तानी' का ही एक नाम थी। और न ही इस भाषा का संबंध मुसलमान आक्रमणकारियों से है।

लेकिन अंग्रेजों को इस देश में अपनी राजनीति चलानी थी। उन्हें वास्तविकताओं से लगाव था, लेकिन उसी हद तक जिस हद तक उनके राजनीतिक उद्‌देश्यों और तथ्यों में कोई विसंगति न हो। 'हिंदी' को हिंदुस्तानी का नाम देने और हिंदी/हिंदवी को हिंदुओं की झोली में डाल देने के प्रयास गिलक्राइस्ट के पहले से हो रहे थे। अंतर बस यह है कि गिलक्राइस्ट की बातों को अधिक लोकप्रियता फोर्ट विलियम कॉलेज के कारण मिली।''[30]

यही गिलक्राइस्ट कॉलेज के कर्ता-धर्ता बने और इसी वैचारिक भूमि पर देशभाषा में पुस्तकें तैयार करवाईं, बाद में जिनको आधुनिक गद्य की प्रारंभिक पुस्तकों की तरह देखा गया। खास तौर पर लल्लूलाल की किताब 'प्रेमसागर' का जिक्र इसलिए आवश्यक है कि 'साहब के कहने के मुताबिक' इस ग्रंथ की भाषा बनाई गई थी। स्वयं लल्लूलाल की आत्मकथा में इसका उल्लेख इन शब्दों में है– ''एक दिन साहिब ने कहा कि ब्रजभाषा में कोई अच्छी कहानी हो तो उसे रेख्ते की बोली में कहो।''[31] यह वही 'रेख्ते' की बोली है जो फारूकी के मुताबिक– '' ...उत्तर में 'रेख्ता' और 'हिंदी' हमारी भाषा के नाम की हैसियत से समान रूप से लोकप्रिय थे।''[32]

गवाही के लिए क़ाइम चांदपुरी [1724-1795] के इस शेर को भी देखा जा सकता है–

क़ाइम मैं ग़ज़ल तौर किया रेख़्ता वरना
एक बात लचर-सी ब ज़बाने दकनी थी[33]

इस शेर संबंधी दूसरी बहसों को छोड़ भी दें तो कम से कम यह अवश्य सिद्ध करता है कि 'रेख़्ता' ही उत्तर भारत की साहित्यिक भाषा रही होगी। लल्लूलाल से गिलक्राइस्ट ने इसी भाषा में लिखने को कहा, ऐसा लल्लूलाल लिखते हैं। 'प्रेमसागर' के पूर्व लिखे गए ग्रंथों, जिनकी चर्चा हम यहां कर रहे हैं, की भाषा को शुक्ल जी ने निर्णयात्मक स्वरों में 'उर्दू' कहा है। तब उनके तर्क-विन्यास के अनुसार अंग्रेजों ने उर्दू को वरीयता दी, पर 'प्रेमसागर' की भाषा से शुक्ल जी न्यूनाधिक संतुष्ट हैं, क्योंकि उसमें विदेशी शब्दों का प्रयोग नहीं है। यह किताब भी ठीक उसी प्रक्रिया में लिखी गई थी, जिसमें 'माधवविलास' आदि चार पुस्तकें, जिनकी भाषा शुक्ल जी को ठीक नहीं लगी। शुक्ल जी के तर्क के अनुसार अगर देखा जाए तो अंग्रेज 'प्रेमसागर' के समय हिंदी को उर्दू पर वरीयता दे रहे थे। शुक्ल जी इसके लिए अंग्रेजों की प्रशंसा करते हैं पर इसके उलट के लिए उनकी बुराई।[34] जबकि ये दोनों वरीयताएं अंग्रेजों की सोची-समझी रणनीति का ही रेखांकन करती हैं।

संदर्भतः कॉलेज के माध्यम से गिलक्राइस्ट उस समूचे औपनिवेशिक चिंतन को व्यक्त करते हैं, जिसकी आधारभूमि पर आगे चलकर तासी, ग्रियर्सन और अन्य

पश्चिमी साहित्यालोचकों ने कैनन बनाए। इसका एक नमूना फोर्ट विलियम कॉलेज में पढ़ाए जाने के लिए विषयों के चयन में भी मिलेगा। विषयों की सूची इस तरह थी– ''अरबी, फारसी, संस्कृत, हिंदुस्तानी, बंगला, तैलंग, महाराष्ट्री, तमिल, कन्नड़– अन्य विषयों में शरअ मुहम्मदी, भारतीय धर्मशास्त्र, नीतिशास्त्र, न्यायशास्त्र, अंतर्राष्ट्रीय कानून, भारत में ब्रिटिश राज के कायदे-कानून– राजनीतिक अर्थशास्त्र, और विशेष रूप से ईस्ट इंडिया कंपनी की व्यापारिक संस्थाएं और उनका हित– भूगोल और गणित, यूरोप की आधुनिक भाषाएं, ग्रीक, लैटिन और प्राचीन अंग्रेजी साहित्य [क्लासिक], प्राचीन और आधुनिक सामान्य इतिहास, हिंदुस्तान और दक्षिण का इतिहास और पुरातत्त्व, प्रकृति विज्ञान, वनस्पतिशास्त्र, रसायनशास्त्र, और ज्योतिषशास्त्र।''[35] इस विषय-सूची में भी अन्य विषयों के अलावा 'ईस्ट इंडिया कंपनी के हित' भी शामिल हैं। जिस कॉलेज में औपनिवेशिकों को लूट और राज करने की कला सिखाई जाती हो, वहां हिंदुस्तानी आम जनता में बंटवारा पैदा कर उन्हें लड़ा देने के अलावा और क्या संभव था?

प्रारंभिक पश्चिमी साहित्येतिहासकारों के आलोचनात्मक कैनन

[तासी, ग्रियर्सन, फ्रैंक ई. के. आदि]

''भारतीय भाषाओं के साहित्य के अध्ययन-मूल्यांकन की आधुनिक शैली का विकास यूरोप के पौर्वात्यविदों ने किया। अब जबकि पौर्वात्यवाद के राजनीतिक अभिप्राय प्रकट हो चुके हैं, कहना अनावश्यक है कि यह सारा अध्ययन केवल पौर्वात्य प्रेम और प्रभाव में ही नहीं किया गया है बल्कि इसके इतर उद्देश्य भी रहे हैं।''[36] सदानंद शाही के इस कथन में 'पौर्वात्य' पर बहुत जोर है इसलिए यहां एक बात साफ कर देनी जरूरी है। अंग्रेजों या पाश्चात्य विद्वानों के किए आलोचनात्मक व्यवहारों को 'पौर्वात्यवादी' कहना निश्चय ही हमारे अपने सामाजिक अंतर्विरोधों को ढक नहीं देता और न ही उनके 'औपनिवेशिक' व्यवहारों को। प्रश्न विश्लेषण के औजारों का है। औपनिवेशिकों के द्वारा की गई क्रूरताओं को 'अन्य' और 'स्वयं' के खाके में रखकर देखने की बजाय यहां पूंजी का आधिपत्य स्थापित करने वाली राजनीतिक कोटि 'उपनिवेशवाद' को बरतने का प्रयत्न किया गया है, क्योंकि एडवर्ड सईद के 'ओरियंटलिज्म' की सीमाएं भी हैं।[37] चूंकि हिंदी आलोचना के आरंभिक कैनन इन्हीं पाश्चात्य विद्वानों द्वारा गढ़े गए, इसलिए उनके द्वारा लिखित ग्रंथों को आधार के रूप में लिया गया। इन कैननों का वैचारिक आधार उपनिवेशवाद से निर्मित होता है, न कि 'पौर्वात्यवाद' से।

इस खंड में हिंदी साहित्य के प्रारंभिक इतिहास लेखन में बन रहे कैनन लक्ष्य हैं। इस खंड में 'हिंदुई साहित्य का इतिहास' जो कि तासी की लिखी किताब

'इस्तवार द ल लितरेत्यूर ऐंदुई ऐ ऐंदुस्तानी' का हिंदी अनुवाद है, का मूल स्रोत के बतौर इस्तेमाल किया गया है। लक्ष्मीसागर वार्ष्णेय ने सन् 1953 में इस पुस्तक के हिंदी खंड का अनुवाद हिंदुस्तानी एकेडमी, इलाहाबाद से छपवाया। इस किताब में सिर्फ तासी के मूल ग्रंथ के हिंदवी खंड का ही अनुवाद है, उर्दू का नहीं। अनुवाद की इस चयनधर्मिता पर बहस करने की जगह यहां इस किताब के मूल आशयों तक पहुंचना अधिक प्रासंगिक होगा। दूसरी पुस्तक है–'हिंदी साहित्य का प्रथम इतिहास' जो कि डॉ. जार्ज अब्राहम ग्रियर्सन कृत 'द मॉडर्न वर्नाक्युलर लिटरेचर ऑफ हिंदुस्तान'[38] का किशोरीलाल गुप्त द्वारा किया गया अनुवाद है। इस संदर्भ में तीसरी मूल पुस्तक फ्रैंक ई. के द्वारा लिखित 'ए हिस्ट्री ऑफ हिंदी लिटरेचर' है, जिसका हिंदी अनुवाद सदानंद शाही ने किया है।

5 अप्रैल, 1839 में पेरिस में अपनी पुस्तक 'इस्तवार द ला लितरेत्यूर ऐंदुई ए ऐंदुस्तानी' की भूमिका लिखते हुए हिंदी साहित्य के प्रथम इतिहास लेखक फ्रेंच विद्वान गार्सां द तासी के 'इतर उद्‌देश्य' से साफ पता चलता है। उनकी इस प्रारंभिक पुस्तक से हम तत्कालीन साहित्येतिहास और छिटपुट बिखरे आलोचनात्मक लेखन के साथ ही रचे-बसे औपनिवेशिक दबावों की थाह पाते हैं। उनकी इस पुस्तक में तत्कालीन सत्ता-विमर्शों की सांस्कृतिक झलक भी देख सकते हैं। तासी ने अपने साहित्येतिहास का प्रारंभ इस समर्पण से किया– "यह नितांत स्वाभाविक है कि मैं सम्राज्ञी से एक ऐसा ग्रंथ समर्पित करने का सम्मान प्राप्त करने की प्रार्थना करूं जिसका संबंध आपके राजदंड के अंतर्गत आए हुए इस विस्तृत और सुंदर देश–और जो इतना खुशहाल कभी नहीं था जितना वह इंग्लैंड के आश्रित होने पर है–के साहित्य के एक भाग से है। यह तथ्य सर्वमान्य है कि जिस ब्रिटिश शासन के अंतर्गत न तो लूट का भय है और न देशी सरकारों का अत्याचार है–राजकुमारी के मंगल सिहासनारूढ़ होने का समाचार सुनकर, देशवासियों को अपनी प्रिय सुल्ताना रजिया का स्मरण करना पड़ा। वास्तव में विक्टोरिया रानी में उन्होंने रजिया का तारुण्य और अलभ्य गुण फिर पाए हैं– और केवल यही बात उनका उस देश के साथ संबंध और भी सुदृढ़ बना सकती है जिसके अधीन उनका होना ईश्वरेच्छा थी।"[39] इस समर्पण के अंत की भाषा भी गौरतलब है– "मैं हूं, अत्यधिक आदर सहित, देवि, सम्राज्ञी, अत्यंत तुच्छ और अत्यंत आज्ञाकारी दास–गार्सां द तासी।"[40]

इस समर्पण का लेखक हिंदी साहित्य का पहला इतिहास लेखक है। समर्पण से लेखक की अवस्थिति का पता चलता है कि कहां से खड़ा होकर वह हिंदुस्तानी साहित्य के आधुनिक रूप, साहित्येतिहास पर चर्चा कर रहा है। भारत की गुलामी का पश्चिम के नजरिये से किया गया यह पाठ हिंदुस्तान के बारे में इतिहास के दायरों में प्रचलित प्राच्यवादी पाठों की तरह ही पश्चिम को कर्ता और पूर्व को

अकर्मक की श्रेणियों में विभक्त कर देता है और औपनिवेशिक आधिपत्य के लिए सांस्कृतिक अस्त्रों का उपयोग करता है; अर्थात भारतीय अपने सुंदर [इसका अर्थ हुआ प्राकृतिक संसाधनों से भरपूर] देश का खुद खयाल नहीं रख सकते। तब इस असभ्यता के खात्मे के लिए पश्चिम की यह जिम्मेदारी बनती है कि वह इस देश को शासित करे। यह देश जो कि इससे पहले इतना खुशहाल कभी नहीं था अर्थात हिंदुस्तानी राजत्व काल में, जिनमें हिंदू, मुसलमान और अन्य धर्म संप्रदाय शामिल हैं, बरबाद किया जाता रहा। तब तक चूंकि 1857 का स्वाधीनता संग्राम भारतीयों द्वारा नहीं लड़ा गया था, इसलिए कोई भी तासी के ग्रंथ में हिंदू-मुस्लिम धर्म संप्रदायों को लेकर उतनी कड़ी विभेदक रेखाएं नहीं देखेगा, जैसी कि कालक्रम में क्रमशः इसी पुस्तक के अन्य संस्करणों में भी बढ़ती गईं। गौर करने की बात इस संस्करण में यह है कि तासी इस समर्पण में महारानी विक्टोरिया की तुलना रजिया सुल्ताना से करते हैं। यहां तासी अंग्रेजी उपनिवेशकों की मुसलमानी शासन के बारे में धारणा को व्यक्त कर रहे हैं। एक तरफ वे ब्रिटिश शासन को पहले की सारी राजव्यवस्थाओं की लूट और अत्याचार से मुक्ति प्रदाता के रूप में चिह्नित करते हैं, वहीं दूसरी ओर नैतिक और ऐतिहासिक आवश्यकताओं के कारण भारत के इतिहास से अपना संबंध रजिया सुल्ताना के जरिए जोड़ते हैं। सत्ता की सर्वस्वीकार्यता के लिए 1800 में फोर्ट विलियम कॉलेज की स्थापना के साथ संस्थाबद्ध हुए इस सांस्कृतिक अभियान को तासी का नजरिया और अधिक व्याख्यायित करता है। ठीक-ठीक ऐसे ही जार्ज अब्राहम ग्रियर्सन भी अपने साहित्येतिहास के 'मुगल दरबार' शीर्षक अध्याय में लिखते हैं– ''यह देखा जा सकता है कि अकबर बादशाह का शासन काल और इंग्लैंड की महारानी एलिजाबेथ का शासनकाल प्रायः एक ही है और इन दोनों शासकों के शासनकाल साहित्यिक प्रतिभा के एक असाधारण एवं अभूतपूर्व स्फुरण से परिपूर्ण हैं...''[41] यहां देखा जा सकता है कि सांस्कृतिक क्षेत्र में शासन की संबद्धता और राजनीतिक क्षेत्र में उसका पिछड़ापन सिद्ध करना अंग्रेजी नीति के एक ही सिक्के के दो पहलू थे जिनका साफ उद्देश्य उपनिवेशित देश पर आधिपत्य था।

इस समर्पण के अंत में तासी अंग्रेजों और हिंदुस्तानी जनता के संबंध को धर्म के आधार पर जोड़ते हैं। भारतीय गुलामी को 'ईश्वरेच्छा' बताना औपनिवेशिक सांस्कृतिक अभियान के हिस्से के बतौर देखा जाना चाहिए। आगे चलकर धार्मिक रूप से अंग्रेज औपनिवेशिकों ने विभाजन की जो खाइयां राजनीतिक-सांस्कृतिक धरातल पर तैयार कीं, उसकी पृष्ठभूमि यहां रेखांकित की जा सकती है। कहने का तात्पर्य यह है कि प्रारंभिक हिंदी साहित्येतिहास और आलोचना के कैननों में धर्म की उपस्थिति साफ-साफ देखी जा सकती है। देशी आलोचना की व्यवस्थित शुरुआत

के बाद भक्तिकाल एक संदर्भबिंदु की तरह हमेशा आलोचना के कैनन में शामिल रहा, भले ही उसके आधार बदलते रहे हों। धार्मिकता का यह संदर्भबिंदु औपनिवेशिक विचारकों द्वारा धर्म के आधुनिक राजनीतिक प्रयोग का है। धर्म और राज्य के अलगाव की बजाय यह 'आधुनिक' दृष्टि धर्म को बरतती रही। इस मामले में अगर हम धर्म के प्रति आग्रह को कैनन-निर्माण के एक आधार के रूप में चिह्नित करें तो औपनिवेशिक चिंतन और प्रारंभिक आधुनिक भारतीय सांस्कृतिक चिंतन में एक तारतम्यता देख सकते हैं। यह दृष्टि तब व्यवस्थित होती है जब 'धर्म' को भक्तिकालीन कविता का मूल स्वर अस्वीकार कर उसके आंदोलनात्मक सामाजिक आयामों पर चर्चा प्रारंभ होती है।

तासी के इतिहास के अन्य संस्करणों की भूमिकाओं की तुलना करने पर इस दृष्टि बिंदु का और अधिक पता चलता है। यहां उस बड़े भाषा-विवाद के प्रारंभिक रूप का आभास मिलता है जो आज तक उलझी हुई गुत्थी बना हुआ है। सन् 1839 में अपनी पुस्तक की पहली जिल्द की भूमिका में तासी तत्कालीन भाषा की आनुवंशिकी तलाशते हुए कहते हैं– ''भारत के प्राचीन साम्राज्य में जिसका विकास हुआ, उसे सामान्यत: भाषा या भाखा, और विशेषत: 'हिंदवी या 'हिंदुई [हिंदुओं की भाषा], के नाम से पुकारा जाता है।...दिल्ली में पठान वंश की स्थापना के समय, हिंदुओं और ईरानियों के पारस्परिक संबंधों के फलस्वरूप, मुसलमानों द्वारा विजित नगरों में विजयी और विजित की भाषाओं का एक प्रकार का मिश्रण हुआ। प्रसिद्ध विजेता तैमूर के दिल्ली पर अधिकार प्राप्त कर लेने के समय यह मिश्रण और भी स्थायी हो गया। सेना का बाजार...यहीं पर खासतौर पर हिंदू-मुसलमानों की नई मिश्रित भाषा बोली जाती थी– साथ ही उसे सामान्य नाम 'उर्दू' भाषा भी मिला, यद्यपि कविगण उसे 'रेख्ता' [मिश्रित] के नाम से पुकारते हैं।...नर्मदा के दक्षिण में...हिंदू-मुसलमानों की मिश्रित भाषा ने एक विशेष नाम 'दक्खिनी' ग्रहण किया।...यद्यपि शब्दों के चुनाव में ये बोलियां एक दूसरे से भिन्न हैं, तो भी उचित बात तो यह है कि वे अपनी-अपनी वाक्य रचना पद्धति के अंतर्गत एक ही और एक समान बोलियां हैं, और वे हमेशा 'हिंदी' या 'हिंद' के अनिश्चित नाम से तथा यूरोपियन लोगों द्वारा 'हिंदुस्तानी' के नाम से पुकारी जाती है...''[42]

यहां तासी हिंदुस्तानी के दो उपविभाजनों की ओर इशारा करते हैं–पुरानी हिंदुस्तानी और आधुनिक हिंदुस्तानी। हिंदुस्तानी को संस्कृत की उत्तराधिकारी भाषा बताते हुए वे आधुनिक हिंदुस्तानी के दो उपभेद करते हैं–उत्तरी और दक्षिणी, फिर उत्तरी के उपभेद करते हुए उसे उर्दू [मुसलमानों द्वारा बोली जाने वाली] और ब्रज [हिंदुओं द्वारा व्यवहृत] में बांटते हैं। आगे 'हिंदुस्तानी' की अभिव्यंजना-शक्ति की तारीफ करते हुए वे उसे अरबी, फारसी और तुर्की–तीनों के गुणों से समृद्ध बताते हैं।

ऐतिहासिक रूप से बाद में खोजे गए तथ्यों को छोड़ भी दें तो तासी के इस भाषा-वर्णन में ब्रिटिश अधिकारियों को भाषा का इतिहास बताने का ही अभिप्राय दिखाई देगा। इस अभिप्राय में औपनिवेशिक हित तो दिखाई देंगे परंतु यहां सांप्रदायिक आधार उतने गहरे और स्पष्ट नहीं हैं। अगले संस्करण की भूमिका में तासी ने जो कुछ जोड़ा, उसे राजनीतिक रूप से बदलते परिदृश्य के साथ जोड़कर देखा जाना चाहिए।

दूसरे संस्करण [1870] की भूमिका भी इसी भाषा-विवाद के उलझा देने वाले प्रश्न से होती है, पर अबकी बार इस संस्करण में प्रस्तावना जोड़ दी गई। प्रस्तावना में अव्वल तो कुछ नवीन ग्रंथों की प्राप्ति सूचित की गई है और फिर हिंदुस्तानी के उद्भव संबंधी मुंशी जमालुद्दीन के 24 नवंबर, 1868 के 'अवध अखबार' में छपे तजकिरे का जवाब दिया गया है। यहां इस संस्करण में तासी, सैयद अब्दुल्लाह के 'सिंहासन बत्तीसी' के संस्करण की भूमिका का जिक्र भी इसी भाषा-विवाद के सिलसिले में करते हैं। इस संस्करण की भूमिका में बाजारों की भाषा का भी जिक्र किया गया है। पिछले संस्करण की भूमिका से अलग इस संस्करण में भाषा की राजनीति साफ-साफ दिखलाई पड़ती है।

तासी के बदलते रुख को इस उद्धरण से गुजरते हुए देखा जा सकता है– "जब तक मुसलमानी राज्य जारी रहा, राज्य की सरकारी भाषा फारसी थी। बहुत दिनों तक अंग्रेजी सरकार ने इसी नीति का पालन किया, परंतु भारत में इस विदेशी भाषा के प्रयोग के फलस्वरूप उत्पन्न कठिनाइयों का अनुभव कर, उन्होंने सन् 1831 में, लोगों के हित के लिए विभिन्न प्रांतों की सामान्य भाषाओं को स्थान दिया, और स्वभावतः उर्दू उत्तर तथा उत्तर-पश्चिम प्रांतों के लिए अपना ली गई। यह सुंदर कार्य सबको पसंद आया, और अगले तीस वर्षों में इस व्यवस्था को पूर्ण सफलता मिली है तथा कोई शिकायत सुनने में नहीं आई है, किंतु इन पिछले वर्षों में भारत में प्राचीन जातियों से संबंधित वही आंदोलन उठ खड़ा हुआ है जिसने यूरोप को आंदोलित कर रखा है। अब मुसलमानों के अधीन न होने के कारण हिंदुओं में एक प्रतिक्रिया उत्पन्न हो गई है। अपने हाथ में शक्ति न ले सकने के बाद, वे कम से कम मुसलमानों की दासता के समय की अरुचिकर बातें दूर कर देना और स्वयं उर्दू को ही अवरुद्ध कर देना चाहते हैं, अथवा केवल उचित रूप में रखते हुए फारसी अक्षरों को जिसमें वह लिखी जाती है, जिन्हें वह मुसलमानों की छाप समझते हैं।"

अपनी इस प्रतिक्रियावादी अजीब बात के पक्ष में वे जो तर्क प्रस्तुत करते हैं, वे बिलकुल स्वीकार करने योग्य नहीं हैं। बिना इस बात की ओर ध्यान दिए हुए कि जबकि हिंदी, जिसे वे राष्ट्रीयता की संकीर्ण भावना से प्रेरित हो पुनर्जीवित करना चाहते हैं, अब साहित्यिक दृष्टि से लगभग लिखी ही नहीं जाती, जो हर गांव में,

वस्तुतः प्रदेश के लोगों की तरह, बदल जाती है, जबकि उर्दू का सुंदर काव्यात्मक रचनाओं के द्वारा रूप स्थिर हो चुका है, वे कहते हैं कि देश की [अर्थात गांवों की] भाषा हिंदी है न कि उर्दू। हिंदुओं को फारसी अक्षरों के संबंध में आपत्ति है और वे नागरी अक्षरों को पसंद करते हैं। किंतु बात उल्टी है। फारसी अक्षरों, साथ ही शिकस्ता के मुकाबले में भद्दी घसीट नागरी पढ़ना अधिक कठिन है। मुसलमानों ने साहसपूर्वक यह आक्रमण सहन किया है और, मेरा विचार है, अपने विरोधियों को सफलतापूर्वक सख्त उत्तर दिया है। स्पष्टतः यह जातिगत और धर्मगत विरोध है, यद्यपि दोनों में से कोई यह बात स्वीकार करने के लिए राजी नहीं है। यह बहुदेववाद का एकेश्वरवाद के विरुद्ध, वेदों का बाइबल [जिसके अंतर्गत मुसलमान आ जाते हैं] के विरुद्ध संघर्ष है। मैं नहीं जानता कि अंग्रेज सरकार हिंदुओं के सामने झुक जाएगी, अथवा जिन मुसलमानों के शासन की वह उत्तराधिकारिणी है, उनकी बोली [dialecte] को सुरक्षित रखेगी।''[43] तासी ने इसके पहले के पृष्ठों में लिखा– ''...मुगल जाति का तैमूर हिंदुस्तान आया, दिल्ली का शासक बना और निश्चित रूप से सन् 1505 में बाबर द्वारा स्थापित शक्तिशाली साम्राज्य की नींव डाली। तब हिंदी ने अपने को फारसी के भंडार से भरा, जो स्वयं उस समय तक अरब विजेताओं और उनके धर्म द्वारा प्रचलित अनेक अरबी शब्दों से मिश्रित हो चुकी थी। सेना का बाजार नगरों में स्थापित हुआ, और उसे तातारी नाम 'उर्दू' मिला, जिसका ठीक-ठीक अर्थ है–'फौज' और 'शिविर'।''[44]

इस कदाचित लंबे उद्धरण का पुनर्पाठ हमें हिंदी साहित्य के प्रारंभिक इतिहास और उसमें निबद्ध आलोचना में बन रहे कैननों की तरफ ले जाएगा। सन् 1839 वाले संस्करण की भूमिका में सन् 1870 में जोड़ा गया यह अंश साफ-साफ हिंदू-मुसलमान की कोटियों को और अधिक राजनीतिक रूप में बरतता है। तासी की भाषा-विवाद संबंधी यह बहस पीछे से चली आ रही औपनिवेशिक धारणा को पुष्ट करती है। हिंदवी-हिंदी-देहलवी-गूजरी-दकनी-रेख्ता-उर्दू-हिंदोस्तानी जैसे नामों के जाल में उलझा हमारी भाषा का इतिहास उपनिवेशन और पुनर्जागरण के राजनीतिक दौरों से गहरे रूप में संबद्ध है। तासी जिस 'उर्दू' की भाषा के तौर पर बात कर रहे हैं, सैनिक बाजारों और छावनियों से उसका उद्गम बता रहे हैं, आधुनिक शोधों के आईने में वह गलत साबित होती है।

शम्सुर्रहमान फारूकी ने हेनरी यूल और ए.सी. बर्नील की किताब 'हॉब्सन जॉब्सन, ए ग्लॉसरी ऑफ कोलोकियल एंग्लो-इंडियन वर्ड्स, फ्रेजेज एंड किंडर्ड टर्म्स, इथिमोलाजिकल, हिस्टारिकल, जियोग्राफिकल एंड डिस्कर्सिव' में उर्दू के संबंध में व्यक्त तासी जैसी मान्यताओं का प्रत्याख्यान करते हुए लिखा– ''पहली बात तो यह कि बाबर से पहले भी हिंदुस्तान में तुर्कों की कमी नहीं थी। इसलिए उर्दू शब्द के

आगमन को बाबर के आगमन के साथ जोड़ना अनावश्यक है। दूसरी बात यह कि बाबर कभी दिल्ली में लंबे समय तक नहीं ठहरा। तीसरी बात यह कि हिंदी/हिंदवी/देहलवी नाम की भाषा दिल्ली और उसके आस-पास के क्षेत्रों में बाबर के बहुत पहले से मौजूद थी। उत्तर भारत में मुगलों के आगमन के परिणामस्वरूप यहां कतई कोई नई भाषा नहीं पैदा हुई।''[45] दूसरे संस्करण की भूमिका में तासी ने अंग्रेजों द्वारा प्रचलित सभी भाषाओं को 'हिंदुस्तानी' [हिंदुई और हिंदी, उर्दू और दक्खिनी] नाम दिए जाने और लोगों में इस नाम के अस्वीकार की बात की है। उनके अनुसार, भारत के लोग नागरी में लिखित हिंदू बोली को हिंदी और फारसी में लिखित मुसलमानी बोली को उर्दू नाम से पुकारना पसंद करते हैं। तब जबकि हम यह जानते हैं कि ''जबान-ए-उर्दू-ए-मुअल्ला को आमतौर पर फारसी की जगह हिंदी कहलाते-कहलाते सन् 1790-1795 का जमाना अवश्य आ गया होगा।''[46] और ''हमारी भाषा [अर्थात वह भाषा जिसे हम आज उर्दू कहते हैं] का नाम शाहआलम के लिए हिंदी था।''[47] तब इस आलोक में औपनिवेशिक भाषा नीति और अधिक मुखर होती है। फारूकी ने लिखा- ''अंग्रेजों के लेखन और नीति में 'हिंदुस्तानी' को 'हिंदी/हिंदवी' पर भाषा की हैसियत से प्राथमिकता देने का सबसे बड़ा कारण यह था कि उन्होंने इस भाषा को सिर्फ मुसलमानों से संबद्ध करार दिया था। वे 'हिंदी' भाषा को 'हिंदुओं' की भाषा और एक अलग तरह की भाषा करार देने का आग्रह कर रहे थे।''[48] इस भाषा नीति ने हिंदू-हिंदी और उर्दू-मुसलमान की वह गिरह पैदा की जिससे समूचा हिंदी नवजागरण ग्रस्त रहा।

महत्त्वपूर्ण यह है कि सन् 1857 के स्वाधीनता संग्राम के बाद लिखी गई दूसरे संस्करण की भूमिका में तासी राष्ट्रवादी उभार को देखते हैं, लेकिन उनकी नजर एक विशिष्ट कोण से पूरी परिघटना का औपनिवेशिक अनुवाद करती है। राष्ट्रवादी उभार को 'संकीर्ण' कहते हुए वह भाषा के मामले में राष्ट्रवाद के हिंदू स्वर को रेखांकित करते हैं और उर्दू और हिंदी भाषाओं के संबंध को युद्ध के रूपक के सहारे हिंदू और मुसलमान समुदायों के ऊपर लाद देते हैं। यह रूपक आगे की ओर बढ़ता हुआ बहुदेववाद और एकेश्वरवाद के संघर्ष के रूप में प्रक्षेपित किया जाता है। फिर इस तर्क प्रणाली में अगला कदम बाइबल के अंदर मुसलमानों को समो लेने की, उन्हें धर्म के आधार पर हिंदुओं के खिलाफ खड़ा करने की औपनिवेशिक चाल थी। सन् 1857 में जिसे नए राष्ट्र की प्रसव पीड़ा कहा गया, जब हिंदू और मुसलमान समुदाय अपनी एक नई राष्ट्रीय अस्मिता तलाश कर रहे थे, जब अजीमुल्ला खान कौमी तराना लिख रहे थे और यह सब साझा दुश्मन अंग्रेजी उपनिवेशवाद के खिलाफ था तो उसके बरक्स शासक अंग्रेजों की नीति इन समुदायों को परस्पर उलझा देने और किसी एक के सिर पर एक समय में हाथ रख देने की थी। ऐसे में

साम्राज्यवाद-विरोध की राष्ट्रीय सांस्कृतिक आकांक्षा को सांप्रदायिक रूपों में संक्षिप्त कर देने की नीति तासी के एकेश्वरवाद-बहुदेववाद के मुद्दे में देखी जा सकती है। साम्राज्यवाद के खिलाफ, उसको 'पर' मानकर निर्मित हो रही राष्ट्रीयता को घटाकर हिंदू और मुसलमान समुदायों को एक दूसरे का 'पर' बना देने की औपनिवेशिक नीति ने हमारे नवजागरण की प्रारंभिक गतिकी को गहरे प्रभावित किया।

यहीं आरंभिक पश्चिमी आलोचकों-साहित्येतिहासकारों के भक्तिकाल संबंधी रुख की भी परख उनकी सुस्पष्ट वैचारिकी और स्थापित किए जा रहे कैननों के संदर्भ में की जानी चाहिए। कृष्ण और राम काव्य ही नहीं वरन भक्तिकाल के अन्य कवियों पर इन आलोचकों का रुख इनके कैनन-निर्माण की प्रक्रिया को समझने के लिए उपयुक्त है। सामाजिक क्षेत्र में लागू की जा रही औपनिवेशिक वैचारिकी ने संस्कृति के क्षेत्र में भाषा के सहारे हस्तक्षेप किया और फिर धर्म के सहारे कैनन गढ़े गए। हिंदुस्तानी के बारे में लिखते हुए तासी ने यूरोप और हिंदुस्तान के धार्मिक सुधारों की तुलना की– "...वह भारतवर्ष के धार्मिक सुधारों की भाषा है। जिस प्रकार यूरोप के ईसाई सुधारकों ने अपने मतों और धार्मिक उपदेशों के समर्थन के लिए जीवित भाषाएं ग्रहण कीं, उसी प्रकार भारत में हिंदू और मुसलमान संप्रदायों के गुरुओं ने अपने सिद्धांतों के प्रचार के लिए सामान्यत: हिंदुस्तानी का प्रयोग किया है।"[49] यहां तासी जिस आधार पर दोनों संप्रदाय के गुरुओं की प्रशंसा कर रहे हैं, वह है जनसाधारण की बोली में साहित्य रचना। परंतु ईसाई संतों से तुलना करके वे एक ऐसा बिंदु बहस के लिए नियोजित करते हैं जिसे ग्रियर्सन आदि आगे बढ़ाते हैं।

ग्रियर्सन को तुलसी क्यों प्रिय हैं, उनके कैनन में तुलसी सर्वोपरि क्यों हैं, वह इन उद्धरणों से साफ हो जाएगा। तुलसीकृत रामायण/रामचरितमानस पर टिप्पणी करते हुए उन्होंने लिखा– " ...इसने इस क्षेत्र को शैव धर्म की तांत्रिक अश्लीलताओं से बचा लिया है।"[50] बंगाल के ऊपर शैवों के बुरे प्रभाव की रक्षा का श्रेय रामानंद को देते हुए ग्रियर्सन आगे लिखते हैं– "अनैतिकता के उस युग में जब हिंदू समाज के बंधन शिथिल हो रहे थे और मुगल साम्राज्य संगठित हो रहा था, इस ग्रंथ की सबसे विशिष्ट बात इसकी नैतिकता है...उस घोर विलासिता के युग में, रामायण से बढ़कर मर्यादापूर्ण और पवित्र और कोई दूसरा ग्रंथ नहीं है।"[51] इसी ग्रंथ में अन्यत्र वे लिखते हैं– "ईश्वर के रूप में अवध के राजकुमार राम की पूजा, पत्नीत्व की पूर्ण प्रतिमा सीता की प्रेममयी पति-भक्ति और मातृत्व की मूर्ति कौशल्या स्वाभाविक ढंग से क्रिश्चियन चर्च के उपासना-पद्धति के सर्वोत्तम रूप में विकसित हो गए हैं।"[52] तो तुलसी की भक्ति का यह एक ऐसा पाठ है जो उन्हें उनकी कविता के मूल शक्तिबिंदु से अलग खड़ा कर देता है।

ग्रियर्सन की यह व्याख्या तुलसी को उनके समकालीन समाज यानी मुसलमान शासकों के समय की काल्पनिक अश्लीलता, विलासिता और अनैतिकता तथा सबसे बढ़कर कुराज के खिलाफ खड़ा करती है। निश्चय ही तुलना का बिंदु राजनीति के क्षेत्र में 'महान' अंग्रेजी शासन और संस्कृति के क्षेत्र में ईसाइयत है। तब तुलसी का ईसाइयत से साम्य बिठाए बगैर इस उद्देश्य की पूर्ति न हो पाती। ग्रियर्सन ने हिंदुस्तानी जनता के दुःख-सुख को व्यक्त करने वाली तुलसी की शक्ति को पहचाना जरूर, पर उसकी व्याख्या में फेर-बदल कर दिए। अवध और समूची हिंदी पट्टी के किसानों की जनभावनाओं के प्रतिनिधि कवि के रूप में तुलसी की व्याख्या ग्रियर्सन इसलिए नहीं कर सके क्योंकि उनका आलोचनात्मक विवेक उपनिवेशवाद से निर्धारित था। धर्म भक्तिकाल की कविता में मुहावरे की तरह प्रयुक्त हुआ है। इस धर्म तत्त्व को राजनीतिक आशयों से संयुक्त कर औपनिवेशिकों ने एक तीर से कई शिकार किए। ध्यान देने की बात है कि आगे के आलोचनात्मक कैननों में भी तुलसी का स्थान न सिर्फ बना रहा बल्कि धर्म की आधारभूत स्थापना भी उसके साथ ही गतिशील रही। आचार्य रामचंद्र शुक्ल ने तुलसी को कैनन में शामिल करने के क्रम में अन्य बातों के अतिरिक्त धर्म तत्त्व का भी पर्याप्त प्रयोग किया है। यहां भी धर्म उन्हीं आधुनिक अर्थों में राष्ट्र की तरह ही फिर से खोजा जाता है, उसकी सनातनता के गीत गाए जाते हैं और दूसरे धर्मों को 'अन्य' मानकर उनके विरुद्ध अपनी अस्मिता को खड़ा किया जाता है।

मात्र तुलसीदास नहीं, वरन भक्तिकाल पर समूचे पश्चिम लेखन पर इस 'धर्म' आधारित श्रेष्ठता-बोध की राजनीति साफ झलकती है। भक्तिकाल यदि मनुष्यमात्र की बराबरी की बात कर रहा था तो उसका आधार 'नर की मनसबदारी' से मुक्ति था। मुक्तिबोध के साक्ष्य पर कहें तो भक्तिकाल सामाजिक संरचनाओं को तोड़-फोड़ कर नई सामाजिक शक्तियों की राजनीतिक आकांक्षा की अभिव्यक्ति था। इस पूरे आंदोलन के कवियों और चरित्र को अपनी सत्ता की वर्चस्वशाली निगाहों से देखने के कारण प्रारंभिक पाश्चात्य साहित्यालोचक एक नए किस्म का कैनन गढ़ रहे थे। रामानंद तथा तुलसी की प्रशंसा और सूर और कृष्ण-काव्य की आलोचना करते हुए ग्रियर्सन के शब्द इस प्रकार हैं– "यहां हम पहली बार विचारों की उस महान उदारता[53] का स्पर्श करते हैं...यह एक ऐसा सिद्धांत है...तुम अपने प्रभु, अपने देवता को संपूर्ण हृदय से, संपूर्ण आत्मा से, संपूर्ण शक्ति और संपूर्ण मन से प्यार करो तथा अपने प्रतिवासी को उतना प्यार करो जितना स्वयं अपने को करते हो।...अपने सर्वश्रेष्ठ रूप में कृष्ण-काव्य रामानंद के उपदेशों के उदात्त तत्त्वों से रहित है...प्रायः स्वार्थमय है...यह ईसाई धर्म के प्रथम और सर्वश्रेष्ठ आदर्श की शिक्षा देता है, परंतु दूसरे आदेश को पूर्णतः भुला देता है।"[54] इस वक्तव्य के बाद ग्रियर्सन पाद टिप्पणी

में तुलसीदास के संदर्भ में इसे और स्पष्ट करते हुए कहते हैं– ''हमारे चर्च के मंत्रों में से अनेक ऐसे हैं जो इस महाकवि [तुलसी] के द्वारा रचित पद्यांशों के अक्षरशः अनुवाद हो सकते हैं।''[55]

अब कबीर के बारे में फ्रैंक ई. के के कथन पर ध्यान दें। ई. के ग्रियर्सन के काफी बाद के साहित्येतिहासकार हैं। उनका साहित्येतिहास सन् 1920 में छपा। उन्होंने अपनी किताब 'कबीर एंड हिज फालोवर्स' में लिखा– ''यद्यपि यह लगभग तय है कि कबीर कभी ईसाइयत के संपर्क में नहीं आए, और संभवतः ईसाई शिक्षा के विषय में बहुत कम या लगभग नहीं के बराबर जानते थे। फिर भी जिस भक्ति आंदोलन के वे अनुषंगी थे, उस पर निश्चय ही ईसाई विचारों का प्रभाव था।''[56]

आचार्य हजारी प्रसाद द्विवेदी की भाषा में कहें तो यहां सीधे-सीधे नहीं तो दरेरा देकर भक्ति आंदोलन और ईसाइयत में बादरायण संबंध स्थापित किया गया है। इस बादरायणपने का कारण खोजने कहीं दूर जाने की जरूरत नहीं है। धर्म-विजय का सांस्कृतिक अस्त्र राजनीति के मातहत होकर साम्राज्यी हितों का पोषण करने के लिए सन्नद्ध था, यह देखा जा सकता है।

सन् 1910 तक 'हिंदी नवरत्न' के पहले संस्करण में कबीर मिश्रबंधुओं के कैनन में शामिल न थे। 'हिंदी नवरत्न' के दूसरे संस्करण में नवरत्नों में उनकी गणना हुई और तीसरे संस्करण की सूची में तीसरे स्थान पर पदोन्नति। ऐसे में ई. के द्वारा उन पर किया गया काम उन्हें अलग धार्मिक आधारों पर कैनन में शामिल करना ही था। ई. के ने अपने इतिहास के 'हिंदी साहित्य की वर्तमान स्थिति और संभावनाएं' शीर्षक अध्याय में अपनी 'धर्म निरपेक्ष' दृष्टि का परिचय इन शब्दों में दिया है– ''भारतीय लोग इस बात से काफी अनभिज्ञ हैं कि राजनीतिक स्वतंत्रता, सामाजिक उत्थान और धार्मिक सुधार के कितने नए आंदोलनों को वस्तुतः ईसाई आदर्शों से प्रेरणा मिली है। भारत ने अपने और अपने बच्चों के लिए महान गौरवशाली भविष्य का सपना देखा है जो उसकी अतीत की उपलब्धियों से भी महानतर है, हालांकि वे उपलब्धियां भी अप्रतिम थीं। न्याय-निष्ठा और कर्तव्य तथा मातृभाव और सेवा के नए आदर्श उनके सामने प्रस्तुत हुए हैं। बहुत सीमा तक इनके लिए क्राइस्ट के जीवन और उनकी शिक्षाओं से प्रेरणा मिली है। भारतीय जीवन में जो कुछ उदात्त और उत्कृष्ट है, अनेक दृष्टियों से क्राइस्ट में उन सबकी परिपूर्णता है।''[57]

पुस्तक के अनुवादक सदानंद शाही ने इस 'धर्म निरपेक्षता' और सत्ता विमर्श पर जो प्रश्नचिह्न लगाया है, वह अपने बहुलांश में एकदम सटीक है– ''कहना न होगा कि अधिकांश हिंदीसेवियों का मूल उद्देश्य ईसाई धर्म, अंग्रेजी भाषा, और अंग्रेज जाति की श्रेष्ठता बताकर भारत की औपनिवेशिक गुलामी को तार्किक

आधार ही देना था।"[58] हालांकि धर्म-जाति और भाषा के इस परिचित त्रिकोण से 'हिंदू-हिंदी-हिंदुस्तानी' का याद आना स्वाभाविक है। हिंदीसेवी ब्रिटिशों की पहचान इस 'राष्ट्रवादी' नारे से मिलते-जुलते वैचारिक दायरे में करने की जगह उनको 'औपनिवेशिक' की तरह ही देखना अधिक संगत है, क्योंकि 'श्रेष्ठता' से अधिक उनका आग्रह अपने राजनीतिक लाभों पर था, इसलिए हम देखते हैं कि भाषा-विवाद गहराने के सफल प्रयासों के साथ-साथ अंग्रेज कभी हिंदी, तो कभी उर्दू को श्रेष्ठ भाषा के रूप में प्रस्तावित करते हैं।

सबाल्टर्न इतिहासकारों ने 'राष्ट्र' के संदर्भ में एक सैद्धांतिक विसंगति को चित्रित करते हुए लिखा- "जिस राष्ट्र के हम नागरिक हैं, वह 'भारत' अपने भौगोलिक, राजनीतिक, सामाजिक और धारणात्मक प्रतिरूप में हमेशा से ही मौजूद नहीं था। राष्ट्र-निर्माण एक ऐतिहासिक रचना है। दुनिया में कोई भी राष्ट्र चिरकाल से ही बना-बनाया नहीं पाया गया है—किसी भी राष्ट्र की उत्पत्ति इतिहास के अहाते के बाहर नहीं हुई है, हालांकि हर राष्ट्र अपने को एक परिपक्व, अंतर्यामी, वृद्धज्ञानी के रूप में प्रस्तुत करने का दम भरता है। और देशों की तरह भारत के राष्ट्र निर्माण कार्य में भी विभिन्न प्रवृत्तियां, विचारधाराएं, कामनाएं और प्रयास आपस में टकराए। कुछ तात्कालिक तौर पर विजयी हुए और कुछ छोटे या लंबे अरसे के लिए परास्त हो गए। लेकिन हमारी राष्ट्र निर्माण क्रिया पर इस द्वंद्व की छाप रही और आज भी है—जैसेकि प्रत्येक राष्ट्र के निर्माण में रही है।"[59]

भाषा के मामले में भी यह नीति अधिक मुखरित हुई क्योंकि भाषा सिर्फ अभिव्यक्ति का माध्यम न होकर नौकरियों, पद-प्रतिष्ठा और समुदायों की सम्पन्नता और प्रभाव का माध्यम भी थी। अंग्रेजों द्वारा प्रचारित हिंदी-उर्दू विवाद को उन्होंने ही भौतिक आधार उपलब्ध कराया। हिंदी को हिंदुओं और उर्दू को मुसलमानों से संबद्ध कर देने की सांस्कृतिक चाल प्रारंभिक नवजागरण के अग्रदूतों को हिंदी को जातीय अस्मिता के प्रतीक बनाने की ओर ले गई, जहां 'उर्दू बेगम का स्यापा' के साथ-साथ हिंदी के उस स्वर्णिम अतीत की खोज शुरू हुई, जो एक भाषा के रूप में तब तक 'हिंदी' का था ही नहीं। यह खोज राष्ट्र की उस खोज की आनुषंगिक बनकर उभरी जिसे अतीत में खोजा जा रहा था।

वसुधा डालमिया ने इस खोज के राजनीतिक निहितार्थ यूं रेखांकित किए हैं— "बीती सदी की 1861-1870 वाली दहाई आते-आते 'हिंदी के जातीय समर्थक' जो हिंदी के आरंभ के बारे में मिथ और वंशावली सृजन करने में लीन थे, इस बात को अत्यंत निरर्थक बताते कि उनकी भाषा कोई बनावटी चीज है। उन्हें इस पर विश्वास था कि हिंदी उत्तर भारत के क्षेत्रों में सभी घरों में बोली जाती थी, और यह स्थिति मुसलमानों के हमले से पहले से थी...जैसाकि अक्सर हुआ है, राष्ट्रवादियों

और साम्राज्यवादियों में कम से कम इस बात पर सहमति थी, अर्थात हिंदुओं की अपनी एक भाषा है, और यह भाषा उन्हें आज ही के मुसलमानों से नहीं, बल्कि भूतकालीन मुसलमानों से अलग करती है।''[60]

प्रसंगत: इसी मनोरचना की झलक न सिर्फ भारतेंदु और उनके समकालीनों में बल्कि आगे चलकर आचार्य शुक्ल तक के आलोचनात्मक कैननों में दिखाई देती है।

संस्कृति के राजनीतिक उपयोग की औपनिवेशिकों की यह दक्ष और पक्षपातपूर्ण कोशिश सन् 1857 की हिंदू-मुस्लिम साम्राज्यवाद-विरोधी, सांप्रदायिकता-विरोधी एकता की राजनीति को संस्कृति के क्षेत्र में हाशिए पर धकेलने का प्रयास थी। इतिहास गवाह है कि काफी हद तक यह प्रयत्न सफल हुआ और भारतीय राष्ट्रवादी चिंतन में इसकी झलक दूर तक देखी गई। बाद में रामविलास शर्मा ने संस्कृति के क्षेत्र में इतिहास के इस अध्याय का पुनर्पाठ करके इस बहस को नई दिशा दी। बीसवीं सदी में किए गए इस प्रयास का असर उन्नीसवीं सदी के प्रारंभिक दौर की हिंदी आलोचना में भाषा और समुदायों के पारस्परिक संबंधों के विमर्श पर कैसे पड़ा, आगे के अध्यायों में हम देखेंगे।

'आधुनिक धार्मिकता' के अतिरिक्त विक्टोरियाई नैतिकता भी तासी के उन प्रतिमानों में से एक है, जिससे वे अपना इतिवृत्त-संग्रह चयन करते हैं। पहले अध्याय में कैनन की परिभाषा करते हुए उद्धृत नामवर सिंह की टिप्पणी कि कैनन 'हायरार्की ऑफ वैल्यूज' रचते हैं, के संदर्भ से कह सकते हैं कि तासी और समानधर्मा प्रारंभिक पाश्चात्य विद्वानों ने हिंदी/हिंदुई पर लिखते हुए विक्टोरियाई नैतिकता के मूल्य को वर्चस्वशाली बनाया। तासी ने अपने साहित्येतिहास में रचनाओं का चयन करते हुए रचनाओं को कैनन में शामिल करने का एक प्रतिमान श्लीलता-अश्लीलता भी रखा है। संस्कृत और उर्दू काव्यशास्त्र में काव्य-दोषों में इतने कड़े प्रतिमान नहीं हैं। जहां तक पूर्ववर्ती रीतिकाल का प्रश्न है, वहां यह बहस का विषय ही नहीं है। ऐंद्रियता बनाम सामंती लंपट मनोभाव की बहस को अगर हम अलग रखें तो कैनन के संदर्भ में यहां 'अश्लीलता' की 'आधुनिक' परिभाषा देख सकते हैं। रीतिकाल का 'प्रगतिशील ऐंद्रियता' के नजरिए से पाठ करने की कोशिश कितनी औचित्यपूर्ण है अथवा कितनी कैनन बनाने की राजनीति से प्रभावित है, या फिर इस प्रयास का महिला पाठ क्या संभव है, यह और विषय है किंतु संदर्भत: यहां कहा जा सकता है कि पूर्ववर्ती हिंदी/हिंदवी कविता पर नैतिकता के मूल्य पहली बार कठोरता से लागू किए गए। तासी ने अपने साहित्येतिहास के प्रथम संस्करण की दूसरी जिल्द [1847] में लिखा– "...किंतु जो अंश मेरे सामने थे, या जिन्हें मैंने तैयार कर लिया था, उनका बहुत बड़ा भाग मुझे छोड़ देना पड़ा क्योंकि वे या तो हमारे आचार-

विचारों के अत्यधिक विरुद्ध थे, या क्योंकि उनमें अनैतिक बातों का उल्लेख है या वे अश्लीलता से दूषित हैं, या अंत में क्योंकि वे ऐसे अलंकारों से भरे हुए हैं जिन्हें यूरोपीय पाठकों के लिए समझना असंभव है।''[61]

प्रथमतः तो यूरोपीय पाठक के लिए पढ़े जाने वाले पाठ के रूप में तासी भारतीय साहित्य में कैनन बनाते हैं, फिर तो जो उनकी समझ में आ सके, ऐसे प्रतिमानों पर कसा हुआ हिंदी साहित्य चाहिए ही। इस कारण से काव्य-रूढ़ि और प्राचीन भारतीय काव्य के वे हिस्से, जो पारंपरिक ढांचों को परिवर्धित और पुनर्नवीन करते हैं, कैनन से बाहर हो जाते हैं। ऐसे में सबसे अधिक हानि उन काव्य विधाओं की होगी, जो एक ही जमीन पर, एक ही भाव पर परंपरा से ग्रहण करते हुए उसे आगे बढ़ाते हैं। इस आधार पर उस्ताद शायरों और बड़े कवियों की रचनाओं के भीतर भी काट-छांट होने लगती है। जायसी और तुलसी, सूर, घनानंद हों या मीर, ग़ालिब और सौदा या ज़फ़र, एक विस्तृत काव्य-परंपरा का बोध उनके काव्य में विन्यस्त है—काव्य के उपमानों और बिंबों में, काव्य-रूढ़ियों में और समूचे विन्यास में। तासी की तर्क-प्रणाली से देखने पर इन बड़े कवियों की रचनाओं के ढेरों महत्त्वपूर्ण हिस्से बाहर हो जाएंगे। दूसरे, तासी उसमें धर्म का एक बिंदु भी खोज निकालते हैं—'मुसलमान रचयिताओं में अश्लीलता'। तासी ने आगे चिह्नित किया— ''एक बात ध्यान देने योग्य है कि फारस और भारत के अत्यंत प्रसिद्ध मुसलमान रचयिताओं, जिन्हें संत व्यक्ति समझा जाता है, जैसे, हाफ़िज़, सादी, जुर्रत, कमाल आदि लगभग सभी ने अश्लील कविताएं लिखी हैं।''[62] ठीक यही बात हिंदवी के अन्य कवियों को भी कैननकृत करती है। अपने शोधग्रंथ में अंग्रेज समीक्षकों की प्रशंसा करते हुए एफ. एस. ग्राउस को आधार बनाते हुए रामअधार शर्मा ने लिखा— ''...ये लेखक तुलसी की मुक्त कंठ से प्रशंसा करते हैं और उनके आगे सूर को अधिक महत्त्व नहीं देते। सूर की कल्पनाओं में इन्हें ऐंद्रियता का आभास मिलता है और कृष्ण-काव्य की उद्दाम भावुकता को वे परवर्ती साहित्यिक पतन का कारण मानते हैं।''[63] स्वयं ग्रियर्सन ने अपने साहित्येतिहास में सूरदास की विभिन्न शैलियों में लिखने के लिए प्रशंसा करते हुए भी उन्हें कैनन में वह स्थान न दिया जो तुलसी को। टिप्पणी करते हुए उन्होंने लिखा— ''भारतीय लोग इनको कीर्ति के सर्वोच्च गवाक्ष में स्थान देते हैं पर मेरा विश्वास है कि यूरोपीय पाठक आगरा के अंधे कवि की अत्यधिक माधुरी की अपेक्षा तुलसीदास के उदार चरित्रों को अधिक पसंद करेगा।''[64] और अन्यत्र यह भी लिखा कि ''अपने सर्वश्रेष्ठ रूप में भी कृष्ण-काव्य रामानंद के उपदेशों के उदात्त तत्त्वों से रहित है।''[65] तासी ने तो मीर के द्वारा सराहे जाने के बावजूद सौदा के व्यंग्यों को अपने साहित्येतिहास के कैनन से बाहर धकेल दिया। अभियोग वही सदाचार-विरुद्धता का लगाया गया।[66]

भाषा के संदर्भ में हिंदवी/हिंदुस्तानी की बहसों को परखने के बाद यह निष्कर्ष निकालना बहुत असंगत नहीं लगता कि अंग्रेज और प्रारंभिक अन्य पश्चिमी विद्वानों ने भाषा के मामले में एक दुर्भेद्य दीवार गढ़ी, जिस पर औपनिवेशिक सांस्कृतिक अभियान का घर खड़ा किया गया। तासी के ग्रंथ में हिंदी-हिंदुस्तानी [उर्दू] दोनों का सम्मिलित इतिहास है, जबकि ग्रियर्सन ने अपने इतिहास ग्रंथ में 'हिंदुस्तानी/उर्दू' के हिस्से को अलग कर दिया। तासी के संदर्भ में अध्याय के प्रारंभ में की गई बहसों से यह निश्चित है कि पहले संस्करण [1839-47] से दूसरे संस्करण [1870-71] तक आते-आते उनके स्वर में परिवर्तन दिखने लगता है। ग्रियर्सन ने हिंदी को उर्दू से अलगाते हुए तर्क दिया था कि यह हिंदुस्तान के शहरों में मुसलमानों तथा फारसी संस्कृति से प्रभावित हिंदुओं द्वारा बोली जाती है। इस आधार पर उन्होंने हिंदी-उर्दू को अलग-अलग किया। सदानंद शाही ने लिखा– "मौलाना करीमुद्दीन के 'तजकिरा ए शुअरा ए हिंदुस्तान' में हिंदी और उर्दू के साहित्यकार एक साथ उपस्थित हैं। उर्दू और हिंदी को अलगाने का काम जार्ज अब्राहम ग्रियर्सन ने किया। वह उर्दू को देशभाषा नहीं मानता था।"[67] इस औपनिवेशिक हस्तक्षेप के बाद हम अपनी मिलवां भाषा खो बैठे। बाद में हिंदी के नाम पर चले राष्ट्रीय आंदोलन में इस बात की वैचारिक आधारभूमि निर्मित हुई।

आचार्य शुक्ल ने भाषा की इस गुत्थी को अपने तईं समझा और अभिव्यक्त किया। उनको इस बात का आभास था कि पाश्चात्य विद्वान हिंदी-उर्दू विवाद को बढ़ावा दे रहे हैं। अपनी राष्ट्रवादी तर्कणा के सहारे वे इस औपनिवेशिक गुत्थी को तो हल कर लेते हैं परंतु जिन आधारों को औपनिवेशिकों ने संस्कृति के क्षेत्र में खड़ा किया था, उन्हीं पर खड़े होकर। वे अंग्रेजों पर मुसलमानों के पक्ष में पक्षपात करने का आरोप लगाते हैं। भाषा के माध्यम से हिंदुस्तान में सांप्रदायिक वैमनस्य बढ़ाने की अंग्रेजों की बड़ी राजनीति को वे अपने चिंतन का केंद्रीय बिंदु नहीं बना पाते। इस मामले में वे अंग्रेजों के साथ खड़े होते हैं कि हिंदी/हिंदू और मुसलमान/उर्दू दो अलग-अलग भाषाएं और कौमें हैं तथा हिंदी पुरानी और पारंपरिक भाषा है। अपने साहित्येतिहास के आधुनिक काल के पहले प्रकरण में गद्य का विकास दर्शाते हुए उन्होंने लिखा– "जैसाकि अभी हम कह आए हैं, राजा शिवप्रसाद और भारतेंदु के समय तक हिंदी-उर्दू का झगड़ा चलता रहा। गार्सा द तासी ने भी फ्रांस में बैठे-बैठे इस झगड़े में योग दिया।...हिंदी-उर्दू का झगड़ा उठने पर आपने [तासी ने] मजहबी रिश्ते के खयाल से उर्दू का पक्ष ग्रहण किया..."[68] शुक्ल जी ने तासी के 'मजहबी' मंतव्यों को तो चिह्नित किया लेकिन आगे बढ़कर वे उसकी राजनीतिक जड़ें तलाशने में सफल नहीं हुए अन्यथा उर्दू के प्रति ऐसी दृष्टि न रखते कि फारसी-अरबी मिली भाषा के अलोकप्रिय होने के लिए उन्हें ईसाई अनुवादकों की भाषा को प्रमाण के

रूप में उद्धृत करना पड़ता– " ...इन अनुवादकों [ईसाई धर्मप्रचारकों] ने सदासुख और लल्लूलाल की विशुद्ध भाषा को ही आदर्श माना, उर्दूपन को बिलकुल दूर रखा, इससे यही सूचित होता है कि फारसी-अरबी मिली भाषा से साधारण जनता का लगाव नहीं था जिसके बीच मत का प्रचार करना था।...जिस संस्कृतमिश्रित भाषा का विरोध करना कुछ लोग एक फैशन समझते हैं, उससे साधारण जनसमुदाय उर्दू की अपेक्षा कहीं अधिक परिचित रहा है और है।"[69]

जिस लल्लूलाल की भाषा का शुक्ल जी बखान कर रहे हैं, उसके बारे में फारूकी ने जोल ब्लाक और डॉ. ताराचंद को आधार बनाते हुए लिखा– " ...ब्लाक इस बात को भी स्वीकार करता है कि लल्लूलाल जी ने गिलक्राइस्ट के प्रभाव के अंतर्गत अपनी प्रसिद्ध पुस्तक 'प्रेमसागर' लिखकर सब कुछ 'बदल डाला'। ब्लाक के कथनानुसार, "इसके गद्य वाले हिस्से कुल मिलाकर उर्दू हैं, लेकिन इसमें फारसी शब्दों के स्थान पर हिंदी आर्याई शब्द रख दिए गए हैं।"[70]

संस्कृतनिष्ठ हिंदी और उर्दू के संदर्भ में लोकप्रियता और अलोकप्रियता के शुक्ल जी के तर्क को 1802 की बेली की थीसिस के सामने रखकर देखा जाना चाहिए। फोर्ट विलियम कॉलेज में 6 फरवरी, 1802 को पढ़ी गई अपनी थीसिस में बेली कहता है– "हिंदूस्तान में काररवाई के लीए हिंदी जबान और जबानों से जीआदः दरकार है हिंदूस्तानी जबान कि जिसका जिक्र मेरे दावे में है उसको हिंदी-उरदू और रेख्तः भी कहते हैं और यह मुरक्कव अरबी और फारसी ओ संस्कृत या भाषा से है और यिह पिछली अगले जमाने में तमाम हिंद में राऐज थी।"[71]

जो हो, आचार्य शुक्ल और उनके पहले के आलोचकों/चिंतकों के इस द्वंद्व पर अगले अध्यायों में चर्चा होगी पर यहां यह कह देना संगत होगा कि औपनिवेशिक दृष्टि के कारण–उसके विरोध में और उसके प्रभाव में–जो 'आधुनिक मानस' हमें मिला या हमने अर्जित किया, वह गहरी समस्याएं लिये हुए था। ठीक इसी कारण से अंग्रेजों के प्रत्यक्षतः विरोधी होते हुए भी सांस्कृतिक क्षेत्रों में उनके बनाए गए कैननों ने हमारे अपने राष्ट्रवादी आलोचनात्मक कैननों पर एक दूरगामी असर डाला।

अध्याय : तीन

राष्ट्रवादी परियोजना और हिंदी आलोचना के कैनन

मिश्रबंधु : आधुनिकता में संक्रमण

"साहित्य का संगठन समय के अनुसार हुआ करता है। उस समय जबके बने वे ग्रंथ हैं, उससे अधिक की लोगों को आवश्यकता न थी। रुचि भी ऐसी अधिकांश लोगों की हो रही थी, विशेषत: हमारे देश के राजा बाबू और अमीरों का शृंगार ही से काम था। वही उनकी माता थी, उसी की अधिक संख्या कविता में पाई जाती है। आज समय दूसरा है, देश की दुर्दशा ने सबकी मुटाई झाड़ दी है, अक्ल ठिकाने आ गई है। अब वे बातें नहीं जंचतीं, इसी से आज की आवश्यकता आजकल के सुलेखकों और ग्रंथकारों को पूरी करनी चाहिए। वे ही उसके उत्तरदाता हैं, उन्हें अब अपने साहित्य के शून्य को भरना चाहिए और लोग इसके लिए सचेष्ट भी हो रहे हैं।"[72]

पीछे हमने देखा कि 1857 के जनविद्रोह के बाद अंग्रेज औपनिवेशिकों ने भारतीय सामाजिक संरचना में अपना हस्तक्षेप बढ़ा दिया। दूसरी ओर ए. ओ. ह्यूम के द्वारा कांग्रेस [1885] का गठन हुआ। तीसरी महत्त्वपूर्ण घटना थी–राष्ट्रवाद का उभार। इन परिस्थितियों में हिंदी में आधुनिक गद्य का प्रादुर्भाव हुआ। इस 'आधुनिकता' के बीज रूप, साहित्येतिहासों में आलोचनात्मक कैनन के रूप में उसकी व्याप्ति, पिछले अध्याय में विश्लेषित किए जा चुके हैं। भारतीय सामाजिक संरचना के इस नए परिदृश्य में हमारी अपनी आलोचना का जन्म होता है।

भारतेंदु हरिश्चंद्र और उनके मंडल को अन्य विधाओं और आधुनिक काल की तरह हिंदी आलोचना के श्रीगणेश का भी श्रेय जाता है। इस शृंखला में पहला ग्रंथ 'शिवसिंह सरोज' है जो अपने साहित्येतिहास व कविवृत्त के कलेवर में आलोचना के कुछ सूत्र धारण किए हुए है। परंतु ठीक–ठिकाने की आलोचनात्मक रचना 1883 में लिखा भारतेंदु का 'नाटक' शीर्षक निबंध ही है। गौर करने की बात है कि यह प्रारंभिक आलोचनात्मक कृति भी संस्कृत नाटकों और अन्य नाट्य परंपराओं से

बहस करती हुई अपनी देशी नाट्य परंपरा के विकास में प्रवृत्त होती है। पर आलोचना का व्यावहारिक रूप में उदय पुस्तक समीक्षाओं से ही माना जाता है। 'हिंदी प्रदीप' में लाला श्रीनिवास दास के 'संयोगिता स्वयंवर' की बालकृष्ण भट्ट की समीक्षा और 'आनंद कादंबिनी' में प्रेमघन की समीक्षा इस लिहाज से महत्त्वपूर्ण है। ये पुस्तक-समीक्षाएं गुण-दोष का निरूपण करती हैं परंतु कैनन-निर्माण की प्रक्रिया को समझने के लिहाज से वे इतनी महत्त्वपूर्ण नहीं हैं।

आचार्य महावीर प्रसाद द्विवेदी ने इसके उपरांत साहित्य-नियमन का बीड़ा उठाया। यह सर्वविदित ही है कि 'सरस्वती' के मंच को उन्होंने साहित्य के एकमात्र मंच के रूप में प्रतिष्ठित कर दिया। महावीर प्रसाद द्विवेदी ने कोई व्यवस्थित आलोचना तो न लिखी परंतु उनके द्वारा लिखे गए फुटकर लेखों और संपत्तिशास्त्र जैसी महत्त्वपूर्ण कई पुस्तकों ने आलोचना को व्यवस्थित आधार अवश्य प्रदान किया। उन्होंने रीतिवाद का विरोध किया, कविता को लक्षण ग्रंथों के आधार पर न समझने की वकालत की, गद्य और पद्य की भाषा को एकरूप करने पर जोर दिया और सबसे बड़ी बात यह कि अपने देश-काल की समकालीन चुनौतियों से साहित्य को जोड़ने में अगुवा की भूमिका निभाई। नए पैदा होते मध्यवर्ग और नवजागरण को ध्यान में रखते हुए आचार्य द्विवेदी आदर्शवाद के मानक तो सामने रखते ही हैं, साथ ही परंपरा का मूल्यांकन भी करते हैं। संस्कृत कवियों, खासकर कालिदास पर लिखे गए लेख में उन्होंने यही कार्यभार लिया और कालिदास की निरंकुशता को लक्ष्य किया। अर्थशास्त्र, समाजविज्ञान, कला आदि अन्यान्य और बहुतेरे नए विषयों पर 'सरस्वती' में लिखवाए गए लेखों ने हिंदी के ज्ञान-भंडार को न सिर्फ समृद्ध किया बल्कि हिंदी भाषा की शक्ति भी बढ़ाई। इस प्रकार से देखें तो अपने युग में साहित्य के कैनन गढ़ने में आचार्य द्विवेदी की अन्यतम भूमिका है। जहां तक आलोचना का प्रश्न है, इस युग से मैंने मिश्रबंधुओं के 'हिंदी नवरत्न' को विवेचना का आधार बनाया है।

आचार्य शुक्ल के पहले कैनन के लिहाज से मिश्रबंधुओं की पुस्तक 'हिंदी नवरत्न' महत्त्वपूर्ण है, जिसे हिंदी की आधुनिक आलोचना की पहली किताब होने का गौरव प्राप्त है। यह किताब पहले-पहल 1910 में छपी। बाद इसके, मिश्रबंधुओं के जीवनकाल में संक्षिप्त नवरत्न को मिलाकर इस पुस्तक के दस संस्करण निकले, और हर संस्करण में मिश्रबंधु कुछ न कुछ जोड़ते-घटाते रहे। मूल नवरत्न के छह संस्करण क्रमशः सन् 1910, 1924, 1928, 1937 और 1941 में निकले और नवरत्न का संक्षिप्त संस्करण पहली बार 1934 में निकला। संक्षिप्त नवरत्न के भी पीछे 1940, 1943 और 1944 में संस्करण हुए। इन संस्करणों में होने वाले परिवर्तन भी कम रोचक नहीं हैं। मिश्रबंधु ने नवरत्नों को तीन त्रयियों में बांटा।

प्रथम संस्करण की वृहत्त्रयी में तुलसी, सूर और देव रखे गए। मध्यत्रयी में बिहारी, भूषण और केशव थे और लघुत्रयी में मतिराम, चंद [चंदबरदाई] और भारतेंदु हरिश्चंद्र। इनका श्रेष्ठताक्रम भी लगभग इसी प्रकार मिश्रबंधुओं ने माना। मूल नवरत्न के 1924 वाले संस्करण में कबीर उनके कैनन में प्रवेश पाते हैं। संख्या नौ ही रहे, इस कारण दस कविरत्नों में भूषण और मतिराम को 'त्रिपाठी बंधु' नाम दिया गया। कबीर कैनन का हिस्सा कैसे बनते हैं, यह हम आगे देखेंगे।

द्विवेदीयुगीन आलोचना के कैननों पर बहस के लिए 'हिंदी नवरत्न' एक प्रातिनिधिक पुस्तक मानी जा सकती है। इसलिए नहीं कि यह पुस्तक आचार्य महावीर प्रसाद द्विवेदी की साहित्यिक दृष्टि का प्रतिनिधित्व करती थी, वरन इससे अलग इस किताब में पारंपरिक काव्यशास्त्रीय समझ और 'आधुनिकता' के प्रतिमानों का एक द्वंद्व दिखता है। इस किताब में जहां एक तरफ आधुनिक, नए प्रतिमान हैं, वहीं रुचियों के स्तर पर लेखकों की रीतिकालीन समझ भी उनके आलोचनात्मक कैननों में रची-बसी है। भारतेंदु के समय से चली आ रही आलोचना में आधुनिक का पुट तो था पर तब भी कविता की भाषा ब्रज ही रही थी। समालोचना का अर्थ मिश्रबंधु के लिए वही था जो लाला भगवानदीन ने अपनी पुस्तक 'बिहारी और देव' के मुखपृष्ठ पर अंकित किया था–

सांची बात 'दीन' कवि कहैं, कोउ सिराय सुनि कोउ दहै।
सांची समालोचना वही, पक्षपात से दूरि जु रहै॥''

आलोचना में 'सच्चाई' और पक्षपातहीनता की यह मांग प्रारंभिक हिंदी साहित्य की मूल्य-व्यवस्था की ओर संकेत करती है। 'देव-बिहारी विवाद' में खोजा गया यह मूल्य मिश्रबंधुओं के यहां भी मौजूद है। यहां ध्यान देने की बात है कि भारतेंदु काल में पाश्चात्य समीक्षा प्रणाली का भी काफी असर भारतीय आधुनिक आलोचना को बनाने वाला साबित हुआ। उस समय में पाश्चात्य सैद्धांतिकी का काफी प्रभाव देखा जा सकता है। 'नागरी प्रचारिणी पत्रिका' में पोप के 'एसे ऑन क्रिटिसिज़्म' का अनुवाद 'समालोचनादर्श' के नाम से जगन्नाथ दास रत्नाकर ने किया। तत्कालीन प्रायः सभी पत्रिकाओं में 'बुक रिव्यू' के कालम छपने लगे। 'एसेंस', 'स्पिरिट ऑफ द टाइम', 'क्लासिक', 'पोएट ऑफ जनरल विजन' जैसी अवधारणाओं का प्रयोग होने लगा। यह बात आगे भी जारी रही। सूर की प्रशंसा करते मिश्रबंधु उन्हें 'पोएट ऑफ जनरल विजन'[73] से व्याख्यायित करते हैं। तुलसी का विश्लेषण करते हुए मिश्रबंधुओं ने आधुनिक मीमांसा का सहारा लिया। पहले अध्याय में हम देख आए हैं कि ग्रियर्सन आदि तुलसी को किन आधारों पर विश्लेषित करते हैं। मिश्रबंधु के शब्द हैं– '' ...गोस्वामी जी ने सर्वसाधारण के समझने योग्य सरल हिंदी में उपदेश दिए।...रामचंद्र का वर्णन बहुत सजीव एवं मर्यादापूर्ण किया, जिससे आपके उपदेशों

का प्रभाव बहुत भारी पड़ा और सरल भाषा के कवि होने से आप उत्तर भारत के सबसे बड़े उपदेशक और चरित संशोधक हुए।''[74]

ऊपर के उद्धरण में खटकने वाली पहली बात है तुलसी की भाषा के बारे में विचार। विडंबनात्मक रूप से हिंदी में बोलियों के साहित्य को अपना साहित्य कहा जाता रहा है और यहां तो मिश्रबंधु अवधी का नाम तक नहीं ले रहे। यह सिर्फ लिपि का मामला नहीं है क्योंकि इस तर्क के अनुसार मराठी की लिपि भी नागरी ही है। तब निश्चय ही बोलियों के ऊपर की गई इन अधिकारवादी टिप्पणियों की सांस्कृतिक जड़ें नवजागरण में हैं, जहां समुदाय अपने आप को मजबूत बनाने के लिए बहुतेरी अलग अस्मिताओं को अपने में समाहित करने का यत्न कर रहे थे। ऐसा ही आचार्य शुक्ल ने भाषा के संदर्भ में किया।

उपरोक्त उद्धरण में 'मर्यादा' शब्द भी विशेष ध्यान आकृष्ट कराता है। यह शब्द तत्कालीन भारतीय मनीषा और पश्चिमी विद्वानों को समान रूप से प्रिय है। भक्तिकाल की रीतिकाल पर श्रेष्ठता इसी शब्द की छाया में निर्मित हुई। पीछे हमने देखा कि ग्रियर्सन ने भी तुलसी को कैनन में शामिल करते हुए इसी 'मर्यादा' का सहारा लिया। इस मर्यादा के अक्षांश और देशांतर क्या हैं? क्या यह प्रस्तावित किया जा सकता है कि यह मर्यादा गुलाम देश के चिंतकों की अस्मिता प्राप्त करने की छटपटाहट है? यदि यह सच हो तो भी ग्रियर्सन का प्रयोग इससे व्याख्यायित नहीं होता। तब क्या यह संभव है कि मर्यादा का गियर्सन वाला प्रयोग ही भेष बदलकर आगे तक आया हो? यही हुआ, धर्म के रास्ते बनते कैननों में शुचिताबोध से शुरू कहानी आगे बढ़ते हुए देशी अस्मिता में मर्यादा को केंद्रीय बनाने तक ले गई।

प्रसंगत: अंग्रेजी प्रभाव से भारतीय आलोचनात्मक कैनन प्रभावित और विकसित होने लगे। उदाहरण के लिए बदरी नारायण चौधरी 'प्रेमघन', जोकि अपनी भाषा में पर्याप्त संस्कृतानुगामी थे, और उस लिहाज से भारतीय परंपरा के उन्नायक भी, उनकी टिप्पणी ध्यान आकृष्ट कराती है– ''रिव्यू अर्थात समालोचना का अर्थ है पक्षपातरहित होकर न्यायपूर्वक किसी पुस्तक के यथार्थ गुण-दोष की विवेचना करना और उसके ग्रंथकर्ता को विज्ञप्ति देना।''[75]

यहां आलोचना के मान के रूप में 'गुण-दोष विवेचन' को प्रतिष्ठित किया गया है। हिंदी आलोचना के लिए यह नई बात थी। भले ही आचार्य शुक्ल ने 'अंत:वृत्तियों की छानबीन' के बरक्स 'गुण-दोष विवेचन' को हीन ठहराया परंतु उनका रोष मिश्रबंधुओं की नंबर गिनाने वाली पद्धति से है, रचनाकार की कमी-कमजोरी उद्घाटित करने वाली दृष्टि से कम। क्योंकि अलग-अलग पद्धतियों के बावजूद मिश्रबंधुओं के बहुतेरे विश्लेषण शुक्ल जी में मौजूद हैं। उदाहरण के लिए भक्ति आंदोलन के कारण खोजते हुए दोनों आलोचकों की स्थिति समान है।

मिश्रबंधुओं ने लिखा– "धर्म पर बल प्रयोग होने से हिंदुओं को समाज संरक्षण बहुत आवश्यक समझ पड़ा, जिससे हमारी धर्म की तार्किक प्रगति भक्ति की ओर चलने लगी।"[76]

अब शुक्ल जी द्वारा चिह्नित कारण से इसका मिलान कीजिए– "...जब मुस्लिम समुदाय दूर तक स्थापित हो गया...पीछे हिंदू समुदाय पर बहुत दिनों तक उदासी छाई रही। अपने पौरुष से हताश जाति के लिए भगवान की शक्ति और करुणा की ओर ध्यान ले जाने के अतिरिक्त दूसरा मार्ग ही क्या था?"[77]

'रिव्यू' और समालोचना के परस्पर संबंधों की छानबीन करने से पता चलता है कि नई गद्य विधाओं के उपजने के साथ ही आलोचना की आवश्यकता आन पड़ी। नई गद्य विधाएं नवजागरण से उपजी थीं। नवजागरण के आने में ब्रिटिश उपनिवेशवाद का हाथ था; या कहें तो ब्रिटिश उपनिवेशवाद नवजागरण के लिए अचेतन औजार था। इसी से लड़ाई के दौरान 'राष्ट्र' की आधुनिक संकल्पना आई। पर पिछले अध्याय में हमने देखा कि कैसे 1857 के समय बना यह राष्ट्रीय बोध खंडित हुआ और हिंदी आलोचना ने एक दूसरी राह पकड़ी, जिस पर औपनिवेशिक प्रभाव भी थे। रिव्यू के ढर्रे पर समालोचना का विकास हिंदी में हुआ, ऊपर उद्धृत प्रेमघन की टिप्पणी इस ओर इशारा करती है। दूसरी बात है 'सच्चाई' की। तत्कालीन कई आलोचकों ने इस बिंदु से आलोचना को देखने की हिमायत की है। स्वयं आचार्य महावीर प्रसाद द्विवेदी के विचार इस विषय में प्रेमघन से मिलते-जुलते हैं, हालांकि वे प्राचीन कवियों के बारे में कह रहे हैं– "प्राचीन कवियों की समालोचना करना और नेकनीयती से उसमें यथार्थ दोषों को दिखाना बुरा नहीं। इस तरह की समालोचना से कोई हानि नहीं, प्रत्युत लाभ है।"[78]

मिश्रबंधुओं ने भी इसी समय-सरगम में अपनी टिप्पणी जोड़ी– "जो लोग इस विषय में अधिक समय लगा सकते हैं, उनका कर्तव्य है कि वे ग्रंथों के ठीक-ठीक गुण-दोष बताकर मनुष्यों की रुचियों की भी उन्नति करें।"[79]

गुण-दोष विवेचन, रुचियों का परिष्कार और कर्तव्य–ये तीन केंद्रीय शब्द हमें तत्कालीन आलोचना के स्वरूप को समझने में मदद करते हैं। आचार्य शुक्ल ने आलोचना के संदर्भ में उपरोक्त तीनों में से मात्र गुण-दोष विवेचन को ही चिह्नित किया, अन्य दो को अन्य साहित्यिक विधाओं पर लागू किया। प्रसंगतः मिश्रबंधुओं के कैनन के आधार उन्हीं के शब्दों में निम्नांकित थे– "कवि को कुछ कहना था या नहीं, और उसने उसे कैसा कहा है? संक्षिप्त रीति से कहने में पहला प्रश्न यों भी कहा जा सकता है कि उसका क्या संदेश है?...यदि संदेश सबल होगा तो साहित्य गौण होकर फीका पड़ जाएगा, और यदि साहित्य सबल रखा जाए, तो संदेश डूब जाएगा..."[80]

हिंदी की संपूर्ण साहित्यराशि में से उत्कृष्ट का चुनाव करना ही मिश्रबंधुओं का लक्ष्य था। मिश्रबंधुओं ने ये प्रतिमान स्थापित तो किए, पर समस्या क्या और कैसे के बीच तादात्म्य की थी। क्या और कैसे अर्थात विषय और कथनशैली की उत्कृष्टता का तादात्म्य कहीं वे बैठा पाते हैं और कहीं नहीं। कथ्य और शिल्प या रूप और अंतर्वस्तु के पारस्परिक संबंध मिश्रबंधुओं के लिए अव्याख्येय थे। मिश्रबंधुओं के कैनन-निर्माण की प्रक्रिया में रूप और अंतर्वस्तु का यही असमाधेय द्वंद्व महत्त्वपूर्ण भूमिका निभाता है। इसे उनके पूरे 'नवरत्न' में देखा जा सकता है।

कबीर को उन्होंने नवरत्न के दूसरे संस्करण में शामिल किया। शामिल करने की वजह कबीर के कवि से अधिक उनका 'महात्मापन' था। लेकिन यही प्रतिमान तुलसी के लिए न थे। यहां प्रतिमान निर्धारण में कविता तत्त्व का भी योग था। उनके सामने प्रस्तुत प्रश्न यह था कि अच्छा धर्मोपदेश करने के बावजूद कबीर बड़े कवि क्यों नहीं हैं? उन्हीं की भाषा में इस प्रश्न को प्रस्तुत करना वरेण्य होगा– "ब्रह्मानंद एक कवि भी होता है या नहीं?...ब्रह्मानंद का उद्‌गार कविता में अच्छा होगा क्योंकि यह उसका माध्यम है...हिंदी नवरत्न में ईश्वरी विचार से आप सबसे ऊंचे मनुष्य हैं, इसमें हमें संदेह नहीं। संभव है, कोई अन्य महाशय गोस्वामी तुलसीदास और सूरदास को बढ़कर या इनके बराबर बतलावें। हमारी समझ में ये महात्मा लोग कबीरदास की ईश्वर संबंधी धार्मिक उच्चता को नहीं पहुंचे।"[81] इन्हीं कबीर को 1910 वाले नवरत्न के संस्करण में सूचीबद्ध नहीं किया गया था। मिश्रबंधु अपनी तरफ से कारण देते लगते हैं कि कबीर भक्त अधिक हैं, कवि कम। और चूंकि नवरत्न काव्य में कैनन बनाने का ग्रंथ है, इसलिए महात्मापन के बावजूद कबीर कैनन में शामिल नहीं किए गए। बाद में इसी महात्मापन के कारण कबीर कैनन में शामिल हुए। ध्यान देने की बात यह है कि मिश्रबंधुओं के नवरत्न की आलोचना अन्यान्य बिंदुओं से तो की गई थी पर कबीर के शामिल न होने पर किसी ने अंगुली न उठाई। मिश्रबंधुओं के कैनन में कबीर उनकी अपनी ही आलोचनात्मक दुविधा के कारण शामिल हुए। संदर्भत: जो बात विश्वनाथ त्रिपाठी ने नवरत्न के संदर्भ में तुलसी-सूर पर लिखी, वह उन पर तो नहीं, कबीर पर अवश्य लागू होती है– "यहां [नवरत्न में] तुलसी और सूर की रक्षा उनके 'महात्मापन' ने की है, कविता ने नहीं।"[82]

संदर्भत: हिंदी आलोचना और उसमें बन रहे कैननों का दिलचस्प दृश्य हम एक लोकोक्ति की तरह प्रचलित दोहे के माध्यम से भी देख सकते हैं। साहित्यिक कृतियों और लोक में समान रूप से दुहराया जाने वाला यह दोहा हिंदी आलोचना में प्रारंभिक कैनन-निर्माण की बानगी पेश करता है–

सूर-सूर, तुलसी शशि, उडुगन केशवदास।
अब के कवि खद्योत सम, जहं-तहं करत प्रकाश॥

यह दोहा किसके द्वारा लिखा गया, बहुउद्धृत होने के बावजूद इसके साक्ष्य मुझे नहीं मिले। जो हो, दोहे के समय के बारे में निश्चित रूप से हम यह कह सकते हैं कि यह केशवदास के समय या उनके बाद ही लिखा/कहा गया होगा क्योंकि केशव स्वयं दोहे में कवि के रूप में उद्धृत हैं। केशव का काल सन् 1555 से 1617 तक माना जाता है। वाचिक आलोचना में स्थापित इस दोहे के काव्यात्मक कैनन में सूर प्रथम स्थान के भागीदार हैं—श्रेष्ठतम कवि। तुलसीदास, सूर के बाद आते हैं, और वरीयताक्रम में केशव का स्थान तीसरा है। आश्चर्यजनक रूप से हम हिंदी आलोचना को, प्रारंभ से ही इस दोहे में अभिव्यक्त कैनन के विरुद्ध पाते हैं। वे चाहे ग्रियर्सन हों, तासी हों, मिश्रबंधु हों या फिर आचार्य शुक्ल—यहां तुलसी सूर्य हैं और सूर चंद्रमा। तुलसी को कैनन में शीर्ष स्थान देने के प्रयत्न ग्रियर्सन के पहले से भी प्रारंभ हो गए थे। ऐसा क्यों हुआ? इस प्रश्न का उत्तर तो मिलता है कि तुलसी कैनन में अव्वल क्यों बनाए गए, पर सूर के पहले स्थान से अपदस्थ होने का कारण सीधे ज्ञात नहीं होता। इसके लिए हमें तुलसी को कैनन में सर्वश्रेष्ठ बनाने वाली आलोचना और उन आलोचकों के सूर संबंधी विचार देखने होंगे। पर इससे यह तो अवश्य पता चलता है कि रीतिकाल में बने कैननों से आधुनिक काल के कैनन अलग आधार पर खड़े थे।

अब फिर नवरत्न की ओर लौटें। नवजागरण संबंधी आधुनिक चिंतन पर ध्यान दें तो हम देखते हैं कि आचार्य शुक्ल का इसे गद्य काल कहना नितांत प्रासंगिक था। निश्चय ही गद्य काल कहने का तात्पर्य कविता से गद्य के परिमाण का बढ़ना न था, वरन गद्य काल एक विशिष्ट सांस्कृतिक बदलाव को भी अभिव्यक्त करता था। तात्पर्य यह कि काव्य आधारित मानक और कैननों के स्थान पर गद्य आधारित आलोचना का विकास होने लगा। साहित्य-रूपों में भारी परिवर्तन हुए। यहां तक कि कविता ने भी ब्रज का दामन छोड़ा और टूटी-फूटी चाल में ही सही, खड़ी बोली का रास्ता किया। गद्य के ही नहीं, कविता के समझने के मानदंड भी बदले। मिश्रबंधु परिवर्तन के इसी संधिबिंदु पर खड़े आलोचक हैं।

मिश्रबंधुओं को एक तरफ देव की कविता में मुग्धा के भेद प्रिय हैं। कोमलता, रसिकता, सुंदरता पसंद हैं। वे अन्योक्ति, लोकोक्ति, स्वभावोक्ति पर निछावर हैं। अर्थात नवरत्न में देव का स्थान पुरानी चली आ रही काव्यशास्त्रीय परंपरा के कारण है, जहां काव्य के रूप-पक्ष के सहारे मिश्रबंधुओं ने देव आदि की कविता का विश्लेषण किया और उन्हें उच्च स्थान दिया। दूसरी तरफ उनकी द्विधा के सर्वोत्तम उदाहरण कबीर हैं जो काव्य के नाते नहीं वरन अपने महात्मापन के कारण नवरत्न में स्थान बना पाते हैं। पर ध्यान रहे, बावजूद इसके कबीर का स्थान सातवां ही रहा। महावीर प्रसाद द्विवेदी ने इस द्वंद्व पर अंगुली रखी और 'सरस्वती' में नवरत्न की

समीक्षा करते हुए पूछा– "...कैसी और कितनी उत्तमता के कारण आपने मतिराम को भी रत्न समझा और हरिश्चंद्र को भी?"[83] इस प्रश्न का एक उत्तर परोक्ष रूप से रामविलास शर्मा ने दिया। अपने रीतिवाद विरोध के एजेंडे को लागू करते हुए रामविलास जी ने अपनी किताब 'महावीर प्रसाद द्विवेदी और हिंदी नवजागरण' में महावीर प्रसाद द्विवेदी की प्रशंसा करते हुए मिश्रबंधुओं के बारे में लिखा– "...उन्होंने तुलसीदास ही नहीं, सूरदास को भी रीतिवादी कवियों से अलग किया और देव, बिहारी, मतिराम आदि की तुलना में न केवल तुलसीदास और सूरदास को श्रेष्ठ बताया वरन हिंदी प्रदेश में नवजागरण के अग्रदूत भारतेंदु हरिश्चंद्र को भी उनसे ऊंचा स्थान दिया। आधुनिक हिंदी साहित्य रीतिवादी परंपरा के विरोध में, साहित्य में उसे निर्मूल करके ही विकसित हो सकता था।...जो लोग बीसवीं सदी में रीतिवाद का विरोध कर रहे थे, उनके लिए स्वाभाविक था कि वे संत कवियों और भारतेंदु हरिश्चंद्र से अपना संबंध जोड़ें।"[84]

यहां रामविलास जी परोक्ष रूप से मिश्रबंधुओं और आचार्य द्विवेदी को आमने-सामने रख अपने रीतिवाद विरोध के एजेंडे को लागू कर रहे हैं। इस संदर्भ में रामविलास जी की सन् 1943 में लिखी टिप्पणी, जो कि उनकी पुस्तक 'विरामचिह्न' के 'मिश्रबंधु और नायिका-भेद' से ली गई है, स्मरणीय है। यहां भी रामविलास जी का एजेंडा वही है, पर भाव बदले हुए हैं। अब मिश्रबंधु रीतिवाद के आंतरिक समर्थन में उद्धृत हैं– " 'पल्लव' की भूमिका से पहले मिश्रबंधुओं ने नायिका-भेद वाले कवियों के दुर्ग पर भरपूर आक्रमण किया था। इनमें पहले लक्षण ग्रंथ रचने वालों को लीजिए। रीतिकाल में ऐसे कवियों की भरमार थी जो काव्य रचना सिखाते अवश्य थे, परंतु स्वयं किसी कारणवश अच्छी कविता न लिख पाते थे। मिश्रबंधु कहते हैं– 'आंख एक भी नहीं, और कजरौटे नौ-नौ।' काव्य रीति के शिक्षक हजारों हैं लेकिन काव्य लिखने वाले ढूंढ़े नहीं मिलते।"[85]

यहां हम देख सकते हैं कि रामविलास जी ने अपने एजेंडे के लिए मिश्रबंधुओं को दो तरह से उद्धृत किया। एक जगह महावीर प्रसाद द्विवेदी की नवजागरण पुरोधा की छवि को चमकाने के लिए तो दूसरी जगह नायिका-भेद के खिलाफ। कुल मिलाकर दोनों उद्धरणों को सामने रखकर देखा जाए तो स्पष्ट है कि 'अंतःवृत्तियों की छानबीन' से अधिक रामविलास जी रीतिवाद विरोध से संचालित हैं। यहां उस प्रश्न पर फिर लौटें जहां महावीर प्रसाद द्विवेदी ने मिश्रबंधुओं से हरिश्चंद्र और मतिराम को एक ही कोटि में रखने के पीछे के तर्क कर प्रश्न उठाया था। द्विवेदी जी के प्रश्न से एक और प्रश्न उभरता है। वह यह कि क्या हिंदी काव्य का कोई कैनन रीतिकाल को बाहर रखकर बनाया जा सकता है? कविता का एक युग उत्कृष्ट काव्य की श्रेणी से क्या बाहर निकाला जा सकता है? क्या यह इतिहास में 'बहिष्करण' की उस बहस की याद नहीं दिलाता,

जिसमें समूचे मध्यकाल को 'अंधकार युग' कहकर बहिष्कृत किया गया? तर्कश: इसका उत्तर नवजागरण के कारण बदली हुई चेतना को जिम्मेदार मानना है, पर इस चेतना का अपना स्वरूप क्या इतना विकसित था कि वह भारतीय साहित्य का कैनन बना सके? यह एक बढ़ा हुआ प्रश्न लग सकता है पर हमने देखा कि औपनिवेशिक ज्ञान ने हमारी अपनी मेधा में सत्तातंत्र के सहारे घुसपैठ की थी। दूसरी तरफ रीतिकाल कोई एकआयामी परिघटना नहीं है। वहां यदि 'छाती छैल छुवाइ' वाली कविता है तो 'देखि दुपहरी जेठ की' भी है। ऐसा कैसे संभव है कि एक-ब-एक कोई साहित्यिक परंपरा पूरी तरह नष्ट बता दी जाए और विदेशी आक्रमण के फलस्वरूप 'आधुनिकता' का प्रणयन हो जाए? इस तर्क-विन्यास से भक्तिकाल के उदय का शुक्ल जी द्वारा दिया गया तर्क अधिक संगत होगा कि परंपरा से अधिक प्रभाव आक्रमण डालते हैं। आश्चर्यजनक रूप से शुक्ल जी के इस तर्क के खारिज होने के बावजूद महावीर प्रसाद द्विवेदी के प्रखर रीतिवाद विरोध को आधुनिकता की कसौटी के रूप में आज भी देखा जाता है।

भारतेंदु और भूषण एकदम अलग कारणों से नवरत्न में शामिल हैं–सर्वाधिक 'आधुनिक' कारणों से। इनको नवरत्न में शामिल करने का आधार इनके द्वारा किया गया 'जातीय गौरव का वर्णन' है। निष्कर्षत: हम देख सकते हैं कि 'क्या कहा' और 'कैसे कहा' के द्वंद्व के आधार हैं जो कि कैनन-निर्माण की प्रक्रिया में भूमिका निभाते हैं। यहां हम रीतिकालीन काव्यशास्त्रीय दृष्टि और नवजागरण के द्वंद्व को भी लक्षित कर सकते हैं। विश्लेषण से हमने देखा कि मिश्रबंधु तीन आधारों पर अपने कैनन बनाते हैं– (क) क्या कहा गया है, (ख) कैसे कहा गया है और (ग) कब कहा गया है। वे कवि, जो इन तीनों प्रतिमानों पर खरे उतरते हैं, नवरत्न में ऊपर हैं। यहां तीसरा आधार एकदम नया है। नवजागरण काल के आधुनिक कैननों को ध्यान में रखा जाए तो हम पाएँगे कि अंतर्वस्तु की प्राथमिकता ही नए रूप लेकर आ रही थी। देश की अवधारणा और स्वाधीनता आंदोलन के कारण आलोचना के कैननों में अंतर्वस्तु और जोर पकड़ रही थी। यह अंतर्वस्तु निश्चय ही अपने समय से निर्धारित थी जिसके कारण 'जातीयता' जैसे मूल्य केंद्र में आए।

ऐतिहासिक रूप से मिश्रबंधु जिस युगसंधि पर खड़े थे, वहां से मुसलमान और मुस्लिम राज के बारे में उनके विचार ध्यान देने लायक हैं। तुलसी के प्रकरण में मिश्रबंधु लिखते हैं– ''ऐसा कौन हिंदी अक्षरों का ज्ञान एवं हिंदी, हिंदू, हिंद से कुछ भी संबंध रखने वाला हतभाग्य पुरुष होगा जो महात्मा तुलसीदास जी महाराज के नाम, यश और पीयूषवर्षिणी कविता से थोड़ा बहुत परिचित न हो?''[86]

इस उद्धरण से पता चलता है कि कविता पढ़ने के पीछे मिश्रबंधुओं के समय तक 'जातीयता' एक आधार की तरह काम करने लगी थी। भारतेंदु ने

'भारतवर्षोन्नति कैसे हो सकती है' शीर्षक बलिया वाले भाषण में जो सूत्र छोड़े थे और जिसमें उपनिवेशवाद विरोध विन्यस्त है, को आगे बढ़ाते हुए मिश्रबंधुओं ने आलोचना में वही 'धर्म, भाषा और राष्ट्र' का त्रिक स्थापित किया। ऐतिहासिक विकासक्रम में हमने देखा कि कैसे 'सांस्कृतिक राष्ट्रवादियों' ने इस त्रिक का उपयोग किया। कहने का तात्पर्य यह तो कतई नहीं है कि इसी पुरानी सांस्कृतिक परंपरा का बढ़ाव 'सांस्कृतिक राष्ट्रवाद' है, वरन प्रयत्न यह है कि नवजागरण के मुख्य चरित्र की तथ्यात्मक पड़ताल की जाए, जिससे आलोचना के प्रारंभिक कैननों का आधार स्पष्ट हो सके।

राष्ट्रीय जागरण या 'राष्ट्र' बनने की परिघटना में धर्म का तत्त्व भी प्रभावी था। निश्चय ही यह 'धर्म' मध्यकालीन धर्म की अवधारणा से अलग था। मध्यकाल में धर्म और राज्य का हमारे अपने देश में एक हद तक अलगाव दिखाई देता है, जबकि 'राष्ट्र' निर्माण के बाद यह सरणि और मजबूत होनी चाहिए थी, इसका उल्टा हुआ। हमारे देश में आने वाली पूंजी बरास्ते उपनिवेशवाद आ रही थी। ऐसी पूंजी से यह आशा करना कि वह उत्पादन के संबंधों या साधनों में आमूल बदलाव का कार्यभार लेगी, असंभव था। इस पूंजी ने पुराने उत्पादन संबंधों से लड़ने की बजाय उनसे समझौता कर लिया। तब इस तालमेल के सांस्कृतिक निहितार्थ भी सामने आए। धर्म की यह बदली हुई भूमिका थी, जो मध्ययुग के धर्म के बरक्स अपने को व्याख्यायित-संगठित कर रही थी। इस सैद्धांतिक परिप्रेक्ष्य में हिंदी आलोचना की पहली किताब के लेखकों के विचार ध्यान देने योग्य हैं, जो उन्होंने 'हिंदी नवरत्न' में तुलसीदास के आविर्भाव वाले प्रकरण पर लिखे हैं– "...उस समय भारतीय धार्मिक विश्वासों की दशा कुछ अवांछनीय थी। मुसलमानों ने एकेश्वरवाद पर पूर्ण श्रद्धा प्रकट करके भारतीय दार्शनिक विचारों में कुछ नवीनता-सी उपस्थित कर दी थी। प्राचीनकाल में हमारे यहां एकेश्वरवाद पूर्ण रूप से दृढ़ था, किंतु पीछे से बौद्ध-त्रिरत्न के जोड़ पर हमारे ब्रह्मा, विष्णु और महेश के विचारों ने इसमें कुछ गड़बड़ कर दी थी। इन्हीं बातों से राह भूलकर इन्हें तीन देवता मानने लगी और आदि शक्ति को भी पृथक् देवी समझ बैठी। इस प्रकार हिंदू-मुसलमानों का एक धार्मिक विभ्राट था।...इसे मिटाने को महात्मा कबीरदास का प्रादुर्भाव हुआ, जिन्होंने एकेश्वरवाद का सच्चा उपदेश दिया और हिंदू-मुसलमानों की एकता दिखलाई। यद्यपि महात्मा कबीरदास ने पूरे तौर पर निर्गुण ब्रह्म का कथन न करके प्रेम भाजन तथा पुकार सुनने वाले ईश्वर का उपदेश दिया, तथापि उनके ईश्वर में निर्गुणता का अंश विशेष था, और सगुणोपासना का थोड़ा या कुछ भी नहीं। अतएव परमोच्च एवं परमोपयोगी होने पर भी महात्मा कबीरदास की शिक्षा जनता के लिए वैसी लाभदायक नहीं हुई। महात्मा तुलसीदास कबीर साहब से प्रायः पचास वर्ष पीछे हुए। आपने हिंदू-मुसलमानों के मतों में ऐक्य पैदा करने का विचार छोड़कर केवल हिंदुओं की सब शाखाओं के एकीकरण का प्रयत्न किया।"[87]

इस किंचित लंबे उद्धरण में मिश्रबंधु के उलझे हुए खयाल साफ-साफ दिखते हैं। अपनी सांस्कृतिक जड़ों को अपने वर्तमान के दबावों में परिभाषित करने की मंशा भी यहां रेखांकित की जा सकती है। मिश्रबंधुओं की विचार-प्रक्रिया देखिए– हमारे यहां पहले एकेश्वरवाद था, बौद्धों ने इसे बिगाड़ा, अर्थात जनता को गुमराह किया। और आगे इसी एकेश्वरवाद के जरिए मुसलमान आए। उन्होंने भी एकेश्वरवाद के जरिए हिंदूपन को नुकसान पहुंचाया। पीछे हम देख आए हैं कि तासी इसी एकेश्वरवाद के नुक्ते से हिंदुओं के खिलाफ मुसलमानों और ईसाइयों की दोस्ती का फार्मूला दे रहे थे। यह एकेश्वरवाद ही मुश्किल गुत्थी है जिसे मिश्रबंधु, कबीर के जरिए हल करने की कोशिश करते हैं पर कबीर उनके कैनन में नहीं हैं। उनके कैनन में हैं तुलसी। यहां कबीर किन गुणों के लिए प्रशंसित हैं? वे मिश्रबंधुओं के कैनन में हिंदू धर्म के सामने आई नई एकेश्वरवादी चुनौती से लड़ने के लिए उपस्थित हैं। यह वे नहीं कर पाते हैं। उनकी असफलता बताते हुए मिश्रबंधु अपने ही तर्कों में उलझ जाते हैं। उनके अनुसार कबीर इसलिए 'जनता के लिए लाभदायक' न हो पाए क्योंकि उनके 'ईश्वर में निर्गुणता का अंश विशेष' था, जबकि प्राचीन हिंदुस्तानी गौरव के वर्णन के क्रम में पहले वे एकेश्वरवाद को इसी जमीन की उपज बता चुके हैं और बौद्धों को इस गौरवशाली एकेश्वरवाद के विनाश के लिए कोस चुके हैं। अपना एकेश्वरवाद अच्छा था और मुसलमानों का बुरा, यही वदतोव्याघाती ध्वनि इस उद्धरण से निकलती है। अब मिश्रबंधुओं के अनुसार सगुणोपासना, जिसके कारण तुलसी प्रिय कवि बनते हैं, की ऐतिहासिक जड़ बौद्ध हैं, तो उनसे विरोध कैसे संभव है? कुल मिलाकर मिश्रबंधु मानते हैं कि चली आ रही महान भारतीय परंपरा में मुसलमानों ने आकर गड़बड़ी पैदा की और तुलसी ने ऐसे समाज को पुनर्मर्यादित और व्यवस्थित किया।

इसी प्रकरण में मिश्रबंधुओं ने आगे लिखा– "...मुसलमान काल में वह समय बहुत ही अच्छा और शांतिपूर्ण माना जाता है किंतु उसमें भी गोस्वामी जी भूप को 'न कृपालु चित' तथा 'भूमिचोर' कहते हैं जिससे समझ पड़ता है कि हिंदू प्रजा को उस समय भी सुख न था।"[88]

यहां यह उद्धरण नवजागरण की सारी शक्ति और सीमा लिये खड़ा है। राजा को 'भूमिचोर और अकृपालु चित्त' कहने के पीछे का क्या पाठ होगा? मिश्रबंधु तुलसी की इस व्यथा को भिन्न सामाजिक आधार पर खड़े होकर समझ रहे थे। उभरते मध्यवर्गीय मन, जिसमें अस्मिताएं ही पहचान का मुख्य रूपक थीं, के आधार पर मिश्रबंधुओं ने तुलसी का पाठ प्रस्तुत किया, न कि किसान और भूमि के सवाल पर त्रस्त जनता के दृष्टिकोण से। मुगल राजशाही के समय किसान जीवन के एक बड़े कवि की रचना में आया दुख तो मिश्रबंधु समझ लेते हैं पर उसे धर्म के उनके

समकालिक विमर्श में संकुचित भी कर देते हैं। इस तरह तुलसी के काव्य में व्यक्त किसान का दुख हिंदू प्रजा का दुख बनकर रह जाता है। यह पाठ मिश्रबंधुओं के बाद आचार्य शुक्ल द्वारा किए गए जायसी के पाठ की याद दिलाता है। आचार्य शुक्ल ने भी पद्मावत का पाठ करते हुए जायसी के सामान्य जीवन के कवि होने को रेखांकित किया है। 'हौं बिन नाह, मंदिर को छावा' की व्याख्या में नागमती के रानीपन को भूल जाने को वे चिह्नित करते हैं और निष्कर्ष निकालते हैं कि जायसी सामान्य हिंदू स्त्री के दुःख को व्यक्त कर रहे हैं। यह 'हिंदू स्त्री' आम औरत नहीं है, इसमें धर्म आधारित बंटवारा है। मिश्रबंधुओं के विचार इस संदर्भ में शुक्ल जी को प्रभावित करते हैं। प्रसंगतः उपनिवेशवाद विरोध और राष्ट्र की सचमुच गहरी चिंताओं के बीच उस दौर में अस्मिताओं की भी रचना हो रही थी। अस्मिताओं का वाहक यही मध्यवर्गीय मन हमारे नवजागरण के केंद्र में स्थित है।

जातीय अस्मिता की खोज अपने सर्वांग रूप में मिश्रबंधुओं के समय की प्रमुख खोज है। इस लिहाज से अपने साहित्य की पड़ताल लगभग सभी तत्कालीन लेखकों ने की। इसी पड़ताल की उपज हैं भूषण। भूषण की कविता लोकप्रिय तो थी, पर भूषण साहित्यिक कैनन के भीतर इस खोज के रूप में ही आए। मिश्रबंधुओं के शब्दों में– ''भूषण में जातीयता का एक भारी गुण है। इन्हें हिंदू जाति का जितना ध्यान और अभिमान था, उतना हमने भारतेंदु के अतिरिक्त हिंदी के किसी भी दूसरे महाकवि में नहीं पाया।...वास्तव में इनकी कविता के नायक एक प्रकार से न शिवाजी हैं, न राव बुद्ध हैं, न अवधूतसिंह, न शंभाजी हैं, न साहू जी– इनके सच्चे नायक हैं हिंदू।...भारत में उस काल स्वराज स्थापना का प्रचुर प्रयत्न हो रहा था। आपने उमंग वृद्धि द्वारा उस कार्य में अनमोल सहायता पहुंचाई।...संयत कथन करके भी आप जातीयता के विवर्धक हुए।''[89]

भूषण के संदर्भ में राजा वाले, भूमिचोर और अकृपालु चित्त वाले गुण मिश्रबंधुओं को नहीं दिखाई देते हैं क्योंकि भूषण उनके यहां राजा नहीं वरन मुस्लिम राज के विदेशी वर्चस्व के खिलाफ लड़ने वाले जातीय नेता हैं। और यह जातीयता भारतेंदु को जातीय नेता के बतौर भी स्थापित कर रही थी।

इस आलोक में हम देखते हैं कि मिश्रबंधु हिंदी आलोचना में कैनन-निर्माण की एक ऐसी प्रक्रिया के बीचोबीच खड़े हैं, जहां आलोचना का सारतत्त्व उपनिवेशवाद-विरोध है। मिश्रबंधु हिंदी आलोचना और काव्यशास्त्र के उस पहलू में प्रशिक्षित हैं जहां काव्य रीति और काव्य गुणों की चर्चा है। इसलिए वे अपने कैनन का निर्माण करते हुए रीतिकाल के कवियों को उसमें शामिल करते हैं। दूसरी तरफ चूंकि आधुनिकता और नवजागरण के आगमन से ही आलोचना का जन्म हुआ, इसलिए वे चिंताएं, राष्ट्र की चिंताएं भी उनकी आलोचना-दृष्टि का अभिन्न हिस्सा हैं। आगे

हम देखते हैं कि यह उपनिवेशवाद-विरोध भी अलग-अलग धाराओं में बंटा हुआ है, सो मिश्रबंधु भी विशिष्ट वर्गीय दृष्टि से उपनिवेशवाद-विरोधी हैं। कांग्रेस के नेतृत्व वाली सुधारपरक राजनीति ही तत्कालीन उपनिवेशवाद-विरोध की मुख्यधारा है। हिंदी आलोचना के इस शैशवकाल में हम देखते हैं कि कैनन-निर्माण की प्रक्रिया में राष्ट्र एक महत्त्वपूर्ण आधार है।

रामचंद्र शुक्ल : नवजागरण और राष्ट्र

नामवर सिंह ने 'रामचंद्र शुक्ल संचयन' की भूमिका लिखते हुए आचार्य शुक्ल के मानदंडों की चर्चा की थी। कैनन के लिहाज से यह चर्चा बिलकुल संगत तो नहीं पर शुक्ल जी के कैननों का आधार व्याख्यायित करने के लिए यह मददगार अवश्य है। नामवर जी ने लिखा– " ...इस मानदंड की विशेषता यह है कि साहित्य के अंदर क्या आ सकता है और क्या नहीं तथा कौन सा साहित्य महान है–इन दोनों बातों का निर्णय एक ही मानदंड से संभव है।...आचार्य शुक्ल के मानदंड की एक बड़ी भारी विशेषता यह है कि वह अपने सैद्धांतिक और व्यावहारिक दोनों रूपों में सुलभ है।...संक्षेप में आचार्य शुक्ल ने वस्तुमत्ता, समग्रता और साधारणता की त्रयी के आधार पर साहित्य में उस सिद्धांत की स्थापना की, जिसे सुविधा के लिए 'यथार्थवाद' की संज्ञा दी जा सकती है।"[90]

तो क्या सैद्धांतिक और व्यावहारिक, आलोचना के दोनों रूप शुक्ल जी के कैननों के आधार हैं? अगर ऐसा है तो इनके परस्पर क्या संबंध हैं, इस अध्याय में हम यहां से शुरू कर के आचार्य शुक्ल के कैननों के निर्माण की प्रक्रिया तक पहुंचने का यत्न करेंगे और देखेंगे कि शुक्ल जी चलती आ रही आलोचना में कैसे अपने कैननों के द्वारा नया बोध पैदा करते हैं और यह भी कि पूर्ववर्तियों से उनका क्या संबंध बना।

शुक्ल जी या अन्यान्य आलोचकों के आलोचनाकर्म के विषय में भी प्राय: यह बहस का बिंदु रहा है कि व्यावहारिक आलोचना और सैद्धांतिक आलोचना में क्या पहले है या कौन अधिक महत्त्वपूर्ण। यहां वरेण्य है कि शुक्ल जी के आलोचनाकर्म की समयवार चर्चा कर ली जाए। सन् 1904 की सरस्वती में 'साहित्य' और 1909 में 'कविता क्या है' निबंधों के बाद वे अनुवाद में प्रवृत होते हैं। तकरीबन 13 वर्ष बाद 'काव्य में प्राकृतिक दृश्य' 1922 की माधुरी में छपा। इन तीन सैद्धांतिक निबंधों के अतिरिक्त शुक्ल जी इस समूचे दौर में 'रिडिल ऑफ द यूनिवर्स' और 'लाइट ऑफ एशिया' के अनुवाद में लगे रहे, इन दोनों ग्रंथों की भूमिकाओं को भी ध्यान में रखना चाहिए। इस दौर के बाद ही ग्रंथावलियों के संपादन के दौरान उनकी आलोचनात्मक प्रतिभा जोर पकड़ती है और 1923-24 में तुलसी, सूर, जायसी पर

लिखे गए भूमिका रूपी निबंधों से ही उनके आलोचना कर्म के अधिकांश सूत्र निकलते हैं। इसके ठीक बाद जनता की चित्तवृत्ति का जो सूत्र उन्हें इन भक्त कवियों पर लिखते हुए मिला था, उसका संवर्धन और तारतम्यीकरण 'हिंदी साहित्य का इतिहास' में 1929 में होता है, जोकि 'हिंदी शब्द सागर' की भूमिका है। इसके बाद ही सैद्धांतिक समीक्षा के सभी महत्त्वपूर्ण निबंधों, मनोविकार संबंधी निबंधों और अन्य का लेखन हुआ। इस कालक्रमिकता में एक बात ध्यान रखने की यह है कि शुरुआती निबंध और उसके पश्चात कवियों पर लिखी गई भूमिकाएं बाद में लगातार बदलती रहीं। संक्षेप में कह सकते हैं कि शुक्ल जी के आलोचना सिद्धांत प्राय: व्यावहारिक से सैद्धांतिक समीक्षा की ओर बढ़े, बाद में भले ही सैद्धांतिक आधारों से व्यावहारिक समीक्षा को पुष्ट किया गया हो।

शुक्ल जी के कैनन में शामिल हैं जायसी, सूर और तुलसी। आगे के कवियों में उनके कैनन में आते हैं भूषण और बाबू भारतेंदु हरिश्चंद्र। पहले क्रमश: देख लेना चाहिए कि इन कवियों को कैनन में शामिल करने के उनके आधार क्या हैं। भक्तिकाल के पूर्व की कविता को शुक्ल जी अपने कैनन में शामिल नहीं करते। जायसी, शुक्ल जी को इसलिए पसंद हैं क्योंकि उन्होंने जनता में फैली अभेद की प्रवृत्ति को प्रेम के रास्ते कम करने का यत्न किया। जायसी एक ऐसे मुसलमान सूफी कवि की तरह आचार्य शुक्ल के विश्लेषण में आते हैं जिन्होंने लौकिक प्रेम के सहारे अलौकिक की व्यंजना की पर इस प्रेम की व्यंजना लौकिक ही रही। हिंदुओं और मुसलमानों के बीच की कटुता को प्रेम के रास्ते समाप्त करने वाले संत के रूप में भी शुक्ल जी जायसी को मान देते हैं। कबीर के बाद के समय को हिंदू-मुसलमान एकता की पीठिका के रूप में चिह्नित करते हुए उन्होंने लिखा– ''सौ वर्ष पहले कबीरदास हिंदू और मुसलमान दोनों के कट्टरपन को फटकार चुके थे...साधारण जनता 'राम और रहीम' की एकता को मान चुकी थी।...बहुत दिनों तक एक साथ रहते-रहते हिंदू और मुसलमान एक-दूसरे के सामने अपना-अपना हृदय खोलने लगे थे, जिसमें मनुष्यता के सामान्य भावों के प्रवाह में मग्न होने और मग्न करने का समय आ गया था। जनता की प्रवृत्ति भेद से अभेद की ओर हो चली थी। मुसलमान हिंदुओं की राम कहानी सुनने के लिए तैयार हो गए थे और हिंदू मुसलमानों का दास्तान हमजा।''[91] उन्होंने अपने साहित्य के इतिहास में लिखा– ''हमारा अनुमान है कि सूफी कवियों ने जो कहानियां ली हैं, वे सब हिंदुओं के घर में बहुत दिन से चली आती हुई कहानियां हैं जिनमें आवश्यकतानुसार उन्होंने हेर-फेर किया है। कहानियों का मार्मिक आधार हिंदू है। मनुष्य के साथ पशु-पक्षी और पेड़-पौधे को भी सहानुभूति सूत्र में बद्ध दिखाकर एक अखंड जीवनसमष्टि का आभास देना हिंदू प्रेम-कहानियों की विशेषता है।''[92]

हिंदू-मुस्लिम एकता के अलावा शुक्ल जी को जायसी में और क्या पसंद आया? पहली बात थी प्रबंध का निर्वाह। जायसी ने कम से कम पद्मावत के उत्तरार्द्ध वाले खंड में प्रबंधात्मकता का पूरा निर्वाह किया। दूसरी बात थी जायसी का लोक के साथ गहरा संसर्ग। 'नागमती वियोग' वर्णन शुक्ल जी को बेहद पसंद है क्योंकि जायसी अपने वर्णन में नागमती को सामान्य भावभूमि पर स्थित करते हैं। उन्हीं के शब्दों में– "उन्होंने सामान्य हृदय-तत्त्व की सृष्टि-व्यापिनी भावना द्वारा मनुष्य और पशु-पक्षी सबको एक जीवन सूत्र में बद्ध देखा है।...नागमती की वियोग दशा का विस्तार केवल मनुष्य जाति तक ही नहीं, पशु-पक्षियों और पेड़-पौधों तक दिखाई पड़ता था।...नागमती विरह दशा में अपना रानीपन बिलकुल भूल जाती है और अपने को साधारण स्त्री के रूप में देखती है।...पर जायसी ने स्त्री जाति की या कम से कम हिंदू गृहिणी मात्र की सामान्य स्थिति के भीतर विप्रलंभ श्रृंगार के अत्यंत समुज्ज्वल रूप का विकास दिखाया है।...यह आशिक-माशूकों का निर्लज्ज प्रलाप नहीं है, यह हिंदू गृहिणी की विरह वाणी है।"[93]

शुक्ल जी जायसी के रहस्यवाद को विदेशी मानते हैं। उन्हें प्रत्यक्ष और परोक्ष को मिलाने के नाते जायसी में कमजोरी दिखाई देती है, पर फिर भी वे जायसी को भारतीय मानस के निकट का कवि बताते हैं।

रामविलास शर्मा ने अपनी पुस्तक 'आचार्य रामचंद्र शुक्ल और हिंदी आलोचना' में इस संदर्भ में जायसी पर शुक्ल जी की कई टिप्पणियों–मसलन निर्गुणपंथियों की गैरप्रगतिशील भूमिका, रहस्यवाद के विदेशी स्रोत आदि से असहमति जताते हुए भी उनके जायसी विश्लेषण को लोक संपृक्ति के आयाम में रखते हैं– "उन्होंने कबीर के समान जायसी को हिंदू-मुस्लिम एकता और व्यापक मानवतावाद का कवि माना। जायसी आदि को सांप्रदायिक भावना से परखने वालों का उन्होंने खंडन किया। उन्होंने इन प्रेममार्गी कवियों के लिए दावा किया कि वे रीतिकालीन कवियों से श्रेष्ठ हैं। यथार्थवाद की भूमि से उन्होंने जायसी का मूल्यांकन करके उर्दू-हिंदी दोनों की दरबारी कविता की अस्वाभाविकता दिखलाई और जायसी को मानवसुलभ प्रेम का कवि घोषित किया।"[94]

शुक्ल जी के अपने और उनके प्रमुख व्याख्याकार रामविलास जी के मतों का मिलान करने पर जो तस्वीर सामने आती है, वह यह कि जायसी आचार्य शुक्ल के कैनन में अपनी लोक-संपृक्ति और हिंदू मुस्लिम ऐक्य की भावना के नाते थे। शुक्ल जी ने 'पद्मावत' के उत्तरार्द्ध को आनंद का प्रयत्न पक्ष लेकर चलने वाला कहा है। पर उन्हें जायसी तुलसीदास से कम प्रिय क्यों हैं? या यों कहें कि जायसी को अपने कैनन में सर्वोपरि स्थान आचार्य शुक्ल न दे सके, इसके क्या कारण हैं? जायसी का काव्य शुक्ल जी के प्रबंधात्मकता, मार्मिक स्थलों की पहचान और

लोकरक्षण वाले सिद्धांतों की संपुष्टि नहीं कर रहा था। एक सूफी और अन्योक्ति आश्रयी कवि उनके लिए भारतीय लोकमानस का वैसा प्रतिनिधित्व नहीं कर रहा था, जैसा कि तुलसीदास। और फिर मर्यादा? 'पद्मावत' की मर्यादा 'रामचरित मानस' की मर्यादा के सामने नहीं ठहरती। फिर अगर दूसरे सिरे से बात करें तो कविता के द्वारा भाव प्रसार होता है, इसलिए कविता वही अच्छी जो संघर्ष सिखाए या कम से कम लौकिक प्रेम और सौंदर्य का प्रकाश करे। जायसी की कविता का पूरा ढांचा जीवन के संघर्ष पक्ष को तो केंद्र में नहीं ही रखता, उसमें प्रेम का मूल स्वरूप भी अभारतीय और अलौकिक है। तब कहना चाहिए कि अपने इन कठोर मानदंडों के साथ शुक्ल जी ने जायसी का बेहद सहृदय पाठ किया। यह उनके यथार्थबोध का ही एक रूप है। मुश्किल यह है कि आचार्य शुक्ल नागमती के रानीपन को भूल जाने को तो चिह्नित करते हैं पर साथ ही यह भी चिह्नित करना नहीं भूलते कि इन सूफी संतों ने हिंदुओं के घर की कहानियां लीं, आशिक-माशूक के निर्लज्ज प्रलाप नहीं, वरन हिंदू गृहिणी के विरह का उदात्त वर्णन किया। यदि इन उद्धरणों से 'हिंदू' शब्द निकाल दिया जाए तो क्या होगा? क्या यह जायसी की और अधिक बेहतर पड़ताल न होगी? हिंदू-मुस्लिम एकता का जो प्रारूप आचार्य शुक्ल के रचनाकर्म में है, वह हिंदू श्रेष्ठता के आधार पर बराबरी का है। गौर करने की बात है कि नंददुलारे वाजपेई ने शुक्ल जी के आलोचनाकर्म में निहित इस समस्या को लक्ष्य करते हुए लिखा था— ''शुक्ल जी के विचारों में हिंदू समाज पद्धति और आदर्शवाद का प्रधान स्थान है। उसे एक सार्वदेशिक व्यवस्था का रूप शुक्ल जी ने दिया है।''[95] इसलिए उनके रचनाकर्म में विन्यस्त इस गुत्थी से न तो मुंह चुराने की आवश्यकता है और न ही इसको इतना चपटा करने की जरूरत जिससे कि आचार्य शुक्ल अपने समय से आगे के द्वंद्वात्मक भौतिकवादी बन जाएं। जैसे भक्तिकाल को पढ़ते हुए हम यह बात ध्यान में रखते हैं कि उस समय की समाजार्थिक समस्याएं भी साहित्य में भक्ति के मुहावरे में आ रही थीं, वैसे ही हमें यह भी ध्यान रखना होगा कि नवजागरण के विमर्शों में प्रगतिशीलता के साथ ही एक हिंदू भूमि भी सक्रिय थी। इस भूमि को नकारने से काम नहीं चलेगा। इससे आचार्य शुक्ल की आलोचना को और बेहतर समझने में मदद ही मिलेगी।

रामविलास जी ने शुक्ल जी के जायसी संबंधी विश्लेषण की कई कमियों की ओर इशारा किया है, मसलन जायसी का रहस्यवाद और उस रहस्यवाद की बाहरी जड़ें, उसका भारतीयता से विलगाव, नाथपंथियों का प्रभाव, माधुर्यभाव के लिए सूफियों को जिम्मेदार ठहराना, जायसी द्वारा प्रत्यक्ष-परोक्ष को मिलाने की कोशिश करने की आलोचना आदि। इन सबके बाद भी जब रामविलास जी शुक्ल जी के जायसी विश्लेषण को यथार्थवाद की भूमि से उपजा बताते हैं,[96] तब रामविलास जी

के विश्लेषण में दोनों चीजें अलग जा पड़ती हैं। आचार्य शुक्ल के जायसी विश्लेषण में उनको जो कमियां दिखाई दीं, वे शुक्ल जी के जायसी विश्लेषण की अच्छाइयों से कहां मेल खाती हैं, इसका जवाब रामविलास जी नहीं देते। उदाहरण के लिए निर्गुणियों की कठोर आलोचना और जायसी को उनकी परंपरा में न मानने को रामविलास जी चिह्नित करते हैं और यह भी चिह्नित करते हैं कि शुक्ल जी निर्गुणियों को निम्न वर्ग की जनता को उठाने वाला मानते थे। पर वे शुक्ल जी के चिंतन की इस फांक की व्याख्या करने की बजाय सरल तरीका निकालकर आगे बढ़ जाते हैं और शुक्ल जी की व्याख्या में उनके निर्गुण विरोध को बेहद हल्का बना देते हैं, जबकि शुक्ल जी की आलोचना को इन तात्कालिक द्वंद्वों की आधारभूमि समझे बिना समग्रता में नहीं देखा जा सकेगा।

तात्पर्य यह कि शुक्ल जी ने जायसी को अपने कैनन में उनकी कविता के लोक-संग्रह पक्ष और विराट हिंदू जन से मुसलमानों के घुल-मिल जाने की तरह देखा। जायसी हिंदुओं के घर की सच्ची कहानी कह रहे थे और राजा-रानी नहीं बल्कि सामान्य जन की बात कर रहे हैं, शुक्ल जी इसे चिह्नित करते हैं। और यह भी लक्ष्य कर रहे थे कि गैर भारतीय इस्लामी अर्चना पद्धतियों और कवियों ने हिंदुओं के वर्चस्व को स्वीकार कर लिया। क्या शुक्ल जी ने किसी ऐसे हिंदू कवि का नाम भी बताया जिसने मुसलमानों के घर की कहानियां लिखीं?

सूरदास, आचार्य शुक्ल के दूसरे प्रिय कवि हैं। इन्हें आचार्य शुक्ल इसलिए बड़ा कवि मानते हैं क्योंकि सूर ने तत्कालीन समाज की निराश जनता के मन में जीवन जीने की चाह बनी रहने दी। पुराने जयदेव और विद्यापति जैसे कृष्णभक्त शृंगारी कवियों की परंपरा में सूर को चिह्नित करते हुए आचार्य शुक्ल ने उन्हें कृष्ण प्रेम का अद्वितीय कवि सिद्ध किया। उन्होंने लिखा– "जयदेव की देववाणी की स्निग्ध पीयूषधारा, जो काल की कठोरता में दब गई थी, अवकाश पाते ही लोकभाषा की सरलता में परिणत होकर मिथिला की अमराइयों में विद्यापति के कोकिल कंठ से प्रकट हुई और आगे चलकर ब्रज के करील कुंजों के बीच फैल मुरझाए मनों को सींचने लगी। आचार्यों की छाप लगी हुई आठ वीणाएं श्रीकृष्ण की प्रेमलीला का कीर्तन करने उठीं, जिनमें सबसे ऊंची, सुरीली और मधुर झंकार अंधे कवि सूरदास की वीणा की थी।...निर्गुण उपासना की अग्राह्यता दिखाते हुए उपासना का हृदयग्राही स्वरूप सामने लाने में लग गए। इन्होंने भगवान का प्रेममय रूप ही लिया...हृदय की अन्य वृत्तियों [उत्साह आदि] के रंजनकारी रूप भी यदि वे चाहते तो कृष्ण में ही मिल जाते, पर उनकी ओर वे न बढ़े। भगवान का यह व्यक्त स्वरूप यद्यपि एकदेशीय था–केवल प्रेममय था–पर उस समय नैराश्य के कारण जनता के हृदय में जीवन की ओर से एक प्रकार की जो अरुचि सी उत्पन्न हो रही थी, उसे हटाने में उपयोगी हुआ। मनुष्य के सौंदर्यपूर्ण-माधुर्यपूर्ण

पक्ष को दिखाकर इन कृष्णोपासक वैष्णव कवियों ने जीवन के प्रति अनुराग जगाया, या कम-से-कम जीने की चाह बनी रहने दी।''[97]

भक्तिकाल के उद्भव की व्याख्या करते हुए सामाजिक परिस्थितियों में मुगलों के आगमन के कारण हुए बदलावों को चिह्नित करते हुए शुक्ल जी जनता की हताशा और निराशा को रेखांकित करते हैं। यहां भी वे उसी आधारभूमि पर आगे बढ़े हैं। लेकिन ध्यान देने की बात है कि लोक के आधार पर खड़े होकर ही आचार्य शुक्ल यहां सूरदास को अपने कैनन में शामिल करते हैं। पुष्टि के सिद्धांतों से अनुप्राणित सूर का काव्य उन्हें सायुज्ज भक्ति के रास्ते से लोक के चित्त के भाव-प्रसार में सहायक जान पड़ता है पर सूर का काव्य लोकमंगल के प्रयत्न पक्ष से अलग है। वे 'भक्ति की एकांत साधना का मार्ग प्रतिष्ठित करते' जान पड़ते हैं। उनका प्रेम 'लोक से न्यारा' है। सूर के वात्सल्य और विरह के वर्णनों में जीवन के प्रसंग आचार्य शुक्ल को लुभाते हैं, गोचारण सभ्यता के विशद चित्र उनका ध्यान खींचते हैं, बालकों के मनोविज्ञान की सूर की गहरी पैठ उनको भाती है, सहज प्रेम व्यापार उनको आकर्षित करता है– कुल मिलाकर उनकी लोक संपृक्ति ही शुक्ल जी को प्रिय है।

दूसरी बात है रहस्यवाद और निर्गुण वैचारिकी का विरोध। रहस्यवाद से शुक्ल जी का विरोध जीवन से काट देने के संदर्भ में है। हालांकि रहस्यवाद को काव्य के क्षेत्र से निष्कासित करने के खिलाफ बाद के आलोचकों ने अलग-अलग भूमियों से शुक्ल जी की आलोचना की। प्रसंगवश आचार्य नंददुलारे वाजपेई का उनकी पुस्तक 'सूरदास' से यह उद्धरण कि– ''...परंतु ऐसा समय कभी नहीं आया जब कोई भी साहित्य का पंडित यह कह सकता कि धर्म और दर्शन के तत्त्वों से रिक्त काव्य ही एकमात्र श्रेष्ठ काव्य है।...निम्नातिनिम्न संसारी वस्तु से भी उच्चातिउच्च अध्यात्म तत्त्व का संसर्ग करा देना, अपने साहित्य की एक बड़ी विशेषता रही है।''[98] यह बहस का मुद्दा है कि आचार्य शुक्ल की रहस्यवाद की परिधि के भीतर जो कुछ आता था, क्या उस सबको यथार्थ से बाहर माना जाए?

रामविलास जी ने शुक्ल जी पर टिप्पणी करते हुए सूरदास में लोकरंजन के अतिरिक्त लोकरक्षण का भाव भी देखा है। शुक्ल जी सूर की सीमित परिक्षेत्र वाली दृष्टि और लोकरक्षण की भावना के अभाव के कारण ही उन्हें अपने कैनन में तुलसी से ऊंचे नहीं रखते। रामविलास जी इससे असहमत होते हुए सूर के काव्य में सामंतवाद-विरोधी मूल्य देखते हैं– ''...सूर अपने समय की समस्याओं के प्रति तटस्थ थे और उनमें लोक-संग्रह की भावना का अभाव था, यह धारणा मान्य नहीं है।...रथ से उतरकर धरती पर चक्र लिये दौड़ते हुए कृष्ण के उड़ते हुए पीतपट और ऊंची भुजा का सूर ने कलात्मक वर्णन किया है।...गोपियों का प्रेम लोकधर्म और कुलकानि के लिए चुनौती है।...जो सामंती समाज के जाति, वर्ण और संपत्ति के

बंधन तोड़कर प्रवाहित हुआ था।...इस प्रेम को कुलकानि, लोक-धर्म, पाप-पुण्य की मर्यादा कुचलती है, उसका जयघोष सामंती व्यवस्था को ही एक चुनौती है।''[99]

शुक्ल जी इसे लोकरक्षण न मानकर लोकरक्षण मानते हैं मर्यादा को, लोकधर्म को। रामविलास जी ने सूर के सामंतवाद विरोध की जिन कारणों से प्रशंसा की, क्या उन्हीं कारणों, कानि और लोकधर्म का विरोध से वे शुक्ल जी के तुलसी विवेचन पर टिप्पणी करते हैं? वे वहां भी सामंतवाद-विरोध देखते हैं। पर यदि ये दोनों कवि सामंतवाद-विरोधी हैं तो कानि और मर्यादा का क्या होगा? जो हो, शुक्ल जी सूर के मुकाबले लोकरक्षण के मामले में तुलसीदास को अधिक वरीयता देते हैं। उनके लोकरक्षण की भूमि और भूमिका के कई स्तर हैं। सामंतवाद-विरोधी तत्त्व होने के बावजूद उनका लोकरक्षण समूचा सामंतवाद विरोध की कोटि में नहीं आता।

तुलसीदास आचार्य शुक्ल के प्रिय कवि हैं। जिन कारणों से तुलसी को आचार्य शुक्ल बड़ा कवि मानते हैं, उनमें पहला है लोकरक्षण की भावना। अपने रचनाकर्म में शुक्ल जी इस बात पर सदैव दृढ़ रहे कि श्रेष्ठ कविता जीवन के प्रयत्न पक्ष से पाठक को जोड़ती है। अपने प्रसिद्ध निबंध 'कविता क्या है', जिसको वे 1909 से लेकर 1929 तक लगातार परिवर्तित-परिवर्धित करते रहे, में वे कविता को मनुष्य के हृदय को स्वार्थ संबंधों के संकुचित दायरे से बाहर कर लोक सामान्य की भावभूमि पर ले जाने वाली बताते हैं। उनके मुताबिक इसी भावप्रसार द्वारा कविता कर्मण्यता के क्षेत्र का विस्तार करती है। ऐसे में वह लोक के दुखों में दुख मानता है और लोक के सुख में सुख।[100] पर इसमें भी शुक्ल जी कविता द्वारा जगाए गए कर्मण्यता के उस क्षेत्र को वरेण्य मानते हैं जो अन्याय के दमन और प्रतिरोध के लिए उठ खड़ा होता है, भले ही वह सफल हो, न हो। वे अपने दोनों महत्त्वपूर्ण निबंधों, 'काव्य में लोकमंगल की साधनावस्था' और 'आनंद की सिद्धावस्था' में काव्य के उत्कर्ष के विषय में टॉल्सटॉय और रवींद्रनाथ टैगोर से बहस करते हैं और उनकी करुणा को कलावाद, रहस्यवाद और ईसाइयत से जोड़ते हैं। वे लिखते हैं– "...काव्य का उत्कर्ष केवल प्रेमभाव की कोमल व्यंजना में ही नहीं माना जा सकता। जैसाकि टॉल्सटॉय के अनुयायी या कुछ कलावादी कहते हैं। क्रोध आदि उग्र और प्रचंड भावों के विधान में भी, यदि उनकी तह में करुण भाव अव्यक्त रूप से स्थित हो, पूर्ण सौंदर्य का साक्षात्कार होता है।''[101] और रवींद्रनाथ को उद्धृत करते हुए यह भी कि– "श्रीयुत रवींद्र के उपरोक्त दोनों कथनों को मिलाकर विचार करने से यह स्पष्ट हो जाता है कि उनका लक्ष्य आनंद की सिद्धावस्था या उपभोग पक्ष को भाषित करने वाली काव्यभूमि की ओर है। यह कहा जा चुका है कि इस भूमि में शोभा, दीपित, प्राचुर्य, प्रफुल्लता, कोमलता इत्यादि द्वारा रंजन की योजना की जाती है।...विभाव पक्ष में शोभन और दीपित को चुनकर उनकी असामान्य योजना द्वारा

अद्भुत रंजन की सामग्री तैयार करना तथा भाव पक्ष में अनुभूति और व्यंजना का वैचित्र्य प्रदर्शित करना काव्य में कलावाद के नए और पुराने अनुयायियों का लक्ष्य रहा है।''[102]

उनके प्रिय कवि तुलसी, और उनकी रचनाओं में से भी उनकी प्रिय पुस्तक 'रामचरित मानस' में लोकरक्षण का आदर्श उन्हें मिला। अब तुलसी के ही संदर्भ से यह देखना चाहिए कि लोकरक्षण की शुक्ल जी की रचनात्मक आलोचना में क्या व्याप्तियां हैं। पीछे जो बहस हम सूरदास के संदर्भ में लोकरक्षण पर कर आए हैं, उसी संदर्भ को आगे बढ़ाते हुए यहां शुक्ल जी द्वारा चित्रकूट प्रसंग की प्रशंसा करते हुए लोकरक्षण का किंचित लंबा प्रसंग उद्धृत है–

[1] राजा और प्रजा का संबंध लीजिए। अयोध्या की सारी प्रजा अपना सब काम-धंधा छोड़ भरत के पीछे राम के प्रेम में उन्हीं के समान मग्न चली जा रही है और चित्रकूट में राम के दर्शन से आह्लादित होकर चाहती है कि चौदह वर्ष यहीं काट दे।

[2] भरत का अपने बड़े भाई के प्रति जो अलौकिक स्नेह और भक्ति-भाव यहां से वहां तक झलकता है, वह तो सबका आधार ही है।

[3] ऋषि या आचार्य के सम्मुख प्रगल्भता प्रकट होने के भय से भरत और राम अपना मत तक प्रकट करने में सकुचाते हैं।

[4] राम सब माताओं से जिस प्रकार प्रेमभाव से मिले, वह उनकी शिष्टता का ही सूचक नहीं है, उनके अंत: करण की कोमलता और शुद्धता भी प्रकट करता है।

[5] विवाहित कन्या को पति की अनुगामिनी देख जनक जो यह हर्ष प्रकट करते हैं–'पुत्रि पवित्र किए कुल दोऊ। सुजस धवल जग कह सब कोऊ॥' –वह धर्म-भाव पर मुग्ध होकर ही।

[6] भरत और राम दोनों जनक को पिता के स्थान पर कहकर सब भार उन्हीं पर छोड़ देते हैं।

[7] सीताजी अपने पिता के डेरे पर जाकर माता के पास बैठी हैं। इतने में रात हो जाती है और वे असमंजस में पड़ती हैं–'कहत न सीय सकुचि मन माहीं। इहां बसब रजनी भल नाहीं॥'–पति तपस्वी के भेष में भूशैया पर रात काटे और पत्नी उनसे अलग राजसी ठाठ-बाट के बीच रहे, यही असमंजस की बात है।

[8] जब से कौशल्या आदि आई हैं, तब से सीता बराबर उनकी सेवा में लगी रहती हैं।

[9] ब्राह्मण वर्ग के प्रति राज वर्ग के आदर और सम्मान का जैसा मनोहर

स्वरूप दिखाई पड़ता है, वैसा ही ब्राह्मण वर्ग में राज्य और लोक के हित-साधन की तत्परता झलक रही है।

[10] केवट के दूर से ऋषि को प्रणाम करने और ऋषि के उसे आलिंगन करने में उभय पक्ष का व्यवहार-सौष्ठव प्रकाशित हो रहा है।

[11] वन्य कोल-किरातों के प्रति सबका कैसा मृदुल और सुशील व्यवहार है!''[103]

इस उद्धरण में वर्णित लोकरक्षण के प्रकार का विश्लेषण करना चाहिए, जिससे हम शुक्ल जी की मनोभूमि को और अच्छी तरह समझ सकें। वह एक ऐसे समाज को आदर्श समाज कहते हैं जहां राजा और प्रजा के संबंध, शासक और शासित के संबंधों में स्नेह हो, प्रतिरोध न हो। क्या रामविलास जी बता सकते हैं कि मानस में वर्णित राम का राज्य सामंती नहीं है, और यदि वह है तो शुक्ल जी उसके आदर्श पर ऐसे क्यों रीझे हुए हैं? दूसरे परिवार की जो संकल्पना शुक्ल जी को प्रिय है, वह संयुक्त परिवार की कल्पना है। उसमें गुरु, मां, पिता, भाई, पति, पत्नी, ससुराल, मायका--सबके सुनिश्चित और दृढ़ संबंध हैं। इस संयुक्त परिवार की कल्पना में दमन को खोखले आदर्शों के नीचे दबा दिया जाता है, व्यक्तित्व छीन लिया जाता है और परिवार के भीतर पितृसत्ता तथा वर्चस्व की अनकही कथा दबी रह जाती है। शुक्ल जी द्वारा प्रशंसित परिवार का यह ढांचा कैसा है? क्या वह सामंती उत्पादन संबंधों से नहीं उपजा है?

साथ ही ब्राह्मण वर्ग और राज वर्ग की मैत्री तथा शूद्र और मुनियों का अपने-अपने आश्रमों के मुताबिक व्यवहार भी शुक्ल जी के वर्णाश्रम समर्थन का पता देता है। दोनों अपनी-अपनी मर्यादा के अनुसार आचरण कर रहे हैं, शुक्ल जी को यह बात बेहद पसंद है। आज हम जानते हैं कि वर्णाश्रम व्यवस्था ने कैसे इस देश के बहुसंख्य हाशिए के लोगों को तरह-तरह से गुलाम बनाए रखा। तब क्या शुक्ल जी के लोकरक्षण का रास्ता इन हाशिए के तबकों के जीवन को कर्म-सौंदर्य से बेहतर बनाने की तरफ जाता दिख रहा है?

शुक्ल जी की आलोचना करते हुए 'गोस्वामी तुलसीदास' शीर्षक अध्याय में रामविलास शर्मा ने ठीक ही लिखा है– ''शुक्ल जी की जिस रचना में सबसे ज्यादा असंगतियां और अंतर्विरोध हैं, वह तुलसीदास पर उनकी पुस्तक है।''[104]

पर इस पूरी व्यवस्था-प्रियता और मर्यादा को शुक्ल जी के समूचे चिंतन क्रम में रखकर देखने की आवश्यकता है। 20 से 40 के दशकों के बीच, जहां शुक्ल जी के चिंतन का मुख्यांश फैला हुआ है, राजनीति और समाज से लेकर हिंदी साहित्य तक में मर्यादा का बोलबाला है। गांधी का भारतीय राजनीति में आगमन राजनीति में खास तरह की नैतिकता ला रहा था। दूसरी तरफ इसमें मर्यादा, आदर्श और संघर्ष

की मिली-जुली प्रतिध्वनियां हैं। ऐसे में अपनी साम्राज्यवाद विरोधी अंतर्वस्तु के साथ सामाजिक बुराइयों के खात्मे का लक्ष्य भी नवजागरण के इस दौर के पुरोधाओं के सिर है। मुश्किल यह है कि सामाजिक बुराइयों से लड़ाई के क्षेत्र में अंग्रेजों का प्रतिकार करने के लिए कई बार इन सिद्धांतकारों को पीछे की तरफ लौटना पड़ता है और पुराने ग्रामीण समाज की छायाओं को, आदर्शों और व्यवहारों को अपनाना पड़ता है।

रामचंद्र शुक्ल और रामविलास शर्मा–दोनों आलोचकों के कैनन में तुलसी शामिल हैं पर इस कवि को कैनन में लाने के लिए प्रतिमान बदले हुए हैं। यहां पहले अध्याय में पश्चिमी हिंदी अध्येताओं के कैनन में उपस्थित तुलसी को याद करना चाहिए। वहां वे ईसाई करुणा, नैतिकता, मर्यादा और सामाजिक समरसता के सिद्धांतकार के रूप में आते हैं। शुक्ल जी ने इस धारणा में से कई तत्त्वों का निरसन किया। ईसाइयत और करुणा की औपनिवेशिक व्याख्याओं की बजाय उन्होंने तुलसी के काव्य के लोकमंगल को चिह्नित किया। राम के कालाग्नि सदृश क्रोध से जलते रजनीचर और अन्याय के विरुद्ध न्याय की स्थापना के लिए युद्ध, त्याग और बलिदान की धारणा उन्होंने तुलसी के काव्य में देखी। निश्चय ही यह धारणा साम्राज्यवाद-विरोध के राष्ट्रवादी आंदोलन के दायरे से उपजी थी। यहां रामविलास शर्मा की उस बात से सहमति निस्संदेह होगी जहां वे शुक्ल जी का संबंध हथियारबंद क्रांतिकारियों से जोड़ते हुए बैकुंठ शुक्ल की किताब के हवाले से शुक्ल जी और चंद्रशेखर आजाद की चिंताओं को आपस में जोड़ते हैं। परंतु स्वाधीनता आंदोलन के उस पूरे दौर में क्रांतिकारियों की धारा में भगतसिंह भी शामिल हैं जो 'मैं नास्तिक क्यों हूं' और 'सांप्रदायिक दंगे और उनका इलाज' जैसे लेख लिख रहे थे। पर शुक्ल जी क्रांतिकारी धारा से चुनिंदा मामलों में सहमत थे। उनमें प्रमुख था किसान प्रतिरोध। क्रांतिकारी धारा ने ब्राह्मणवाद, सांप्रदायिकता और सामंत-महाजन वर्ग की मुखालफत करते हुए जो समग्र सिद्धांत विकसित किए, वे मार्क्सवाद के बेहद करीब ठहरते हैं। शुक्ल जी यहां नहीं पहुंचे थे। और ऐसा करते हुए वे अपने समय की प्रमुख राष्ट्रवादी धारणा को ही स्वर दे रहे थे जो साम्राज्यवाद विरोध को किसी भी हाल में ऊपर रखना चाहती थी। यह ठीक वैसी ही बात है जैसे रामविलास शर्मा उपनिवेशवाद विरोध को अपने समग्र रचनाकर्म में सबसे ऊपर रखते हैं।

जहां तक शुक्ल जी के अंतर्विरोधों की बात है, शिवकुमार मिश्र इसे उनके संस्कार और विवेक की तत्कालीन द्विधा के रूप में परिभाषित करते हैं– "...वस्तुतः इस सामाजिक सोच को उन्होंने अपनी वंश-परंपरा, संस्कारों के रूप में अपने रक्त में घुले-पचे रूप में पाया है। उनका विवेक उन्हें जब-तब इस संस्कारबद्धता से उबारता जरूर है, परंतु उससे वे पूरी तौर पर, या स्थायी तौर पर अलग नहीं हो पाते।

संस्कार इतने प्रबल हैं कि वे भभक कर प्रकट हो ही जाते हैं। ऐसे स्थलों पर वे मानव-समता के या सामाजिक समता के हामियों पर कड़े प्रहार तक कर बैठते हैं, उनकी मखौल भी उड़ाते हैं।''[105]

आचार्य शुक्ल के कैननों के आधार में रीतिवाद विरोध की केंद्रीय भूमिका है। अपने इतिहास में, मनोविकार संबंधी निबंधों में, रचनात्मक और सैद्धांतिक आलोचनाओं में, गरज यह कि लगभग हर जगह शुक्ल जी ने रीतिकालीन कविता के नकारात्मक उद्धरण रखे हैं।

परवर्ती आलोचकों–रामविलास शर्मा और मैनेजर पांडेय–ने उनके इस रीतिवाद विरोध को उनके लोकमंगल पर आधारित कलावाद विरोध के रूप में देखा है। इनके अनुसार लोकमंगल का सिद्धांत विराट जनता का मंगल विधान करने, इहलौकिक और रहस्यवाद विरोधी होने के नाते 'कलावाद/रीतिवाद' के विरुद्ध खड़ा हो जाता है। इसी संदर्भ में अपनी पुस्तक 'आलोचना की सामाजिकता' में टिप्पणी करते हुए मैनेजर पांडेय ने उनके रीतिकाल विरोध को स्वाधीनता संघर्ष के अंग के बतौर चिह्नित किया है। वे लिखते हैं– ''उनका रीतिवाद विरोधी संघर्ष स्वाधीनता संघर्ष का अंग है। यह हिंदी साहित्य को स्वाधीनता संघर्ष के साथ चलकर विकसित होते देखने की आकांक्षा का परिणाम भी है। रीतिकाल विरोधी संघर्ष की शक्ति वे एक ओर भक्तिकाल के लोकजागरण से अर्जित करते हैं और दूसरी ओर भारतेंदु युग की नई साहित्यिक चेतना से। स्वाधीनता संघर्ष के काल में रीतिवादी रास्ते पर साहित्य के चलने को वे असभ्यता का लक्षण मानते थे...''[106]

आचार्य शुक्ल ने जगह-जगह बेलबूटे और नक्काशी वाली कला का विरोध किया है और कर्म की उच्चभूमि पर ले जाने वाली भावना को कविता का साध्य माना है। बिहारी पर टिप्पणी करते हुए शुक्ल जी को यही बात खटकी थी कि इनकी कविता भावना की उच्च भूमि तक नहीं पहुंचती। 'हिंदी साहित्य का इतिहास' में रीतिकाल के बारे में सामान्य परिचय प्रकरण में उन्होंने इसको स्पष्ट किया है– ''प्रकृति की अनेकरूपता, जीवन की भिन्न-भिन्न चिंत्य बातों तथा जगत के नाना रहस्यों की ओर कवियों की दृष्टि नहीं जाने पाई। वह एक प्रकार से बद्ध और परिमित सी हो गई। उसका क्षेत्र संकुचित हो गया, वाग्धारा बंधी हुई नालियों में ही प्रवाहित होने लगी जिससे अनुभव के बहुत से गोचर और अगोचर विषय रससिक्त होकर सामने आने से रह गए। दूसरी बात यह हुई कि कवियों की व्यक्तिगत विशेषता की अभिव्यक्ति का अवसर बहुत कम रह गया।''[107]

रीतिकालीन कविता के इस विरोध को रामविलास जी सामंतवाद विरोध से जोड़ते हैं। वे मानते हैं कि इस काल में चूंकि कविता राज्याश्रयी हो गई थी और कविता सामंतों की रुचि को तुष्ट करने के लिए लिखी जा रही थी अतएव लोक

से उसका संबंध विच्छिन्न हो गया था। रामविलास जी के लेखे कविता के केंद्रीय वर्ग में बदलाव को शुक्ल जी पहचान रहे थे– "...उन्होंने बार-बार रीतिकालीन कविता के संकुचित वर्ग आधार को स्पष्ट किया है, उससे सहानुभूति नहीं प्रकट की वरन उसकी तीव्र आलोचना की है।"[108]

इस तरह रामविलास जी कलावाद और लोकमंगल को आमने-सामने रख कलावाद को सामंती मूल्य के रूप में परिभाषित करते हैं।

इस बिंदु पर पहुंचकर शुक्ल जी के 'सामंतवाद-विरोध' की पड़ताल की आवश्यकता है। अगर हम मान लें कि शुक्ल जी रीतिकालीन कविता के वर्ग आधार को बूझते हुए राज्याश्रयी कविता का विरोध कर रहे थे तब क्या हिंदी साहित्य के आदिकाल या वीरगाथा काल के बारे में भी यही तर्क दिए जा सकते हैं? हम देखते हैं कि शुक्ल जी की नजर में दरबारी कविता होते हुए भी आदिकालीन कविता वैसी खराब नहीं है, जैसी कि रीतिकालीन कविता। शुक्ल जी अपने इतिहास में आदिकाल की पृष्ठभूमि को चिह्नित करते हुए तत्कालीन राजाओं की आपसी लड़ाइयों में निहित वीरता और शौर्य की बड़ाई करते हैं। यहां वे फिर उसी सांस्कृतिक द्वंद्व, हिंदू-मुसलमान, के सहारे वीरगाथाओं का विश्लेषण करते हैं– "...बीसलदेव आर्यावर्त से मुसलमानों को निकालने के लिए उत्तर की ओर बढ़ा।...इसी प्रकार महाराज पृथ्वीराज के मारे जाने और दिल्ली तथा अजमेर पर मुसलमानों का अधिकार हो जाने के पीछे भी बहुत दिनों तक राजपूताने आदि में कई स्वतंत्र हिंदू राजा थे जो बराबर मुसलमानों से लड़ते रहे।...राजा भोज की सभा में खड़े होकर राजा की दानशीलता का लंबा-चौड़ा वर्णन करके लाखों रुपये पाने वाले कवियों का समय बीत चुका था।...उस समय जो भाट या चारण किसी राजा के पराक्रम, विजय, शत्रुकन्या हरण आदि का अत्युक्तिपूर्ण आलाप करता या रणक्षेत्रों में जाकर वीरों के हृदय में उत्साह की उमंगें भरा करता था, वही सम्मान पाता था।"[109]

देखा जाए तो शुक्ल जी के मानदंड यहां भी वही हैं जो रीतिकालीन कविता के विश्लेषण के दौरान हैं। यहां वे युद्ध के लिए, कर्तव्य के लिए कविता लिखने वाले चारण या भाटों की कविता को खराब कविता नहीं मानते क्योंकि यह कविता कर्म क्षेत्र में प्रवृत्त करने वाली है। राजाओं द्वारा दूसरे राजाओं से युद्ध और हिंदू राजाओं द्वारा मुसलमान राजाओं के विरुद्ध विद्रोह उस काल की विशेषता है। शुक्ल जी के एक प्रतिमान पर तो यह कविता खरी उतरती है कि कविता मनुष्य को अन्याय के खिलाफ लड़ने वाला और कर्म के क्षेत्र से जोड़ती है पर इसका दायरा यहां छोटा है। शुक्ल जी के लोक की परिभाषा चूंकि इससे बड़ी है इसलिए वे इस कविता को महत्त्व देते हुए भी इसे अपने कैनन के आधार रूप में नहीं बरतते। इन्हीं तर्कों और आधारों पर आगे चलते हुए शुक्ल जी को इस प्रवृत्ति का समूचा विकास रीतिकाल

के कवि भूषण में मिलता है। भूषण ने भी आश्रयदाता राजाओं, शिवाजी और छत्रसाल, पर कविता लिखी और उसे शुक्ल जी क्यों महत्त्वपूर्ण कविता मानते हैं, यह पता शुक्ल जी के इस उद्धरण से चलता है– ''पर भूषण ने जिन दो नायकों की कृति को अपने वीरकाव्य का विषय बनाया, वे अन्याय-दमन में तत्पर, हिंदू धर्म के संरक्षक, दो इतिहास प्रसिद्ध वीर थे। उनके प्रति भक्ति और सम्मान की प्रतिष्ठा हिंदू जनता के हृदय में उस समय भी थी और आगे भी बराबर बनी रही या बढ़ती गई। इसी से भूषण के वीर रस के उद्‌गार सारी जनता के हृदय की संपत्ति हुए।...इन दो वीरों का जिस उत्साह के साथ हिंदू जनता स्मरण करती है, उसकी व्यंजना भूषण ने की है। वे हिंदू जाति के प्रतिनिधि कवि हैं।''[110]

अब अगर हम देखें कि आदिकालीन वीरगाथा और रीतिकालीन वीरगाथा के कवि अपनी कविता में कैसे समान और विषम हैं तो रामचंद्र शुक्ल के आलोचनात्मक कैननों के निर्माण के स्तरों को पहचान सकते हैं। साम्राज्यवाद और सामंतवाद की आचार्य शुक्ल की समझ रामविलास शर्मा की समझ से पीछे की है इसलिए उनके सामंतवाद-विरोध के दायरे अलग हैं। अन्यथा यह समझना मुश्किल हो जाएगा कि 'सामंतवाद-विरोध' में शिवाजी और छत्रसाल क्या हैं? हिंदू जनता के त्राता या सामंत? रामविलास जी शायद इसका बेहतर उत्तर सुझा सकते थे।

जहां तक रीतिवाद-विरोध की बहस है, उसके बारे में मैनेजर पांडेय ने ठीक ही चिह्नित किया है कि इसे शुक्ल जी के स्वाधीनता संघर्ष के रिश्तों के साथ देखा जाना चाहिए। जिस तरह का राष्ट्र नवजागरण में संकल्पित हुआ और जैसी मध्यकाल की अवधारणा इस बहस में आई, उस दृष्टि से शुक्ल जी के रीतिकाल के विरोध को समझा जा सकता है। उत्तर-मध्यकाल के प्रति शुक्ल जी की दृष्टि बनाने में अतीत के गौरव की खोज भी शामिल थी जिसके अनुसार मुगल आक्रांताओं ने भारतीय सांस्कृतिक गौरव को क्षति पहुंचाई। पर इस बहस को मुक्तिबोध के रास्ते हल करने की दिशा में बढ़ना अधिक समीचीन होगा।

सामाजिक तबकों और उनमें चल रही वर्गीय हलचलों को आधार बना जिस तरह मुक्तिबोध भक्तिकाल के उदय की व्याख्या करते हैं, उसी तरह रीतिकाल की कविता को भी व्याख्यायित करने का यत्न करना होगा क्योंकि रीतिवाद विरोध के कैननों से समूचे रीतिकालीन साहित्य को देखना हमें मुश्किल में डाल देगा। अगर कभी हिंदी और उर्दू दोनों का साहित्येतिहास एक साथ लिखा गया, जो कि एक साथ बना था, तो क्या रीतिकाल की वही छवि रहेगी जो आलोचकों ने रेखांकित की है? तब मीर तकी मीर की कविता के बारे में क्या धारणा बनेगी?

अब हम यहां शुक्ल जी के उन दो लेखों की चर्चा करेंगे जो अपनी सीधी राजनीतिक विषयवस्तु के कारण चर्चा में रहे और आलोचकों ने इन पर पर्याप्त बहसें

भी कीं। इनमें पहले लेख का शीर्षक है–'भारत को क्या करना चाहिए'। पहले-पहल यह लेख 'हिंदुस्तान रिव्यू' के 1905 के फरवरी अंक में छपा। सामाजिक-राजनीतिक सुधारों आदि की चिंताओं से बुने इस लेख में शुक्ल जी ने भारत की तत्कालीन परिस्थिति को सुधारने के लिए अपना मत व्यक्त किया है। इस लेख में शुक्ल जी सामाजिक सुधारों को केंद्रीय वस्तु मानते हैं और राजनीतिक उत्थान के लिए सामाजिक सुधारों को पहली सीढ़ी। वे लिखते हैं– "दरअसल, हमें समाज सुधारक, राजनीतिज्ञ, आंदोलनकर्ता, कवि और शिक्षाविद–सबकी एक ही साथ, एक ही समय में जरूरत है।...महत्त्व के लिहाज से जिस चीज पर हमें सबसे पहले ध्यान देना चाहिए, वह है सामाजिक बुराइयों को दूर करने का काम।"[111]

इस दौर में शुक्ल जी सामाजिक बुराइयों के उदाहरण के रूप में बाल विवाह और अशिक्षा आदि को लेते हैं। अशिक्षा क्या है और शिक्षा की गुलाम भारत में क्या उपादेयता है, यह शुक्ल जी के निम्नांकित उद्धरण से साफ हो जाएगा। शुक्ल जी शिक्षा को सिर्फ पढ़ाई या रोजगार के संदर्भ में न देखकर स्वाधीनता-प्राप्ति की मुहिम से जोड़ते हैं। वे इसी लेख में आगे लिखते हैं– "शिक्षा से मेरा मतलब सामान्य महत्त्व के मामलों के बारे में हमारे नेताओं की राय का अशिक्षित जनता तक संप्रेषण भी है, ताकि अवसर आने पर उनका [अशिक्षित जनता का] सहयोग मिलने से न रह जाए। प्रत्येक ग्रामवासी को यह जानना चाहिए कि अधिक काम करने के बाद भी उसे उसके बदले में कम क्यों दिया जाता है, और वस्तुत: प्रत्येक भारतीय को यह साफ-साफ पता होना चाहिए कि उसका देश दिन-प्रतिदिन और गरीब क्यों होता जा रहा है?"[112]

यही नहीं, शुक्ल जी इस छोटे से लेख में भारत के उद्योग धंधों के विनाश की अंग्रेजी साजिश को लक्ष्य करते हैं और साम्राज्यवादियों के तथाकथित न्याय और समानता का भंडाफोड़ करते हैं। वे देख लेते हैं कि भारतीय जनता के लिए अंग्रेजों के समानता आदि के नारे बहलावा हैं, इसका सारतत्त्व शोषण है– "भारत की आर्थिक स्थिति की मांग यह है कि किसी भी दूसरे काम से पहले उसके उद्योग धंधे का परिवर्तन और परिष्कार किया जाए और यह, जिसे हम तकनीकी शिक्षा कहते हैं, उस पर सबसे ज्यादा निर्भर करता है।...साम्राज्यवाद ही भारत में ब्रिटिश राष्ट्र की प्रेरक शक्ति रहा है। उन्होंने [ब्रिटिश] यह हाल पैदा कर रखा है कि भारतीय प्रशासन में उनकी अपनी ब्रिटिश परिकल्पना का एक रेशा भी नहीं दिखाई देता। इसमें शक नहीं कि वे रूप को सुरक्षित रखते हैं लेकिन वे उसके सारतत्त्व को खत्म कर देते हैं।...स्वदेशी आंदोलन...लाखों लोगों को भुखमरी से बचाने के लिए और नियमित रोजगार के अभाव में भटक रहे लाखों लोगों को काम देने के उद्देश्य से चलाया गया आंदोलन है।"[113]

यहां हम इस लेख की पृष्ठभूमि दिखाने के लिए दो अन्य रचनाओं का उल्लेख करेंगे। भारतीय नवजागरण और राष्ट्रवाद की बुनियाद अंग्रेजी उपनिवेशवाद के विरुद्ध संगठित होते हुए हुई थी, यह हम पीछे देख आए हैं। इसी सिलसिले में याद रखना चाहिए कि नये पैदा होते मध्यवर्ग के भीतर राजभक्ति और राष्ट्रभक्ति का द्वंद्व भी है। और यह भी कि सामंतवाद विरोध की धाराएं आम तौर पर सामाजिक सुधारों के धार्मिक आवरण से लिपटी हुई थीं। आचार्य रामचंद्र शुक्ल के इस लेख के पूर्व भारतीय मनीषा के साम्राज्यवाद विरोध की दिशा में भारतेंदु हरिश्चंद्र का लेख 'भारतवर्षोन्नति कैसे हो सकती है?' बेहद महत्त्वपूर्ण है। अपनी विशिष्ट संक्रमण की परिस्थितियों में भी भारतेंदु कुछ मूलभूत बातों की ओर इशारा करते हैं।

सन् 1884 में बलिया के ददरी मेले में यह लेख एक व्याख्यान की शक्ल में दिया गया था। यहां वे अंग्रेजों के न्याय वाले शासन की तारीफ करते हैं, उनका फायदा उठाने को प्रेरित करते हैं, प्राचीन गौरव की याद करते हैं, भारतीयों को आलसीपन के लिए दुत्कारते हैं, जनसंख्या वृद्धि पर चिंतित होते हैं, धार्मिक और सामाजिक सुधारों का पक्ष लेते हैं, मुसलमानों को हिंदुओं के साथ रहने तथा शिक्षा और रोजगार हासिल करने की बात करते हैं और अंत में भारत की समूची आबादी को हिंदू में परिभाषित करते हैं।

इस लेख के स्वतंत्र विश्लेषण की यह जगह नहीं है पर हमारा ध्यान इसके एक रूपक की ओर अटक जाता है जहां भारतेंदु एक लोककथा के सहारे शोषण के स्तरों को समझने का यत्न करते हैं– "तीन मेढक एक के ऊपर एक बैठे थे। ऊपर वाले ने कहा– 'जौक-शौक', बीच वाला बोला–'गुम-सुम', सबके नीचे वाला पुकारा– 'गए हम'। सो हिंदुस्तान की साधारण प्रजा की दशा यही है–'गए हम'।"[114]

यह रूपक हमें साम्राज्यवाद के बहुस्तरीय शोषण को परिभाषित करने वाले माओ-त्से-तुंग के उस प्रसिद्ध रूपक की याद दिलाता है जिसमें माओ चीनी जनता पर पहाड़ों के लदे होने की बात करते हैं। यहां सामान्य जनता के ऊपर उसका शोषण करने वाले सामंत-साहूकार हैं और उनका भी शोषण करने वाले अंग्रेज साम्राज्यवादी। जनता इस दुहरे शोषण के नीचे पिस रही है। हालांकि भारतेंदु ने बिचले वर्गों की स्पष्ट पहचान नहीं की है पर उनके लेख को पढ़ने से ध्वनि निकलती है कि राजा-महाराजा और सामंत ही बिचले वर्ग हैं। यह प्रश्न कि इन बीच के वर्गों की स्वाधीनता प्राप्त करने में क्या भूमिका है, आगे विवाद का विषय रहा है। विवाद बिचले वर्गों की परिभाषा को लेकर भी है। आगे चलकर हम देखेंगे कि आचार्य रामचंद्र शुक्ल इस रूपक से कहां तक सहमत हैं।

आचार्य शुक्ल के ऐसे सामाजिक-राजनीतिक लेखन के पीछे की परंपरा तलाशते हुए हमें राष्ट्रवादी चिंतकों द्वारा किए गए ढेरों काम मिलते हैं। भारतेंदु पहले ही

'पै सब धन विदेश चलि जात, इहै अति ख्वारी' लिख चुके थे। दादा भाई नौरोजी ने 1886 में 'पावर्टी एंड अन ब्रिटिश रूल इन इंडिया' नामक पुस्तक लिखी। इस पुस्तक से ही 'ड्रेन थ्योरी' की चर्चा शुरू हुई जिसमें आकलन किया गया था कि भारत का कितना धन अंग्रेज लूटकर अपने देश ले जा रहे हैं। पर याद रहे कि नौरोजी पहले 'द बेनिफिट्स ऑफ ब्रिटिश रूल' लिख चुके थे जिसमें उन्होंने तमाम सामाजिक सुधारों के लिए अंग्रेजों की आशंसा की थी। 'राजभक्ति' से 'राष्ट्रभक्ति' की ओर बढ़ते रुख की बेला में नौरोजी के कामों को आगे बढ़ाते हुए सखाराम गणेश देउस्कर ने 'देशेर कथा' [हिंदी में 'देश की बात', अनुवादक–पड़ारकर] लिखी। यह किताब साम्राज्यवाद के आर्थिक शोषण को बेहद गहराई से उकेरती है। किसानों की बर्बादी, विकास के नाम पर लूट, देशी उद्योगों और कारखानों का विनाश तथा हिंदुस्तान से लूटे गए धन की यह पुस्तक विस्तार से चर्चा करती है। 1904 में छपी इस पुस्तक में भी स्वदेशी आंदोलन के प्रति वही दृष्टि है, जो शुक्ल जी की उपरोक्त लेख में–''यह बात कोई भी अस्वीकार नहीं कर सकता है कि इन दिनों भारतवासियों की दृष्टि स्वदेशी कारीगरी की उन्नति की ओर बहुत अधिक जा पड़ी है। बंगाली लोग जहां तक बन पड़े, विदेशी वस्तुओं को न छूने की प्रतिज्ञा कर चुके हैं। बंबई, मद्रास, मध्य भारत, पंजाब आदि प्रदेशों के निवासी भी बंगालियों की विदेशी वस्तुओं को त्यागने की प्रतिज्ञा में सम्मिलित हुए हैं।''[115]

ये दोनों रचनाएं बीसवीं शताब्दी के एकदम प्रारंभिक वर्षों में भारतीय मनीषा के साम्राज्यवाद विरोध को भली भांति चिह्नित करती हैं। आचार्य शुक्ल की आलोचनात्मक मेधा इसी दिशा में क्रियाशील थी। पर यह साम्राज्यवादविरोधी धारा सामंतवादविरोध के मोर्चे पर क्या कर रही थी? मजदूरों, बेदखल किए गए छोटे काश्तकारों, किसानों, महिलाओं, अल्पसंख्यक समुदायों और आदिवासियों आदि हाशिए के तबकों के जीवन और उनके संघर्षों के बारे में इस धारा ने यथेष्ट ध्यान नहीं दिया। ऐसे में राष्ट्रवादी धारा के भीतर और बाहर दोनों ओर से कई ऐसे सवाल उभर रहे थे जो साम्राज्यवाद विरोध के पैनोरमा को एकीकृत ईकाई की तरह देखने से इनकार कर रहे थे और धर्म तथा जाति के सवाल कई बार साम्राज्यवाद विरोध की दशा–दिशा से असहमत होकर उठाए जा रहे थे। मसलन जोतिबा फुले [1827–1880] ने जाति, स्त्री, किसान और ब्राह्मणवाद जैसे प्रश्न साम्राज्यवाद विरोधी धारा के सामने उठाए। ये प्रश्न नवजागरण की 'अतीत की गौरवपूर्ण खोज' वाले प्रोजेक्ट का कठोरता से नकार करते थे। आगे चलकर अंबेडकर ने इस धारा को और अधिक तीखा किया। कहना न होगा कि साम्राज्यवाद विरोध के बड़े समुच्चय में रहने के बावजूद ये बहसें इस आंदोलन के भीतर तीखे रूप में संचालित की गईं जिसका एक शीर्ष बिंदु 'पूना पैक्ट' है।

इस आधार भूमि के बाद शुक्ल जी के दूसरे महत्त्वपूर्ण लेख की ओर चलें। बांकीपुर, पटना से निकलने वाली पत्रिका 'एक्सप्रेस' के लिए इसे शुक्ल जी ने 1922 में लिखा था। इसका शीर्षक है–'असहयोग और अव्यापारिक श्रेणियां'। इस लेख को आधार बनाकर रामविलास शर्मा और वीरभारत तलवार ने शुक्ल जी के स्वाधीनता संग्राम से रिश्तों और उनकी समझ पर रोचक और ज्ञानवर्धक बहस की है।

इस लेख में शुक्ल जी ने भारतीय समाज व्यवस्था को दो श्रेणियों में बांटा है– व्यापारिक श्रेणी और अव्यापारिक श्रेणी। उनकी व्यापारिक श्रेणी में पुराने और नये व्यापारी, साम्राज्यवादी और उनके भारतीय नुमाइंदे शामिल हैं। अव्यापारिक श्रेणी में राजनीतिक और कृषक आते हैं। उनके अनुसार– ''जन समुदाय और उनकी वृत्तियों का व्यापारिक और अव्यापारिक श्रेणियों में विभाजन आज भी उतना ही यथार्थ है जितना दो हजार वर्ष पूर्व था।''[116]

शुक्ल जी बहुत साफ ढंग से वंशानुगत मनोवृत्ति और परंपरा से इस बात को पुष्ट करते हैं कि भारत का समाज सदियों से इन्हीं दो कोटियों में विभक्त है और उनके मुताबिक यह विभाजन दमनकारी न था। वे अंग्रेजों के आगमन के कारण इस विभाजन में गड़बड़ियां देखते हैं– ''अंग्रेजों के आगमन के पूर्व इन दोनों में से प्रत्येक समुदाय अपने-अपने क्षेत्र में संतुष्ट थे। एक समुदाय धनोपार्जन की निजी परियोजनाओं में पूर्णतया दत्तचित्त था तो दूसरा समुदाय अपनी जीवनचर्या में राज्य को सैनिक तथा लोकसेवाएं अर्पित करने की यथेष्ट भूमिका निभाता था।...शासक सौदागर नहीं हो सकता था। सौदागर शासक नहीं बन सकता था।...ईस्ट इंडिया कंपनी के रूप में यूरोप के घृणित व्यापारवाद ने भारत में कदम रखा और समाज में द्विस्तरीय विभाजन के आधार पर जो सामंजस्य इतने दिनों से चला आ रहा था, उसे अस्त-व्यस्त कर दिया।''[117]

शुक्ल जी पुराने बंद समाज को पसंद करते हैं जहां सामाजिक उथल-पुथल कम है, जहां समुदाय एक दूसरे में बदल नहीं सकते और जहां 'सामंजस्य' मौजूद है। क्या यह सामंजस्य हमें वर्ण की याद नहीं दिलाता जहां समाज व्यवस्था में सबके कार्य तय होते थे? शुक्ल जी तर्क देते हैं कि राजसत्ता पर पूंजी का प्रभाव भारत में अंग्रेजों के आने के पहले नहीं पड़ा था; अर्थात्त शासक और सौदागर की कोटियां एक दूसरे में नहीं बदल सकती थीं।

यह इस लेख की पूर्व पीठिका है। आगे शुक्ल जी कंपनी के आगमन के बाद उसके भारतीय समाज पर पड़े प्रभाव का विश्लेषण करते हैं। वे दिखाते हैं कि ''भूमि से कृषक श्रेणियों[118] के संबंध का स्थायित्व सदा के लिए लुप्त हो गया और वे उत्तरोत्तर बढ़ती कंगाली की अवस्था में छोड़ दिए गए।...कानूनी जटिलताओं के कारण मुकदमा भूमिगत हितों का ऐसा अपरिहार्य लक्षण हो गया है कि सरकारी मांगों के भुगतान के बाद औसत जमींदार के पास कुछ शेष नहीं बचता।''[119]

इस तरह शुक्ल जी ईस्ट इंडिया कंपनी की व्यापारिक नीतियों को भारत में चले आ रहे सामंजस्य को तोड़ने, व्यापारिक श्रेणियों के लाभ और अव्यापारिक श्रेणियों की तबाही से जोड़ते हैं, तो इस कारण क्या बदलाव हुए हैं? सरकार जमींदारों से पुराने रिवाजों के मुताबिक अब भी बड़ी मात्रा में राजस्व वसूलती है। इससे तबाही किसानों की होती है। दूसरी तरफ महाजन या उद्योगपति अपने लाभों में से सरकार को कुछ नहीं देता और मौज करता है। शुक्ल जी के मुताबिक व्यापारिक वर्गों पर कृपा करके कंपनी सरकार अव्यापारिक वर्गों को नष्ट कर देने पर तुली हुई है। वे स्वदेशी उद्योगों के नाश को चिह्नित करते हैं। अंग्रेजों के वरदहस्त से बने नए-नए साहूकारों के जमींदारियां खरीदने को लक्ष्य करके अव्यापारिक श्रेणियों के लिए नौकरियों में आरक्षण की सिफारिश करते हैं। इसके पहले लेख में वे बता आए हैं कि सब कुछ हाथ से जाता देखकर अव्यापारिक वर्ग नौकरियों पर टूट पड़े और 'शिक्षित मध्यवर्ग' का निर्माण किया। आरक्षण की सिफारिश खासतौर पर क्षत्रिय पेशे से जुड़े लोगों के लिए की गई– ''जिन व्यक्तियों के पास राजकीय सत्ता नहीं है या जो शासक परिवार के नहीं हैं, उन्हें राजा-महाराजा की उपाधि से विभूषित किए जाने को बहुसंख्यक हिंदू अपने राष्ट्रीय गौरव के लिए अत्यधिक अपमानजनक समझते हैं।...उत्तर प्रदेश और अवध में क्षत्रिय परिवार हैं जिनके पूर्वज वास्तविक शासक रहे हैं...कब और कैसे वे सत्ता खो बैठे, यह स्पष्टत: ज्ञात नहीं है।...सामान्यत: वे अच्छे प्राचीन परिवारों का प्रतिनिधित्व करते हैं और उनकी रियासतें किसी मध्यकालीन अधिपति से प्राप्त अनुदान या किसी पर विजय का परिणाम रही हैं [रिपोर्ट ऑन द कॉन्स्टीट्यूशनल रिफॉर्म]। उनकी स्थिति की खोजबीन के साथ उन सबके लिए सैनिक पेशे के दरवाजे खुले रखना आवश्यक है।...रियासतों के लिए सैनिक सेवाओं के आरक्षण का कानून बनाना सरकार का अनिवार्य कर्तव्य है।''[120]

इस उद्धरण में ध्यान देने की बात यह है कि शुक्ल जी पुराने राजाओं, जमींदारों के हितों को लेकर चिंतित हैं। वे उनके लिए नौकरियों में आरक्षण की मांग करते हैं पर अव्यापारिक श्रेणियों के अन्य तबकों मसलन किसान और मजदूरों के लिए वे सरकार से कुछ नहीं मांगते। वे इन दो हिस्सों की बदहाली की बात करते हैं पर उनकी आरक्षण वाली सदिच्छा इन्हीं 'क्षत्रिय' लोगों के प्रति प्रकट होती है। इस मसले पर आगे मजदूरों और किसानों की स्थिति को भी आचार्य शुक्ल ने स्पष्ट किया है। वे लिखते हैं– '' ...किसान और जमींदार के बीच कोई अभेद्य दीवार नहीं है, किसान जमींदार हो सकता है और एक जमींदार किसान हो सकता है। वे स्वयं देख सकते हैं कि इन चीजों का वास्तविक उद्देश्य संपूर्ण ग्रामीण जनसंख्या को अधिक कमजोर, दीन किसानों में इस प्रकार बदल देना है जिससे उनमें से किसी के पास सामाजिक गौरव एवं प्रतिष्ठा अर्जित करने का कोई अवसर शेष न रह जाए।...

सहज विश्वासी मजदूरों की अधिकांश जनता के बीच आंदोलनकारी अपने उत्तेजक भाषणों से सबसे अधिक अशांति उकसाने में व्यस्त रहे हैं। वस्तुतः उनकी आतंकवादी, बर्बर गतिविधियों से किसान और जमींदार, समान रूप से उत्पीड़ित हुए हैं। ऐसे समय में जब श्रम का अभाव गरीब कृषकों में पहले ही गंभीर चिंता उत्पन्न कर रहा है और कृषि उत्पादों में अत्यधिक व्यवधान डाल रहा है, वहां जाकर उनके लिए समस्याओं को और अधिक जटिल बना देना क्या मानवोचित है? जमींदार शब्द से प्रायः हम बड़े भूमिपति का अर्थ लेते हैं और उन छोटे काश्तकारों के विषय में कभी नहीं सोचते जो अपनी कुलीनता के प्रति जागरूक होते हुए भी न्यूनतम आय में बड़ी कठिनाई से अपना जीवन निर्वाह कर पा रहे हैं।...वे हैं, जो हमारे आंदोलनकारियों की उदारता के शिकार हो गए हैं। शहरों में महाजनों की गद्दियों ने श्रमिक जनसंख्या के वृहद भाग को खींच लिया इसलिए किसान और जमींदार इस बात के लिए चिंतित हैं कि कृषि कार्य कैसे चलाया जाए।...किसानों के लिए श्रम की आपूर्ति संपूर्णतः भंग कर देने का प्रयास कितना विनाशकारी है!...क्या हम इस प्रकार के आंदोलनकारियों को अधिक बलपूर्वक नगरीय जनों का एजेंट नहीं कह सकते?''[121]

अब यहां भारतेंदु के उस मेढकों वाले रूपक को याद करना चाहिए। भारतेंदु भारतीय आम जनता के दोहरे शोषण को इस रूपक के माध्यम से व्यक्त कर रहे थे। वे देख रहे थे कि शोषण के इस चक्र में सबसे ऊपर साम्राज्यवादी हैं जो भारतीय सामंतों, राजा-महाराजाओं का शोषण करते हैं और आम जनता का भी। सामंत साम्राज्यवाद द्वारा शोषित होते हुए भारतीय जनता का भी शोषण करते हैं।

शुक्ल जी इस विभेद को द्विस्तरीय बना देते हैं। उनके जमींदार औसतन किसान हैं, जो साम्राज्यवाद से उसी तरह पीड़ित हैं, जैसे आम जनता। यह हुई अव्यापारिक श्रेणी। दूसरी श्रेणी व्यापारिक है जिसमें साम्राज्यवादी और उनके गुमाश्ते दलाल देशी महाजन और साहूकार हैं जो साम्राज्यवाद का शोषण नहीं झेलते हैं वरन उनके आशीर्वाद से फल-फूल रहे हैं।

रामविलास जी ने अपनी पुस्तक 'आचार्य रामचंद्र शुक्ल और हिंदी आलोचना' के 'आचार्य रामचंद्र शुक्ल का पुनर्मूल्यांकन और वामपंथी अवसरवाद' वाले अध्याय में वीर भारत तलवार से इस संदर्भ में बहस की है। उनकी तर्क-योजना कुछ इस प्रकार है कि शुक्ल जी साम्राज्यवाद और उसके देशी एजेंटों के खिलाफ किसानों और औसत जमींदारों का मोर्चा बनाना चाहते हैं। वीर भारत तलवार शुक्ल जी को जमींदारों का पक्षधर बताते हैं जिसकी आलोचना करते हुए रामविलास जी ईस्ट इंडिया कंपनी के आगमन के बाद बदहाल जमींदारों का चित्रण करते हैं, जो किसानों में बदल रहे हैं। रजनी पाम दत्त की 'आज का भारत' और मार्क्स के भारत पर लिखे गए आलेखों के माध्यम से वे दिखाते हैं कि पुराना सामंतवाद नये

शोषण से कम आतंककारी था। वे यहीं अंग्रेजों के आगमन के बाद जमींदारों और किसानों की तबाही, नए महाजन जमींदारों और सूदखोरों के पैदा होने और उनके फलने-फूलने की चर्चा करते हैं।

यहां उस बहस में जाने का अवसर नहीं, जहां अंग्रेजों के आने के पूर्व के समाज में रामविलास जी विकसित होते व्यापारिक पूंजीवाद को देखते हैं। उनकी इस मान्यता पर मैनेजर पांडेय ने उनसे बहस की है।[122] आगे रामविलास जी के कैननों की चर्चा करते हुए हम इस बहस के विस्तार में जाएंगे।

संदर्भतः शुक्ल जी साम्राज्यवादी शोषण को बखूबी चिह्नित करते हैं और देश में व्यापारिक श्रेणियों के शोषणकारी रूप को भी। वे ठीक ही देखते हैं कि नये साहूकार महाजन जमीनों पर मालिकाना हक कायम करते जा रहे हैं और कृषि से जुड़े तबके हाशिए पर जा रहे हैं, पर प्रश्न दूसरी जगह है। शुक्ल जी के अव्यापारिक श्रेणियों में अलग-अलग श्रेणियों के साथ उनके विश्लेषण में और उनकी स्थिति निर्धारण में समस्या है; अर्थात अगर हम यह मान लें कि शुक्ल जी साम्राज्यवाद और उसके भारतीय पिछलग्गुओं के खिलाफ जमीदारों, किसानों और मजदूरों का मोर्चा बनना चाह रहे थे तो अगला सवाल यह खड़ा होता है कि इन तीनों में से नेतृत्वकारी कौन होगा? ऊपर के किंचित लंबे उद्धरण में हमने देखा कि मजदूरों के बारे में शुक्ल जी की क्या राय है। वे आंदोलनकारियों के भड़कावे में आकर अपने लिए अधिक सुविधाओं की मांग करते हैं, वे अधिक कमाई के लिए कृषि का काम छोड़कर शहरों की ओर पलायन कर रहे हैं। [यहां 'गोदान' के औसत जमींदार राय साहब, जमींदार से किसान नहीं बल्कि किसान से मजदूर बनते होरी और शहर की ओर पलायन करते गोबर का ध्यान रखें।] तो ये मजदूर इस मोर्चे की नेतृत्वकारी ताकत नहीं हैं क्योंकि ये तो बहकावे में आकर आंदोलन को क्षति पहुंचा रहे हैं। दूसरा वर्ग है किसानों का। शुक्ल जी किसानों और जमींदारों के बीच की दीवार गिरा देते हैं, यही किसान-जमींदार वर्ग नेतृत्व करेगा और मजदूर वर्ग का साथ इसे ताकत देगा। जैसे शुक्ल जी जमींदारों और किसानों के बीच की दीवार गिराते हैं, वैसे वे किसानों और मजदूरों के बीच की दीवार नहीं गिरा रहे हैं। तब इस साम्राज्यवाद विरोधी संयुक्त मोर्चे का दृश्य कुछ ऐसा बनता है—सबसे आगे जमींदार जो किसान बन रहे हैं पर जिनकी 'कुलीनता' अभी बाकी है, उनके पीछे किसान और उनके पीछे मजदूर।

रामविलास जी माओ के साम्राज्यवाद विरोधी मोर्चे की बात करते हैं पर क्या माओ के उक्त मोर्चे में किसान और मजदूरों के हितों के आधार पर ही मोर्चा संचालित नहीं होता था? क्या माओ भी शुक्ल जी की तरह मजदूरों को 'आतंकवादी और बर्बर गतिविधियां' संपादित करने वाले और आंदोलनकारियों द्वारा बहकाया हुआ मानते थे? कहने का कुल तात्पर्य यह कि शुक्ल जी का संयुक्त मोर्चा किसानों और मजदूरों

को तो शामिल करता है पर उनकी सहानुभूति जमींदारों, किसान बन रहे औसत जमींदारों की ओर अधिक है।

जो हो, 30 के दशक में लिखा गया यह निबंध साहित्य और राजनीति के संबंधों को भी एक नई निगाह से देखने का प्रस्ताव करता है। हम देखते हैं कि शुक्ल जी के पहले साहित्यालोचन में भारतीय राष्ट्रवाद, साम्राज्यवाद विरोध, सुधार और अतीत के गौरव आदि से विकसित हो रहा था। शुक्ल जी ने इस राष्ट्र के आधार तबकों की दृष्टि को साहित्य के भीतर गहरे प्रतिष्ठित किया। ये वही वर्ग हैं जिन्हें शुक्ल जी अव्यापारिक श्रेणियां कहते हैं। उन्होंने अपने समकालीन राजनीतिक परिदृश्य में गांधी के नेतृत्व में चल रहे स्वाधीनता आंदोलन को व्यावसायिक श्रेणियों के हितों की तरफ जाता हुआ बताया और आंदोलन में अव्यापारिक श्रेणियों की महत्ता पर प्रकाश डाला। इस तरह शुक्ल जी भारत के गांवों में रहने वाली अधिसंख्य आबादी के पक्ष में स्वाधीनता आंदोलन को संचालित किए जाने का प्रस्ताव करते हैं।

इस अध्याय के प्रारंभ में तुलसी के संदर्भ से शुक्ल जी के कैनन-निर्माण की प्रक्रिया का अध्ययन करते हुए हमने देखा कि एक किसानी बोध, पारिवारिक ग्रामीण संरचना के प्रति लगाव और मरजाद की रक्षा का भाव उनके विश्लेषण में गहरे धंसा हुआ है। यही बात उन्हें अव्यापारिक वर्गों के सैद्धांतिक विवेचन तक ले गई। शुक्ल जी के विवेचनों में प्राचीन के उत्थान की परियोजना भी है और नवीन की आलोचनात्मक आशंसा भी। पश्चिमी और पूर्वी ज्ञानों के प्रति आलोचनात्मक विवेक और गांवों से जुड़ाव, जो उनकी राष्ट्रवादी भूमि पर स्थित है, के कारण वे साम्राज्यवादी शोषण का पर्दाफाश कर पाते हैं। यहीं से उनके लोकमंगल के प्रयत्न पक्ष को भी और समझा जा सकता है।

सारांश रूप में शुक्ल जी का विश्लेषण राष्ट्र की परिकल्पना को और पुष्ट करता है और उसके संघर्षरत तबकों को उभारता है। साम्राज्यवाद के विरोध में अपनी अस्मिता गढ़ रहे राष्ट्र के लिए यह आवश्यक था कि वह अपनी स्वयं की परिभाषाएं भी स्पष्ट करे। शुक्ल जी के आलोचना कर्म में बन रहे कैननों के पीछे यही चिंता गहरे धंसी हुई है।

आगे चलकर हजारी प्रसाद द्विवेदी और नंददुलारे वाजपेई के नेतृत्व में इन कैननों का विस्तारण प्रारंभ हुआ और अब तक कैनन में न शामिल किए गए रचनाकारों, प्रवृत्तियों और तबकों का कैनन के भीतर समावेश हुआ।

नंददुलारे वाजपेई : कैननों में उलटफेर

नंददुलारे वाजपेई के आलोचना के पटल पर आते ही कैनन में उलटफेर दिखने लगते हैं। जैसा कि पीछे हम देख आए हैं, शुक्ल जी द्वारा स्थापित कैनन को समकालीनता

की कसौटी पर परखने का काम उनके ही शिष्य आचार्य नंददुलारे वाजपेई ने किया। नंददुलारे जी ने काम तो सूर पर भी किया, सूर पर पूरी एक पुस्तक ही लिख डाली और तुलसी के रामचरित मानस का गीता प्रेस, गोरखपुर के लिए संपादन[123] भी किया पर उनकी ताकत [और नयापन] अपनी समकालीन रचनाशीलता और पूर्ववर्ती आलोचना से जिरह में थी। इसीलिए कैनन-निर्माण के लिहाज से उनकी पुस्तक 'हिंदी आलोचना : बीसवीं सदी' विशेष महत्त्वपूर्ण है।

यह पुस्तक हमारे अध्ययन के लिए इसलिए महत्त्वपूर्ण हो जाती है क्योंकि यहां कैनन बहुत स्पष्ट हैं। इस पुस्तक में वाजपेई जी ने कुल सोलह रचनाकारों को अपने कैनन में शामिल किया है। इनमें द्विवेदी युग, छायावाद के सभी बड़े कवि और परवर्ती प्रगति-प्रयोगवाद के कवि रचनाकार शामिल किए गए हैं। इनके अलावा पुस्तक की विज्ञप्ति में अन्यान्य रचनाकारों का भी जिक्र किया गया है। परंतु वाजपेई जी मूलत: द्विवेदी युग से छायावाद के विकास की प्रक्रिया को चिह्नित करने वाले आलोचक हैं। इस लिहाज से उन्हें छायावाद का हरावल आलोचक ठीक ही कहा जाता है। वे अपनी आलोचना में कैनन गढ़ते हुए द्विवेदीयुगीन प्रतिमानों से टक्कर लेते हैं, छायावाद को स्थापित करते हैं और प्रगतिवाद के प्रति कुछ 'आ-विकर्षण' भाव रखते हैं। कैनन-निर्माण के लिहाज से आचार्य शुक्ल और जयशंकर प्रसाद पर किए गए उनके काम महत्त्वपूर्ण हैं।

जब आचार्य वाजपेई आलोचना के क्षेत्र में सक्रिय हुए तो आचार्य शुक्ल उनके सामने बहुत बड़ी चुनौती थे। उनके द्वारा स्थापित किए गए कैननों की आधार विचारणाओं से जूझे बिना आलोचना में नए कैननों को स्थापित करना न सिर्फ कठिन था बल्कि उसके सम्यक् होने पर भी अविश्वास किया जाता। गरज यह कि वाजपेई जी ने इस चुनौती को स्वीकार किया और आचार्य शुक्ल पर उन्होंने तीन निबंध, क्रमश: 1931, 40 और 1941 में लिखे। ये तीनों निबंध उनकी आलोचनात्मक मेधा का सबूत होने के साथ ही कैनन-निर्माण की प्रक्रिया में उनके योगदान को भी भली भांति दिखाते हैं।

शुक्ल जी के आलोचनात्मक विवेक की रीढ़ लोकमंगल है और इस लोकमंगल को शुक्ल जी रस-सिद्धांत में फेर-बदल करके, उसे समयानुकूल बनाकर प्राप्त करते हैं। वाजपेई जी ने अपने सन् 31 वाले पहले ही लेख में रस और उससे उद्भूत लोकमंगल को प्रश्नांकित किया। वे रस के आधार पर कविता, खासकर आधुनिक कविता की व्याख्या को असंगत मानते हैं। रस की परंपरा को चिह्नित करते हुए वाजपेई जी उसे अन्य संप्रदायों की तरह ही रीतिवादी धारणा के करीब पाते हैं। जैसे अन्यान्य संप्रदायों ने कविता को रीतिवाद में धकेल दिया, वैसा ही रस-संप्रदाय ने भी किया।

शुक्ल जी ने रस-सिद्धांत में फेर-बदल किए थे और उसे लोकमंगल के उच्च स्तर तक पहुंचाया था। वाजपेई जी इससे संतुष्ट नहीं हैं। वे आधुनिक काल की रचनाशीलता के लिए नये तरह की आलोचना का विचार रखते हुए शुक्ल जी के सिद्धांत को अपुष्ट बताते हैं। उन्होंने लिखा– "आधुनिक युग में कवि के मस्तिष्क एवं कला का क्रमबद्ध विकास जानने की, उसके व्यक्तित्व एवं परिस्थितियों से परिचित होने की और उसकी कृति का एक संश्लिष्ट चित्र खींचने की चेष्टा की जाती है। काव्य समीक्षा के दृढ़ सिद्धांतों की प्रतिष्ठा की गई है और समीक्षा विज्ञान की भी सृष्टि हो रही है।...मनोविश्लेषण शास्त्र ज्यों-ज्यों प्रौढ़ होता जा रहा है, त्यों-त्यों वह काव्य-विवेचन में अधिक उपयोगी प्रामाणिक हो रहा है। रस-पद्धति की विश्लेषण क्रिया से आधुनिक समीक्षाकार अधिक लाभ नहीं उठा सकता।...प्राचीन सिद्धांत के साथ 'लोकधर्म' का साहचर्य कराकर शुक्ल जी ने उसे परिमार्जित स्वरूप अवश्य दिया है, पर उसे कलात्मक, मनोवैज्ञानिक और प्रगतिशील आधार पर प्रतिष्ठित करने में शुक्ल जी समर्थ नहीं हुए हैं। उन्होंने एक सिद्धांत के पीछे काव्य के निर्णयात्मक उपकरणों, मानसिक अवयवों और सामाजिक चेतना की उपेक्षा की है। 'लोकधर्म' भी उनका एक गतिहीन निरूपण ही सिद्ध हुआ..."[124]

इस तरह वाजपेई जी शुक्ल जी के रस सिद्धांत को कठघरे में खड़ा करते हैं।

हम जानते हैं कि आचार्य शुक्ल के अनुसार आलंबनत्व धर्म के साधारणीकरण के द्वारा काव्य मनुष्य को भावक्षेत्र से कर्मक्षेत्र की ओर प्रवृत्त करता है। यही उनके लोकमंगल की आधारभूमि है। आचार्य वाजपेई की आपत्ति यह है कि यह लोकमंगल का विशाल ढांचा सिर्फ प्रबंधों के आधार पर खड़ा हो सकता है। गीतों और छोटी काव्य-रचनाओं में इस विशाल विचार को वैसे नहीं लागू किया जा सकता जैसे कि प्रबंध काव्य में। वे इसकी सफलता का कारण खोजते हुए बताते हैं कि आचार्य शुक्ल के आलोचना-वृत्त के अंदर मुख्य रूप से भक्तिकालीन प्रबंध कवि हैं, इसलिए उनका यह सिद्धांत वहां चल जाता है लेकिन जब शुक्ल जी इन्हीं प्रतिमानों के साथ आधुनिक रचनाधर्म का मूल्यांकन करते हैं तो गड़बड़ियां होती हैं। टैगोर की तुलना में डी. एल. राय को महत्त्व देना इसी विसंगति का उदाहरण है और छायावादी काव्य का मूल्यांकन भी इसी कारण समुचित नहीं हो पाता।

आचार्य शुक्ल पर टिप्पणी करते हुए वह दूसरा तर्क देते हैं कि उन्होंने 'अभिव्यंजनावाद' को एकांगी तौर पर लिया और व्याख्यायित किया। काव्य के मानसिक संसार पर बल देने की आवश्यकता को चिह्नित करते हुए वे कहते हैं– "शुक्ल जी का 'लोकधर्म' भी जीवन के प्रगतिशील स्वरूपों का अध्ययन नहीं करता। वह रूढ़िबद्ध होकर श्रेष्ठ काव्य की पहचान में असफल सिद्ध हुआ है। उसका कारण यही है कि इस सिद्धांत के पीछे शुक्ल जी ने काव्य के निर्णयात्मक

और मानसिक उपकरणों की पूरी तरह अवहेलना की है। साथ ही समय अथवा युग-विकास की ओर उनका ध्यान नहीं था।''[125]

वाजपेई जी की तीसरी आपत्ति है कि 'गोचर' और 'प्रत्यक्ष' के शुक्ल जी के प्रत्यय व्यवहार में आने पर लघुचित्रवाद में परिणत हो जाते हैं। ऐसे में यहां एक-तान भावनाओं के प्रसार का कोई साधन नहीं रह जाता है। तात्पर्य यह कि शुक्ल जी के विवेचन में मानस की विराट भावनाओं के लिए कम जगह है। इस बिंदु पर वाजपेई जी अभिव्यक्ति के स्थान पर कल्पना का प्रयोग करते हैं और प्रसाद के साहित्य से उदाहरण देते हुए कहते हैं कि आधुनिक युग विराट भावनाओं का युग है। इसलिए विश्व बंधुत्व, विश्व ऐक्य आदि भावों के वर्णन के लिए प्रत्यक्ष और गोचर से आगे जाना होगा। पर प्रत्यक्ष और गोचर का कोई संबंध क्या यथार्थवाद से है? वाजपेई जी स्वयं प्रसाद के 'कंकाल' की समीक्षा में उसमें निहित-वर्णित यथार्थ को उद्घाटित करते हैं। तो क्या शुक्ल जी के प्रत्यक्ष और गोचर का कोई संबंध प्रसाद के 'कंकाल' के प्रत्यक्ष और गोचर से बनता है? आचार्य वाजपेई के लिए पहली मुश्किल यह है कि कविता में प्रसाद और कथा में प्रसाद के लिए वे अलग-अलग मानों का प्रयोग करते हैं। लेकिन अगर सहानुभूतिपूर्वक देखा जाए तो वे आचार्य शुक्ल के प्रत्यक्ष और गोचर को विकसित करने की कोशिश करते हैं। यह सही है कि इस प्रयत्न में कई बार वे मनोविश्लेषण आदि की ओर अधिक झुक जाते हैं। दूसरे, यह अंतविर्रोध भी असाध्य ही रह जाता है कि एक तरफ तो शुक्ल जी द्विवेदीयुगीन आदर्श के वाहक हैं और दूसरी ओर वे प्रत्यक्ष गोचर को काव्य में इतना महत्त्व देते हैं। आदर्श और प्रत्यक्ष की इस गुत्थी को वाजपेई जी ने अनसुलझा ही छोड़ दिया।

संदर्भत: वाजपेई जी बताते हैं कि शुक्ल जी का प्रत्यक्ष-गोचर-अभिव्यक्तिवाद, जिसमें नैतिक तत्त्व जोड़कर लोकमंगल की धारणा बनती है, वस्तुत: काव्य को दार्शनिक और व्यक्तिगत आग्रहों में संकुचित कर देता है। तो क्या नीतिमूलक आग्रह काव्य-विश्लेषण में नहीं प्रयुक्त होने चाहिए? तब 'हिंदी साहित्य : बीसवीं सदी' की विज्ञप्ति के उस सातवें सूत्र का क्या तात्पर्य है जिसके मुताबिक आलोचना काव्य के जीवन संबंधी सामंजस्य और संदेश का अध्ययन करे?

जो हो, अपने दूसरे लेख में भी आचार्य वाजपेई रस का जिक्र करते हैं और अबकी उनका जोर शुक्ल जी की रस व्याख्या में व्यक्तिवत्ता और निर्दिष्ट आदर्शवाद पर अधिक है। यहीं वे उनकी राजनीतिक-सामाजिक विचारधारा के आधार रूप को वर्णाश्रम में चिह्नित करते हैं। शुक्ल जी की रचनाशीलता का संबंध उनके समय-समाज से निबद्ध करते हुए उन्होंने लिखा- ''शुक्ल जी की सारी विचारणा द्विवेदी युग की व्यक्तिगत, भावात्मक और आदर्शोन्मुख नीतिमत्ता पर स्थित है। समाजशास्त्र, संस्कृति और मनोविज्ञान की वस्तून्मुखी मीमांसा उन्होंने नहीं की है।''[126]

यहां बहुत साफ शब्दों में द्विवेदी जी व्यक्तिगत नीतिमत्ता के विरुद्ध हैं, पर यही वाजपेई जी जब प्रसाद के रचनाकर्म के दार्शनिक आधारों की व्याख्या करते हैं तो उन्हें मिल की तरह का व्यक्तिवादी बताते हैं और इसे लिबरलिज्म से जोड़ते हैं। वे इस संदर्भ में स्वतंत्रता, समता और बंधुत्व के नारे का भी जिक्र करते हैं। हम जानते हैं कि औद्योगिक क्रांति का यह नारा व्यक्तिवाद के साथ ही आया। वाजपेई जी इसे वस्तून्मुखी बताते हैं; अर्थात द्विवेदीयुगीन व्यक्तिवत्ता से वे प्रसाद की व्यक्तिवत्ता को श्रेष्ठ मानते हैं। जहां तक आदर्शवाद का प्रश्न है, हमें 'हंस' के आत्मकथा अंक के प्रकाशन के पूर्व प्रेमचंद के साथ वाजपेई जी की बहस को याद करना चाहिए। आत्मकथा अंक के प्रकाशन को लेकर वाजपेई जी जो टिप्पणी करते हैं, उसका स्वर कुछ कम आदर्शवादी है क्या? वे लिखते हैं– ''साहित्य तो एक सात्त्विक जीवन है।...जहां व्यक्ति के व्यक्तित्व के कोई स्वतंत्र विषय नहीं रह जाते, उच्च साहित्य की वह भावभूमि है। वहां अपरिग्रह का साम्राज्य है, फोटो नहीं छापे जाते।''[127]

अगर यह सही है तब 'आंसू' की व्याख्या करते हुए व्यक्तित्व की गहरी छवियों तक आलोचक को पहुंचने में मुश्किल होगी। निराला की 'मैंने मैं शैली अपनाई' की व्याख्या समुचित नहीं हो सकेगी। साहित्य में व्यक्ति की व्यक्तिवत्ता को हटाकर उसे आदर्श की उच्च भूमि पर प्रतिष्ठित करने पर क्या वही द्विवेदीयुगीन उपदेशात्मकता हाथ नहीं लगेगी, जिसका वाजपेई जी इतना विरोध करते हैं?

शुक्ल जी पर लिखे अपने दूसरे लेख में विवेचना के विषय रस आदि के साथ तुलसीदास भी हैं। यहां वाजपेई जी उन तीन बिंदुओं को चिह्नित करते हैं जिनके आधार पर आचार्य शुक्ल ने तुलसी को अपने कैनन में शामिल किया– '[क] जगत अव्यक्त की अभिव्यक्ति है और काव्य उस अभिव्यक्ति की अभिव्यक्ति। [ख] जीवन की विस्तृत व्यवहार दशाओं में कला का पूर्ण प्रस्फुटन और [ग] प्रवृत्ति और निवृत्ति का सिद्धांत।'[128] वे क्रमश: इनकी आलोचना करते हैं। वे मानते हैं कि अव्यक्त की अभिव्यक्ति भी श्रेष्ठ काव्य की उत्पादक भूमि हो सकती है, अर्थात रहस्य और अलौकिकता द्वारा भी सुंदर काव्य का प्रणयन हो सकता है। दूसरे, जीवन की विस्तृत भाव-दशाएं सिर्फ महाकाव्यों में ही वर्णित की जा सकती हैं और कोई जरूरी नहीं कि इनसे अलग अन्य छोटे काव्य रूपों में बड़ी कविता न रची जाए। जैसे नायकों की वह परिभाषा बदल चुकी है जिसके अनुसार नायक में शक्ति, शील और सौंदर्य होना चाहिए। तीसरे, वे प्रवृत्ति और निवृत्ति के द्वंद्व को शुक्ल जी द्वारा बढ़ाया-चढ़ाया गया मानते हैं।

शुक्ल जी की इस आलोचना में धार वाजपेई जी के समकालीन रचनात्मक परिवेश, छायावाद और छायावादोत्तर रचनात्मकता से आ रही थी। वाजपेई जी यह महसूस कर रहे थे कि छायावादी कविता ने काव्य के नये धरातल विकसित कर लिये हैं और आलोचना का आधार अभी भी मुख्यत: भक्तिकाल को केंद्र में रखकर बनाया जा

रहा है। इस विसंगति को उन्होंने अपने आलोचनाकर्म से पाटने की कोशिश की। अपनी उपरोक्त पुस्तक में ही विज्ञप्ति लिखते हुए उन्होंने आलोचना के सात सूत्र रेखांकित किए जो इस तरह हैं– [क] रचना में कवि की अंतर्दृष्टि, [ख] कलात्मक सौष्ठव, [ग] रचना के बाह्य अंगों का अध्ययन, [घ] समय-समाज की प्रेरणाएं, [ङ] कवि का मानस विश्लेषण, [च] कवि के दार्शनिक, सामाजिक और राजनीतिक विचार और [छ] काव्य के जीवन संबंधी सामंजस्य और संदेश का अध्ययन।[129]

प्रश्न यह है कि आचार्य शुक्ल के रचनाकर्म में इन सात बिंदुओं में क्या नहीं है? मानस-विश्लेषण और कवि की अंतर्दृष्टि, अधिक से अधिक कोई शुक्ल जी के आलोचनाकर्म में इन्हीं दो बिंदुओं पर कमोबेश टिप्पणी की जा सकती है। यह अवश्य है कि इनमें से कुछ बिंदुओं पर शुक्ल जी का जोर अधिक था और कुछ पर कम पर स्वयं आचार्य वाजपेई ने भी यही किया। इनमें से कुछ पर अपना जोर बढ़ाकर वे शुक्ल जी की आलोचना करते हैं। कहने का तात्पर्य यह कि शुक्ल जी की आलोचना में प्रवृत्त होने पर वाजपेई जी परंपरा से आ रहे आलोचना-बोध से अपने को अलगाने की कोशिश करते हैं, सवाल उठाते हैं पर जब सैद्धांतिक निरूपण और आलोचना को सूत्रबद्ध करने की चुनौती सामने आती है तो वे इस अलगाव को ठीक-ठीक विकसित नहीं करते।

वाजपेई जी जिस तरह शुक्ल जी के आलोचना सिद्धांतों को द्विवेदी युग के वातावरण की देन बताते हैं, ठीक उसी तरह उनके सिद्धांत भी छायावादी रचनाशीलता के परिक्षेत्र में ही विकसित होते हैं। छायावाद संबंधी शुक्ल जी के विश्लेषण की मूल बात, रहस्यवाद को वे प्रश्न के दायरे में लाते हैं। वे रहस्यवाद को काव्य के लिए घातक नहीं मानते। नंददुलारे जी के अनुसार छायावादी कवियों ने अपनी कल्पना शक्ति से जो विधान किया है, वह एक सूक्ष्म सृष्टि है। उसमें स्थूल द्विवेदीयुगीन वृत्ति देखने की जरूरत नहीं। वे रहस्यवाद को जीवन से दूर ले जाने वाला न मानकर उसे मनुष्य के गहरे मनोजगत का उद्‌घाटन करने वाला मानते हैं। इस बहस में वे पीछे तक जाते हैं और भक्तिकालीन कवियों की कविता में व्याप्त रहस्यवाद को भी सराहते हैं। उनके अनुसार शुक्ल जी का रहस्यवाद विरोध वैसे ही है जैसे राजा रवि वर्मा की चित्रकारी।

पर एक मामले में शुक्ल जी और वाजपेई जी एक ही जगह हैं। रहस्यवाद की आध्यात्मिक समझ दोनों में एक ही है। अपने लोकमंगल के आधार पर खड़े होकर इसी के नाते छायावाद का विरोध करते हैं और वाजपेई जी मनोजगत की छवियां देखते हुए छायावाद का समर्थन। पर वाजपेई जी ने इस 'रहस्य' की थाह लेने का यत्न नहीं किया और आगे के छायावाद समर्थक आलोचकों ने भी यही राह अपनाई।

नामवर जी ने 'छायावाद' पुस्तक में छायावाद संबंधी आलोचकों की बहसों के बीच छुपी एकतानता को इन शब्दों में व्यक्त किया– "सुशील कुमार की अस्पष्टता,

मुकुटधर पांडेय की आध्यात्मिकता, आचार्य द्विवेदी का रहस्य, शुक्ल जी का आध्यात्मिक छायाभास, वाजपेई जी का 'आध्यात्मिक छाया का भान', और नगेंद्र का 'स्थूल के प्रति सूक्ष्म का विद्रोह'—सब एक से ही चिंतन क्रम में हैं।''[130]

नामवर जी इस रहस्यवाद को सामाजिक आयामों में अवस्थित करते हुए इसे छायावादियों के आत्मविस्तार से उद्‌भूत बताते हैं, व्यक्तिवाद से जोड़ देते हैं।[131]

पर यहां देखा जाना चाहिए कि वाजपेई जी के छायावाद संबंधी विचारों का कितना असर बाद की आलोचना पर पड़ा। छायावाद के गीतिकाव्य की ओर इंगित करते हुए वे प्रबंध और गीतिकाव्य के अंतर्विरोध को नये सिरे से देखते हैं। वे मानते हैं कि गीतिकाव्य सिर्फ आंतरिक अनुभूतियों तक सीमित नहीं है। प्रसाद के गीतिकाव्य की प्रशंसा करते हुए वे बताते हैं कि इनमें प्रसाद ने गहरे मनोवैज्ञानिक सत्य का उद्‌घाटन किया है। क्या यही वह सूत्र नहीं है जहां से छायावाद की व्यक्तिवत्ता की पहचान की जा सकती है? उन्होंने प्रसाद पर लिखते हुए कहा— ''सामाजिक विचारणा में वे मिल की भांति व्यक्तिवादी हैं और सामूहिक प्रगति संबंधी उन आदर्शों से अनुप्रेरित हैं, जो मध्यवर्ग के बौद्धिक एवं औद्योगिक उत्थान के फलस्वरूप उत्पन्न हुए थे।''[132]

दूसरे, वाजपेई जी प्रकृति चित्रण की छायावादी विशेषता को चिह्नित करते हुए उसे जिज्ञासा से जोड़कर देखते हैं। बाद में नामवर जी ने भी इस जिज्ञासा को छायावादी कविता के आधारों में चिह्नित किया।

द्विवेदीयुगीन 'राष्ट्रवादी' काव्य से तुलना करते हुए, छायावादी 'मानवऐक्य' वाले काव्य के वैशिष्ट्य का उद्‌घाटन करते हुए नंददुलारे जी ने लिखा— ''...मैथिलीशरण जी की 'निलांबर परिधान हरित पट पर सुंदर है' वाली सुंदर कविता में देश की एक स्थूल चौहद्दी कायम करके उसी की विशेषताओं का अधिक आग्रह के साथ उल्लेख है। प्रसाद में कुछ स्थानों पर चौहद्दी भी है पर अधिकतर स्थानों पर ऐसे वर्णन हैं—'उड़ते खग जिस ओर मुंह किए, समझ नीड़ निज प्यारा, अरुण यह मधुमय देश हमारा'—जिन्हें कोई भी देशप्रेमी अपने देश के संबंध में गा सकता है।...निराला जी के 'भारति जय विजय करे' गीत को देखिए तो प्रकट होगा कि इसमें और भी प्रादेशिकता का अभाव है।...पंक्तियां प्राकृतिक और ज्ञानजन्य मानवऐक्य का निर्देश करती हैं, वे स्थूल देशप्रेम से बाहर जा पड़ी हैं। गुप्त जी की सारी रचनाएं राष्ट्रीय और मानवीय आदर्शों पर आधारित होती हुई भी आराधनात्मक ही रहीं, जबकि परवर्ती रचनाएं जीवन की वास्तविक सीमा के अंतर्गत आ गईं।''[133]

अब नामवर जी के इस विश्लेषण के साथ इसकी तुलना करनी चाहिए— ''छायावादी कवि हर तरह के जाति-भेद और देश-भेद के विरुद्ध था। इसलिए उसने जब सुना कि इंग्लैंड के सम्राट अष्टम एडवर्ड ने अमेरिका की एक सामान्य स्थिति की विधवा स्त्री के प्रेम के लिए सिंहासन छोड़ दिया तो केवल इसीलिए

उसका गौरव-गान किया कि उसने धन के, मान के जर्जर बांध पर प्रहार करके मानवता का संदेश सुनाया था।''[134]

इन उद्धरणों को आमने-सामने रखकर देखने पर कहना न होगा कि यहां वाजपेई जी की ही बात का विस्तार नामवर सिंह कर रहे हैं। रहस्यवाद को छायावादी कविता की रीढ़ घोषित करते हुए जब आचार्य वाजपेई महादेवी की तुलना मीरा से करते हैं तो वे प्रकारांतर से उसी सामाजिक स्थिति के काव्य-निरूपण तक पहुंचने की कोशिश कर रहे होते हैं जिसका बेहद महत्त्वपूर्ण और प्रामाणिक भाष्य नामवर जी ने 'देवि, मां, सहचरि, प्राण' वाले अध्याय में किया है।

बेशक, वाजपेई जी के अपने सिद्धांतों में अंतर्विरोध काफी है। उदाहरण के लिए यथार्थवाद का प्रश्न उनके लिए अनसुलझा प्रश्न रह गया। 'कंकाल' और 'कामायनी' के यथार्थवाद में फर्क करने में वाजपेई जी के सिद्धांत लड़खड़ाने लगते हैं। दूसरे, प्रेमचंद को लेकर उनका रुख संगत नहीं है। वे उन्हें महत्त्वपूर्ण मानने के बाद भी उनके 'प्रोपगैंडा' को पचा नहीं पाते। उन्हें 'गोदान' से अधिक महत्त्वपूर्ण 'कंकाल' लगता है। इस तरफ इशारा करते हुए निर्मला जैन ने लिखा– ''इस प्रकार मन में अनेक मान्यताएं लेकर काव्य समीक्षा में प्रवृत्त होने के कारण वाजपेई जी ने दुहरे मानदंडों का प्रयोग किया। वे शुक्ल जी की आलोचना को पांडित्यपूर्ण किंतु वैयक्तिक रुचि का द्योतक मानते हुए उस पर 'वस्तुगत' और 'वैज्ञानिक' न होने का आरोप लगाते थे। सवाल यह है कि क्या वाजपेई जी स्वयं इस आक्षेप से बरी हैं? क्या वाजपेई जी, जो प्रसाद के उपन्यास 'कंकाल' के यथार्थवाद के कारण उसकी प्रशंसा करते हैं, अकेले इसी गुण के आधार पर प्रेमचंद के साहित्य की उत्कृष्टता को देख पाने में असमर्थ हैं?...''[135]

निष्कर्ष रूप में वाजपेई जी की जो बात छायावादी कवियों पर लागू होती है, वही स्वयं उनके आलोचना कर्म पर भी। राष्ट्र के आधार पर बनी चौहद्दियों को विस्तृत करने, उसके नए क्षितिज खोलने का जो काम छायावादियों ने किया, वाजपेई जी भी उसी दिशा में प्रयासरत थे। यही उनके आलोचनाकर्म का केंद्र है। इसीलिए परवर्ती प्रयोगवाद आदि पर उन्होंने जो बहसें कीं, इसी आधारभूमि पर खड़े होकर कीं। आचार्य शुक्ल से टकराकर और छायावादी काव्य की आशंसा करके वे हिंदी आलोचना में बदलती-बढ़ती मध्यवर्गीय रुचियों को अभिव्यक्त कर रहे थे।

हजारी प्रसाद द्विवेदी : समावेशी राष्ट्र की संकल्पना

आचार्य हजारी प्रसाद द्विवेदी की आलोचना और इतिहास की लगभग सारी महत्त्वपूर्ण पुस्तकें सन् 1940 के आस-पास आईं। नामवर सिंह ने अपनी पुस्तक 'दूसरी परंपरा की खोज' में इस दशक और अगले 50 के दशक की स्वाभाविक मस्ती और

फक्कड़पन को द्विवेदी जी के समग्र रचनाकर्म और उनके रचनाकर्म के एक आधार के रूप में चिह्नित किया है। द्विवेदी जी के कबीर इस फक्कड़पन से लैस हैं। उनके 'कुटज', 'अशोक के फूल'– सब इस सर्वनिष्ठ फक्कड़पन के सहचर हैं। पर 'मस्ती के कवियों' की बात छोड़ दी जाए और बहस द्विवेदी जी पर केंद्रित की जाए तो यह प्रश्न महत्त्वपूर्ण हो उठता है कि इस फक्कड़पन को बनाने में कौन सी आधारभूमि काम कर रही थी?

इस खंड में हम यह तलाशने की कोशिश करेंगे कि आचार्य द्विवेदी का यह 'फक्कड़पन' किन राजनीतिक आयामों में संवलित है। आगे आचार्य द्विवेदी की इतिहास दृष्टि, उनके लोकपक्ष और भारतीय संस्कृति की उनकी समझ पर केंद्रित करते हुए हम उनके कैनन में शामिल कबीर के निर्माण की प्रक्रियाओं की पड़ताल करने का यत्न करेंगे।

पर इस जांच की प्रक्रिया से गुजरने से पहले सन् 1940 के आस-पास के वातावरण का सिंहावलोकन जरूरी है। द्विवेदी जी के फक्कड़पन को व्याख्यायित करते हुए नामवर जी ने 'दूसरी परंपरा की खोज' में लिखा– "वस्तुतः बीसवीं सदी के चौथे दशक में विद्रोह फक्कड़पन के ही किसी-न-किसी रूप को लेकर प्रकट हुआ था। इसका एक रूप निराला के 'कुकुरमुत्ता' [1940] के बड़बोलेपन में है तो दूसरा रूप राहुल सांकृत्यायन की 'वोल्गा से गंगा'[136] [1942] नामक कथाकृति में है।...इतिहासकारों के मुताबिक यह काल घोर उथल-पुथल और मंथन का काल था। गांधीयुग के आदर्शवाद का ढांचा जीवन के हर क्षेत्र में चरमरा उठा था। अनेक राज-नीतिक और नैतिक आदर्श संदिग्ध हो उठे थे। यह वही काल है जब मार्क्स और फ्रायड दोनों के विचार एक साथ भारत के शिक्षित मध्यवर्ग को प्रभावित और आंदोलित कर रहे थे। दूसरे महायुद्ध के कारण सामान्य जीवन के आर्थिक पक्ष पर जो प्रभाव पड़ा था, उससे असुरक्षा की भावना और बढ़ी थी। हिंदू-मुस्लिम एकता की समस्या भी स्वाधीनता संग्राम के संदर्भ में और उग्र हो उठी थी।"[137]

नामवर जी ने इतिहासकारों के मार्फत जो विश्लेषण किया है, उसे और विस्तारित करने की आवश्यकता इसलिए है कि हजारी प्रसाद द्विवेदी को देखने के लिए 40 के दशक की पूर्वपीठिका को देखना आवश्यक है। उस दौर के प्रमुख प्रश्नों में है–हिंदू-मुस्लिम सवाल, जो कि राजनीतिक रूप से बहुत ताकतवर हो चुका था। यह सवाल 30 के दशक से ही, गोलमेज सम्मेलनों में पृथक् निर्वाचन मंडलों की मांग के साथ ही, और अधिक गहरा गया था। 40 तक आते-आते हिंदू महासभा और मुस्लिम लीग अधिक स्वायत्त शक्तियां बनकर उभरी थीं। इसी प्रक्रिया का एक रक्तरंजित रूप 1940 के सात साल बाद ही विभाजन, दंगों और भयावह मानवीय त्रासदी के रूप में हमारे सामने आता है; अर्थात जिस दौर में आचार्य द्विवेदी भारतीय संस्कृति

की अविशुद्धता पर जोर दे रहे थे, उसी दौर में भारतीय उपनिवेश के राजनीतिक पटल पर 'सांस्कृतिक शुद्धता' की फसल लहलहा रही थी। हजारी प्रसाद द्विवेदी अपनी तरह से इससे लड़ रहे थे। 1940 तक आते-आते नवजागरण का अपना बौद्धिक ताप कम हो चला था और आर्य समाज भी पहले वाला आर्य समाज नहीं रह गया था। तब ऐसे में स्वाधीनता-प्राप्ति के लिए जूझते राष्ट्र के सामने इस प्रश्न का हल निकालने की चुनौती थी।

यहां पाकिस्तानी [तब भारतीय] लेखिका मुमताज शाह नवाज का जिक्र अकारण नहीं होगा। 1943 से 1948 के बीच उन्होंने एक उपन्यास लिखा– 'द हार्ट डिवाइडेड'। यहां उन्होंने हिंदू-मुसलमानों के तत्कालीन संबंधों में आ रही सांस्कृतिक दरारों को बखूबी चिह्नित किया है। उनके उपन्यास के पात्रों की बातचीत 30-40 के माहौल के अंतर्विरोधों को और अधिक गतिशीलता व गहराई में उभारती है– ''एक नौजवान ने कहा, 'कांग्रेस के शासन में जिंदगी नामुमकिन हो गई है। हम इस तरह जिंदा नहीं रह सकते। जड़ से ही कुछ करना होगा। चीजें रोज बिगड़ती जा रही हैं...।

'सिर्फ इतना ही नहीं, हमारे बच्चों को अपने मजहब और कल्चर के सारे प्रतीक छोड़ने को मजबूर किया जाता है। उन्हें अभिवादन के हमारे पुराने तरीके 'अस्सलाम-ओ-अलायकुम' की बजाय 'वंदे मातरम्' गाना पड़ता है।'...'उर्दू की जगह हिंदी ने ले ली, लोगों को गुमराह करने के लिए 'हिंदुस्तानी' नाम की चीज चलाई जा रही है। उसमें से भी अरबी और फारसी के हर्फ बाहर किए जा रहे हैं। शायद सबसे खराब बात तारीख की किताबों में बदलाव का तरीका है। मुसलमान राजाओं-बादशाहों को बेहद गलत तरीके से दिखाया जा रहा है...' ''[138]

यहां संदर्भ गांधी की वर्धा योजना का है, जिसमें प्रारंभिक कक्षाओं की शिक्षा के लिए गांधी ने एक योजना बनाई थी।[139] पर तब तक हिंदू-मुस्लिम समुदायों के बीच दरार इतनी बढ़ चुकी थी कि एक दूसरे पर वे अधिकतर अविश्वास ही करते थे। नवाज का उपन्यास हमें इसी की बानगी दिखाता है।

नामवर जी 40 के आस-पास जिस हिंदू-मुस्लिम समस्या का जिक्र कर रहे हैं, उसका ठोस परिप्रेक्ष्य मुमताज शाह नवाज के उपन्यास में मौजूद है। भारतीय इतिहास को नजदीक से पढ़ते हुए हम देखते हैं कि 40 के दशक के शुरू में ही सांस्कृतिक शुद्धता की राजनीति मध्यवर्ग में लोकप्रिय हो रही थी। हिंदू और मुसलमान समुदायों के मध्यवर्ग में नौकरियों, भाषा और अंग्रेजों के पक्षपात को लेकर चली बहसें राजनीतिक शक्ति के रूप में अपने को अभिव्यक्त कर रही थीं। लगभग यही वह समय है जहां गांधी, भारतीय राजनीति में 'भारत छोड़ो' का नारा देने के बावजूद मंच से बाहर हो जाते हैं। भारतीय राजनीति का केंद्र कांग्रेस में नेहरू के इर्द-गिर्द घूमने

लगता है। स्वाधीनता आंदोलन की एक पूरी पीढ़ी का यह समापन है। अब सत्ता में हिस्सेदारी के लिए मध्यवर्ग ठीक-ठीक सामने आ गया। आदर्शों का अवगुंठन हट रहा था और हिंदू-मुस्लिम समस्या भी अपने को ठेठ आधुनिक रूप में अभिव्यक्त कर रही थी—अर्थात राजसत्ता में हिस्सेदारी का सवाल।

आचार्य हजारी प्रसाद द्विवेदी ने ऐसे में अपने कैनन में कबीर को चुना। तब तक साहित्यिक परिदृश्य पर कबीर केंद्रीय कवि के रूप में नहीं स्थापित थे। इसके पहले हिंदी में कबीर पर कुछ छिटपुट काम जरूर हुए थे, पर ये काम कबीर को कविता के कैनन में स्थापित करने में सक्षम न थे।[140]

हम देख चुके हैं कि कबीर को मिश्रबंधुओं ने अपने नवरत्न में शुरुआत में जगह नहीं दी थी। कबीर का व्यक्तित्व और कृतित्व आलोचकों और सुधी-सहृदयों के लिए चुनौती बना रहा। हालांकि इसी समय रवीन्द्रनाथ टैगोर और क्षितिमोहन सेन के प्रयासों से कबीर की एक दूसरी पहचान की जा रही थी। अपने 'हिंदी साहित्य का इतिहास' के 40 वाले संस्करण में आचार्य रामचंद्र शुक्ल ने इतना तो माना कि प्रेमभाव और भक्ति से शून्य हो रही जनता को कबीर ने मौके से संभाला और– ''इसके साथ ही मनुष्यत्व की सामान्य भावना को आगे करके निम्न श्रेणी की जनता में उन्होंने आत्मगौरव का भाव जगाया।..''[141] पर अभी भी कबीर कैनन में शामिल नहीं हुए। मिश्रबंधुओं ने भी परवर्ती संस्करण में उन्हें जगह तो दी पर इससे भी कैनन-निर्माण की प्रक्रिया में कोई बड़ा फेरबदल न हुआ।

कबीर, हजारी प्रसाद द्विवेदी के लिए संस्कृति की दूसरी धारा से जुड़ते हैं। 'न हिंदू, न मुसलमान' का उनका घोष 40 के दशक में नये सिरे से तब प्रासंगिक हुआ, जब 'सांस्कृतिक शुद्धता' के बरखिलाफ शांतिनिकेतन और वहां से प्रेरणा लेकर हजारी प्रसाद द्विवेदी ने 'सांस्कृतिक अविशुद्धता' की बात प्रारंभ की। 'अशोक के फूल' में उन्होंने लिखा– '' ...मनुष्य की जीवन-शक्ति बड़ी निर्मम है, वह सभ्यता और संस्कृति के वृथा मोहों को रौंदती चली आ रही है। न जाने कितने धर्माचारों, विश्वासों, उत्सवों और व्रतों को धोती-बहाती यह जीवनधारा आगे बढ़ी है। संघर्षों से मनुष्य ने नई शक्ति पाई है। हमारे सामने समाज का आज जो रूप है, वह न जाने कितने ग्रहण और त्याग का रूप है। देश और जाति की विशुद्ध संस्कृति केवल बात की बात है। सब कुछ में मिलावट है, सब कुछ अविशुद्ध है।''[142]

नामवर जी ने इस सांस्कृतिक खोज को चिह्नित किया है और दिनकर, गोविंद चंद पांडेय और अज्ञेय आदि से इसका अलगाव भी दिखाया है।

कहने का तात्पर्य यह कि भारतीय संस्कृति की सावरकर द्वारा प्रस्तावित और गोलवरकर आदि द्वारा विकसित सांस्कृतिक राष्ट्रवादी धारणा, जो पितृभूमि और पुण्यभूमि के अंतर को मानती है, जो मुसलमानों को दोयम दर्जे का नागरिक मानती

है, के खिलाफ हजारी प्रसाद द्विवेदी, संस्कृति के निर्माण में, मिश्रता और मनुष्यत्व के अनिवार्य तत्त्वों की खोज कर रहे थे।

पर इस पूरी सैद्धांतिकी को, जैसा कि ऊपर कहा गया है, 40 के वातावरण के गतिविज्ञान में रखकर देखने की जरूरत है। हिंदू-मुसलमान समुदायों में बढ़ते हुए राजनीतिक अंतर्विरोधों को और पीछे से चिह्नित करें तो हम देख सकते हैं कि नवजागरण के तमाम विवेकवादी रुझानों के बावजूद धर्म के प्रश्न पर एक खास किस्म की जकड़बंदी दिखाई देती है। कुछ अपवादों, मसलन प्रेमचंद और भगतसिंह आदि को छोड़ दिया जाए, तो हिंदी क्षेत्र में धर्म को लेकर नवजागरण का रुख विवेकसम्मत कम ही रहा है। हजारी प्रसाद द्विवेदी ने अपने लिए एक दूसरा रास्ता चुना जो राष्ट्र के पारिभाषिक ढांचे को बदले बिना उसको और विस्तारित करता है। यह व्यापकीकरण की प्रक्रिया थी।

आधुनिक काल में राजसत्ता के साथ धर्म के संबंधों पर कई तरह की बहसें हैं। धर्म को आधुनिक राजसत्ता में दखलंदाजी करने या उसके साथ घालमेल को लगभग सभी आधुनिक विचारकों ने मध्यकालीन माना; अर्थात धर्म मानवीय व्यक्तिवत्ता की वस्तु है न कि राजसत्ता में हस्तक्षेप की। यहीं इसी बिंदु पर 'धर्मनिरपेक्षता' की अवधारणा की उत्पत्ति मानी जा सकती है। पर इसके आगे धर्मनिरपेक्षता की व्याख्या को लेकर मतवैभिन्न्य हो जाता है।

धर्मनिरपेक्षता को व्याख्यायित करने वाली एक धारा 'सर्वधर्म समभाव' की बात करती है। इस समभाव का तात्पर्य है कि राजसत्ता सभी धर्मों को मान्यता देगी और उन सभी को बराबरी के भाव से देखेगी। दूसरी व्याख्या के मुताबिक 'सर्वधर्म वर्जयते' ही राजसत्ता के संदर्भ में सही धर्मनिरपेक्षता होगी। कहना न होगा कि दोनों धाराओं में इस तरह एक बुनियादी अंतर की सृष्टि हो जाती है। पहली धारा में जहां राजसत्ता द्वारा धर्म के स्वीकार की स्थिति है, वहीं दूसरी धारा धर्म को स्वीकार नहीं करती या राजसत्ता द्वारा धर्म को मान्यता दिये जाने के खिलाफ है।

भारत की धार्मिक संरचना को ध्यान में रखते हुए भारतीय शासकों ने पहली तरह की 'धर्मनिरपेक्षता' का चुनाव किया। नेहरू के चिंतन और राजनीतिक पहलकदमियों में हम इसे देख सकते हैं और डॉ. अंबेडकर के भी। संविधान की 'धर्मनिरपेक्षता' की इस व्याख्या के वे साथ थे। अंबेडकर ने भी हिंदू धर्म छोड़कर बौद्ध धर्म अपनाया ही था। कहना न होगा कि द्विवेदी जी धर्म की पहली व्याख्या को ही स्वीकार करते हैं। वे धर्म को भी और विस्तारित करके उसे उसके मूल अर्थ 'धारण' के संदर्भ तक ले जाते हैं।

द्विवेदी जी ने संस्कृति के पद को भी और व्यापक कर दिया। उनकी संस्कृति की परिभाषा में कुछ नहीं छूटता है। वह, जो अभी तक आधुनिक भारतीय राष्ट्र के

गठन के बाद उसकी मुख्यधारा में शामिल नहीं था, उसे द्विवेदी जी संस्कृति की बहस में शामिल करते हैं। वह श्रमण संस्कृति हो, द्रविड़ हों, बौद्ध हों या गंधर्व, किन्नर हों, आर्येतर--सभी संस्कृतियां पूरे वेग और शक्ति के साथ भारतीय संस्कृति की धारा में शामिल हुईं। उनका प्रसिद्ध निबंध 'ठाकुरजी की बटोर' इस आलोक में ध्यान से पढ़े जाने की मांग करता है। इस निबंध में आचार्य द्विवेदी की धारणा है कि भारतीय संस्कृति जो पहले थी, वह भी बहुविध प्रभावों से मिलकर बनी थी। इस्लाम के आगमन के बाद उसे एक चुनौती मिली। इस्लाम के समतामूलक समाज का उत्साहपूर्वक समर्थन करते हुए द्विवेदी जी ने उसके शक्ति और बल के पहलू को भी रेखांकित किया है। हिंदू और मुसलमान संस्कृति के अलावा इस निबंध में संस्कृति संबंधी चिंतन भी गौरतलब है। उन्हीं के शब्दों में– " ...सिंधु उपत्यका में के किसी अर्ध-देवत्व प्राप्त अनार्य वीर ने या उत्तरी प्रांतों के उपास्य किसी बाल देवता ने युग प्रतिष्ठित भागवत धर्म में परम देवता का स्थान प्राप्त किया। तब से सैकड़ों बर्बर अनार्य जातियां उसके पावन नाम से उसी प्रकार हतदर्प होकर शांत जीवन बिताने लगीं।...भारतवर्ष के उत्तर पश्चिमी किनारे से चींटियों की तरह सेनाएं घुस रही हैं। लूट-पाट, नोच-खसोट, मार-पीट, कुछ भी उनके लिए असंभव नहीं है।...सारा उत्तरी भारत क्षण भर के लिए श्मशान की तरह हो जाता है। फिर मैंने देखा, यही जातियां यहीं बस जाती हैं और पचास वर्षों बाद अपने सिक्कों पर अपने को परम भागवत कहने में गर्व अनुभव करती हैं।

" ...वह दिन आज बीत गया है। पश्चिम में एक स्वतः सम्बुद्ध धर्म-भावना का अवतार हुआ जिसके हाथ में दृढ़-मुष्टि कठोर कृपाण थी और दूसरे में समानता के आश्वासन का अमृत वरदान। उसका प्राणदेवता अंतर्मुख था।...उसने किसी से समझौता नहीं किया।...जिधर लपका, उधर ही कालचक्र घूम पड़ा। वह इस्लाम था।... आज गांधार मुसलमान हो गया है, उसे इस्लाम का अमृत वरदान प्राप्त हो गया है, तो क्या हुआ?...पाणिनी और यास्क की संतानें आज भारतवर्ष में हींग बेचती फिरती हैं।...हाय, इस्लाम, तुम कब देख सकोगे?"[113]

पहली बात जो इस उद्धरण से ध्वनित होती है, वह है भारतीय संस्कृति की धारण क्षमता। दूसरे, यहां हम देख सकते हैं कि आचार्य द्विवेदी की चिंता का मुख्य बिंदु क्या है। उनके विश्लेषण में इस्लाम बनाम हिंदू नहीं है। वे इस्लाम को भी उसी तरह सम्मान देते हैं, जैसे हिंदू धर्म को। परंतु इतना साफ है कि वे धर्मों को सामान्य मनुष्यत्व को विकसित करने वाले कारक की भूमिका में देखते हैं। नामवर जी ने भले ही कहा कि आजादी के बाद भारत में सांस्कृतिक एकता का जो नारा दिया गया, उस पर या उसके बाद द्विवेदी जी ने कुछ न लिखा, पर यह ध्यान देने की बात है कि इस सांस्कृतिक व्याख्या के सूत्र द्विवेदी जी के लेखन से ही निकलते हैं।

इस बिंदु पर जवाहरलाल नेहरू की 'भारत की खोज' को भी याद कर लेना कदाचित प्रासंगिक हो। नेहरू ने अपने एक लेख में लिखा– "जब इस्लाम भारत आया और उसने राजनीतिक विजय हासिल की, यहां संघर्ष शुरू हो गया। इसका दोतरफा प्रभाव पड़ा। एक तरफ उसने हिंदू समाज की इस प्रवृत्ति को बढ़ावा दिया कि वह अपने ही खोल में और दृढ़तापूर्वक बंद हो जाए, वहीं दूसरी तरफ उसने ऐसी ताजा हवा दी जिसमें सांस लेने के परिणामस्वरूप हम पर कायाकल्पकारी प्रभाव पड़ा। हिंदू समाज रूढ़िवादी सामाजिक प्रथाओं से जकड़ा था। बाहर से मुस्लिम भी अपने साथ एक-एक बंद सामाजिक व्यवस्था ले आए। इस प्रकार मध्ययुग में भारत को जिस महान समस्या का सामना करना पड़ा, वह यह थी कि किस प्रकार दृढ़ जड़ों वाली दोनों जकड़बंद सामाजिक व्यवस्थाओं में एक स्वस्थ संबंध विकसित किया जाए।"[144]

नेहरू ने यह लेख सन् 1960 में लिखा। नामवर जी कहते हैं– 'आजादी के बाद साझी संस्कृति की नीति जब से आई, द्विवेदी जी ने इस पर कुछ नहीं लिखा'[145] परंतु इस बात की अवहेलना कैसे की जा सकती है कि आजादी के बाद कांग्रेस के नेतृत्व में शासकवर्ग ने इसी सांस्कृतिक आधार पर अपनी भित्ति स्थापित की? नेहरू का उपरोक्त कथन क्या इस रोशनी में नहीं पढ़ा जाना चाहिए?

राष्ट्रवादी धारा के नये ताने-बाने में संस्कृति के अर्थों में व्यापकता के प्रयत्नों को अंबेडकर के इस वक्तव्य में भी लक्ष्य किया जा सकता है– "व्यक्तिगत स्तर पर मैं यह स्पष्ट कहना चाहता हूं कि मैं नहीं मानता कि इस देश में किसी विशेष संस्कृति के लिए कोई जगह है–चाहे वह हिंदू संस्कृति हो, या मुस्लिम संस्कृति, या कन्नड़ संस्कृति या गुजराती संस्कृति। ये ऐसी चीजें हैं, जिन्हें हम नकार नहीं सकते, पर उनको वरदान नहीं मानना चाहिए, बल्कि अभिशाप की तरह मानना चाहिए, जो हमारी निष्ठा को डिगाती हैं और हमें अपने लक्ष्य से दूर ले जाती हैं। यह लक्ष्य है, एक ऐसी भावना को विकसित करना कि हम सब भारतीय हैं।"[146]

अंबेडकर का लक्ष्य एक भारतीय संस्कृति है और वह संस्कृति सभी गिनाई गई संस्कृतियों से बड़ी है। आधुनिक राष्ट्र का निर्माण ही वह बिंदु है, जहां अंबेडकर और हजारी प्रसाद द्विवेदी में समता के सूत्र खोजे जा सकते हैं। हालांकि अंबेडकर इस निष्कर्ष पर दूसरे रास्ते पहुंचे थे, पर हजारी प्रसाद द्विवेदी भी अपने लक्ष्य में लगभग यहीं खड़े हैं। यह अनायास नहीं है कि द्विवेदी जी भी भारत के बहुल सांस्कृतिक समाज का अवगाहन महत्त्वपूर्ण मानते हैं। कहने का तात्पर्य यह नहीं कि अंबेडकर और हजारी प्रसाद द्विवेदी में बहुविध साम्य है, बल्कि यह कि राष्ट्र के आधुनिकीकरण में परंपरा का पुनर्मूल्यांकन दोनों के यहां उभयनिष्ठ है। आश्चर्य नहीं होना चाहिए कि अंबेडकर के सांस्कृतिक कार्यों का बहुलांश बुद्ध और बुद्ध

पूर्व के समाजों पर केंद्रित है, वही संस्कृतोत्तर समाज के अध्ययन का रास्ता हजारी प्रसाद द्विवेदी खोजते हैं। कहना न होगा कि एक उभयनिष्ठ विचार सरणि है जो दोनों मनीषियों को पालि, प्राकृत और अपभ्रंश काल तक खींचती ले जाती है।

उपरोक्त उद्धृत निबंध में द्विवेदी जी इस्लाम देवता से बहस भी करते हैं, उससे जवाब पाते हैं कि समानता एक बड़ा गुण है, शक्ति उससे भी बड़ा गुण है और जो तीन लोक से न्यारे हैं, उनका न रहना ही अच्छा। कहना न होगा कि ये विश्लेषण आचार्य द्विवेदी के हैं। इसी लेख में आगे वे इस्लाम के आक्रमण के प्रभाव की चर्चा भी करते हैं। भक्ति आंदोलन के उदय संबंधी विवाद के संदर्भ में यहां शुक्ल जी और द्विवेदी जी तुलनीय हैं।[147] इसी तरह अपनी पुस्तक 'कबीर' के अंत में भी वे व्याख्यायित करते हैं कि कबीर समाजसुधारक न थे। वे भक्त थे। पर इस समूची बहस में उन्होंने कबीर के भक्ति और प्रेम को उच्च और उदार मानवीय भूमि पर प्रतिष्ठित किया है। संदर्भतः हम देख सकते हैं कि इस्लाम के विश्लेषण में उसे शत्रु की तरह नहीं, बल्कि इंसानी मजहब के रूप में व्याख्यायित किया गया है। संस्कृति के सवाल को इस तरह और अधिक विस्तारित कर दिया गया है जिससे उसमें नाना संस्कृतियों, आचारों-व्यवहारों तथा भिन्नता की जगह बनी रहे। संस्कृति की परिभाषा का यह व्यापकीकरण निश्चय ही 40 के आस-पास की भारतीय मनीषा के समक्ष चुनौती की तरह था, जिसे द्विवेदी जी ने स्वीकारा।

एक बार फिर द्विवेदी जी के कैनन में शामिल कबीर की ओर लौटें। कबीर, जो तब तक कैनन में नहीं थे, उन्हें कैनन में प्रतिष्ठित करने के पीछे काम कर रहे वातावरण की ओर लौटें।

भारतीय राष्ट्र की संघर्षरत ताकतों को सत्ता मिलने का लगभग विश्वास हो चला था; या यूं कहें कि स्वाधीनता मिलने की आशा बलवती हो उठी थी और इसी के साथ सत्ता का सवाल भी केंद्रीय सवाल हो गया था। तब हिंदू-मुस्लिम समस्या को भी नये तरह से व्याख्यायित करने की जरूरत थी। हजारी प्रसाद द्विवेदी ने इस समस्या को व्यापकतम मानवीय धरातल पर पहुंचाया। उन्होंने कबीर की प्रासंगिकता इस संदर्भ में भी रेखांकित की कि वे धर्म को मानवीयता की उच्चतम भूमि तक ले जाते हैं।

इस संदर्भ में हम देख सकते हैं कि द्विवेदी जी के कबीर किसी शुद्ध धर्म या उच्च जाति के नायक नहीं हैं। वे आश्रमभ्रष्ट जोगियों की जाति से हैं। 'जुलाहा' जाति की उत्पत्ति संबंधी द्विवेदी जी का विश्लेषण हमें डी.डी. कोसम्बी के अध्ययन की याद दिलाता है, हालांकि कोसम्बी का परिप्रेक्ष्य अधिक आधुनिक और सीधे अर्थों में वर्गीय है। द्विवेदी जी जाति को अनैतिहासिक सच्चाई की तरह लेने वालों के खिलाफ जातियों को परिवर्तनीय कोटि की तरह व्याख्यायित करते हैं और इतिहास

में उनकी अवस्थिति की पड़ताल करते हैं। वे दिखाते हैं कि कैसे कबीर के समय से पहले कुछ जातियां, जो वर्णाश्रम की कठोरता के कारण अपने स्थान से च्युत कर दी गई थीं, बुनकरी जैसे पेशों में लगी हुई थीं, ऐसी जाति में ही उनके नायक का जन्म हुआ– ''इनमें जो सिद्ध, साधक और अवधूत थे, वे घरबारी नहीं होते थे, पर उनके शिष्यों में बहुत से आश्रमभ्रष्ट गृहस्थ थे जो योगी जाति का रूप धारण कर चुके थे। हिंदू धर्म उन आश्रमभ्रष्ट गृहस्थों का सम्मान तो करता ही न था, उल्टे उन्हें तिरस्कार की ही दृष्टि से देखता था। वे आश्रमभ्रष्ट गृहस्थ न तो हिंदू थे- क्योंकि वे हिंदुओं के किसी मत या आचार के कायल न थे- और न मुसलमान- क्योंकि उन्होंने इस्लामी धर्म-मत को स्वीकार नहीं कर लिया था। कुछ काल के इस्लामी संसर्ग के बाद वे लोग धीरे-धीरे इस्लामी धर्म की ओर झुकने लगे...''[148]

द्विवेदी जी उनके स्थान-च्युत होने का कारण सामाजिक संबंधों में तलाशते हुए उनकी आर्थिक स्थिति तक भी पहुंचते हैं– ''शायद ही किसी अन्य जाति में अपनी वर्तमान सामाजिक मर्यादा के विषय में ऐसा तीव्र असंतोष हो, जैसा कि वयनजीवी जातियों में पाया जाता है। ऐसा जान पड़ता है, किसी काल में यह पेशा उत्तम गिना जाता था और किसी अज्ञात कारण से इस पेशे के लोग अपनी ऊंची मर्यादा से अध:पतित हुए हैं और उनके भीतर उनकी पुरानी महिमा के जो संस्कार बचे रहे हैं, वे ही उन्हें असंतुष्ट बनाए हुए हैं।''[149] समता के कारण आकृष्ट होकर और पुरोहिती वर्णाश्रम से लड़ते हुए ये जातियां इस्लाम की तरफ आकृष्ट हुईं।

द्विवेदी जी जिस कारण को अज्ञात कह रहे हैं, उसकी व्याख्या इरफान हबीब ने अपनी पुस्तक में की है। नामवर जी ने भी इसे उद्धृत किया है– ''13-14वीं शताब्दी के ये प्रौद्योगिक परिवर्तन काफी महत्त्वपूर्ण थे। उन्होंने शिल्प और कृषि उत्पादन को बढ़ाया। व्यापारिक गतिविधि को तीव्र किया। इससे वर्ग संबंधों में भी कुछ परिवर्तन आया होगा। नई तकनीक में कुशल-दक्ष कारीगर प्राप्त करने की ललक ने व्यक्तिगत नौकरी लागू करने को प्रोत्साहित किया होगा। कागज के प्रचलन से अखिल भारतीय बाजार के विकास में मदद मिली होगी।''[150]

लगभग इन्हीं आधारों पर मुक्तिबोध ने भक्तिकाल के उदय की व्याख्या की थी। इसी से जुड़ी हुई व्याख्या उसके अंत की है, जिसके अनुसार राजसत्ता द्वारा शामिल कर लिये जाने के चलते ही यह महान ताप वाला आंदोलन अपना ताप खोता गया।

चाहे जितना प्रयत्न किया जाए, पर द्विवेदी जी का यही मत नहीं है। वे इस समूचे प्रकरण को मूलत: संस्कृति के ही क्षेत्र में अवस्थित रखते हैं। आशय यह कि द्विवेदी जी ने वर्ग की कोटि व्यवहृत नहीं की, भले ही उनके लेखन में इसका आभास लगातार मिलता रहता है। वे मनुष्यत्व की सामान्य भूमि से हाशिए पर फेंक दिए गए तबकों की आर्थिक और सामाजिक-सांस्कृतिक बराबरी की बात करते हैं।

फिर 40 के दशक की ओर लौटें। भारतीय मनीषा के सामने इस दौर में एक और प्रश्न सांस्कृतिक रूप से जटिल आयाम ग्रहण करता जा रहा था। यह प्रश्न था जाति का। अंबेडकर ने बहुत ही प्रखर ढंग से जाति के प्रश्न को मुक्ति के प्रश्न से जोड़ दिया। इस तरह कांग्रेस के नेतृत्व में चल रही उपनिवेशवाद विरोध की लड़ाई में अंबेडकर ने एकदम नया आयाम विकसित किया। गोलमेज सम्मेलनों में पृथक् निर्वाचन मंडलों की मांग के बाद अंबेडकर और गांधी में 1932 में पूना-पैक्ट हुआ। 1938 में उन्होंने बंबई विधानसभा में जमींदारी उन्मूलन का विधेयक पेश किया। अंबेडकर ने स्वाधीनता आंदोलन के नेतृत्व से प्रश्न किया कि क्या अछूतों, शूद्रों, दलितों के लिए इस आंदोलन और उससे बनने वाले सुराज में जगह है? है तो कितनी? राष्ट्र के निर्माण के लिए अंबेडकर जातिप्रथा के खात्मे को प्रारंभिक शर्त मानते थे। उन्होंने लाहौर जातपांत तोड़क मंडल, 1936 के वार्षिक सम्मेलन में दिये जाने वाले अपने भाषण के मसौदे[151] में लिखा– "...जब तक आप अपनी सामाजिक व्यवस्था नहीं बदलेंगे, तब तक कोई प्रगति नहीं होगी। आप समाज को रक्षा या अपराध के लिए प्रेरित कर सकते हैं, लेकिन जाति-व्यवस्था की नींव पर आप कोई निर्माण नहीं कर सकते– आप राष्ट्र का निर्माण नहीं कर सकते। जाति-व्यवस्था की नींव पर आप कोई भी निर्माण करेंगे, वह चटक जाएगा और कभी भी पूरा नहीं होगा।"[152]

तब जबकि महात्मा गांधी और स्वाधीनता आंदोलन की नेतृत्वकारी धारा ने अछूतोद्धार और 'हरिजनों के मंदिर प्रवेश' का मुद्दा उठाया, उस समय अंबेडकर जातिप्रथा के आमूल नाश को मुख्य लक्ष्य मान रहे थे। राष्ट्रवाद के सामने खतरे की घंटी की तरह 'जाति' का सवाल उठ खड़ा हुआ। इसमें डर था कि आंतरिक मोर्चे पर यदि लड़ाई बढ़ती गई, तो बाहर के मोर्चे पर विफलता हाथ लगेगी।

इतिहास की इन बहसों में गहराई में जाने का यहां अवकाश नहीं है, परंतु हमारे देखने का कोण यह है कि 40 के दशक के पीछे भारतीय स्वाधीनता आंदोलन के बीच से विकसित हो रही उन उभरी प्रवृत्तियों को पहचाना जाए, जिन्होंने समकालीन मनीषा को प्रभावित किया होगा। विशेषतः आचार्य हजारी प्रसाद द्विवेदी और उनके कैनन पर इन हलचलों का क्या प्रभाव पड़ा। मुक्तिबोध की दृष्टि से विश्लेषण करें तो हम पाते हैं कि एक बार फिर वैसी ही स्थितियों में दलित आंदोलन का विकास स्वाधीनता आंदोलन से होता चला आया है। हम जानते हैं कि अंग्रेजों के आगमन और मराठी दलित समुदायों के फौज में जाने से उनके आर्थिक हालात बेहतर हुए। आधुनिक दलित आंदोलन के पीछे काम कर रही मूल ताकत महार रेजीमेंट में दलितों की भर्ती और अंग्रेज शासन में उनकी आर्थिक बेहतरी से आनी शुरू होती है। इस बिंदु पर फुले को याद करना भी प्रासंगिक होगा, जिन्होंने दलितों के लिए अंग्रेजों की भूमिका को वरदान माना था। संदर्भतः

दलित समुदायों की सत्ता में भागीदारी की मांग इसी आर्थिक स्थिति के आधार से उपजी थी। 40 के दशक की आलोचना की पृष्ठभूमि में इस परिघटना को नजरंदाज नहीं किया जा सकता।

द्विवेदी जी ने आचार्य शुक्ल से जिन बिंदुओं पर बहस की, उनमें से एक महत्त्वपूर्ण बिंदु था–कबीर और अन्य संत कवियों की सामाजिक अवस्थिति की पहचान। शुक्ल जी उन्हें अपढ़, गंवार और गर्वोक्ति करने वाला बताते हैं, पर आचार्य द्विवेदी के लिए यह आत्मविश्वास है, गुण है। उन्होंने अपनी किताब 'कबीर' में बार-बार इन विषयों पर बहस की है, कबीर की ओर से सफाई पेश की है।

कबीर के वयनजीवी जाति में पैदा होने के बारे में द्विवेदी जी का उद्धरण हम पहले पढ़ आए हैं। जातियों की उत्पत्ति और उनके व्यवहारों के संबंध में उनका निबंध 'मेरी जन्मभूमि' महत्त्वपूर्ण है। इस निबंध में द्विवेदी जी ने अपने गांव के आस-पास की विभिन्न श्रमिक जातियों का जिक्र किया है–" ...मेरे गांव में भड़भूजे का पेशा करने वाली 'कांदू' जाति है, जो संस्कृत 'कांदविक' शब्द से संबद्ध है। गुप्त सम्राटों ने उन्हें वैश्य की मर्यादा दी थी।...हमारे गांव में कलवार या प्राचीन 'कल्यपाल' लोगों की बस्ती है, जो एकदम भूल गए हैं कि उनके पूर्वज कभी राजपूत सैनिक थे और सेना के पिछले हिस्से में रहकर 'कल्यवर्त' या 'कलेऊ' की रक्षा करते थे। न जाने किस जमाने में इन लोगों ने तराजू पकड़ी थी और अब पूरे 'बनिया' हो गए हैं!...एक जाति यहां बसती है–तुरहा।...मेरा अनुमान है कि यह जाति आर्यों और गोंड़ों के मिश्रण की एक कड़ी है।...मेरे गांव में 'दुसाध' नाम की अंत्यज जाति है। उनके रूप-रंग को देखकर कोई नहीं कह सकता कि वे लोग अंत्यज जाति के हैं। अंग्रेज लोग जब देश में राज्य-स्थापना में समर्थ हुए तो उन्हें कुछ अत्यंत दुर्दांत जातियों का सामना करना पड़ा था। उत्तर भारत में अहीर और दुसाध तथा बंगाल में डोम बड़े लड़ाके थे और कानून मानने से सदा इनकार करते थे। चतुर अंग्रेजों ने उन जातियों से चौकीदार का काम लेकर उन्हें वश में किया।"[153]

द्विवेदी जी जिसे चतुर अंग्रेजों द्वारा वश में किया जाना मानते हैं, उसे ही दलित चिंतक आर्थिक और सामाजिक स्थिति को बेहतर बनाने वाला कारक मानते हैं। तमाम पिछड़ी और दलित जातियां, जो स्वाधीनता आंदोलन में अपनी जुझारू भूमिका के बाद भी हाशिए पर फेंकी जाती रहीं, वे जातियां जो ब्राह्मणवादी कर्मकांड और वर्णाश्रम के चलते सामाजिक उपेक्षा का शिकार बनी रहीं, अंग्रेजों ने अपने हित के लिए ही सही, उनको काम दिया, जिससे कि उनकी सामाजिक स्थिति में सुधार हुआ। चाहे पुराने वक्त में इन जातियों की जो भी स्थिति रही हो, स्वाधीनता संग्राम के दौरान ये जातियां अपनी आर्थिक दशा में थोड़ी बेहतर स्थिति में पहुंचीं और सत्ता में अपनी हिस्सेदारी की मांग करने लगीं।

इस स्थिति के दूसरे नजरिए और कदाचित बेहतर विश्लेषण के लिए हम 90 के दशक में मंडल आयोग और आरक्षण प्रकरण की ओर देख सकते हैं। मंडल आयोग की सिफारिशें विश्वनाथ प्रताप सिंह के प्रधानमंत्रित्व काल में लागू हुईं। इस कमीशन की सिफारिशों को लागू करने से काफी हंगामा हुआ। जगह-जगह ऊंची जाति के छात्रों के आंदोलन चले। रोजगार और शिक्षा के प्रश्न पर राज्य के खिलाफ आक्रोश को परिसीमित कर जाति में घटा दिया गया। आत्महत्या, आत्मदाह, हिंसा आदि से यह पूरा आंदोलन भरा हुआ था। इस विश्लेषण में जाए बगैर कि आरक्षण के बाद के इस घटाटोप को किन ताकतों ने शह दी, प्रसंगानुसार इसकी पृष्ठभूमि हमारे लिए महत्त्वपूर्ण है। इसमें चौंकाने वाला तथ्य यह था कि इनको लागू करने के पीछे कोई बड़ा आंदोलन काम नहीं कर रहा था। दलित और पिछड़ी जातियों का कोई ऐसा आंदोलन जो आरक्षण को लेकर एक बड़ी गोलबंदी कर सका हो, तब तक ऐसा नहीं हुआ था। तब आरक्षण लागू होने के क्या कारण थे? भारतीय शासक वर्ग ने यह भांप लिया था कि अर्थव्यवस्था के इस चरण में पिछड़ी और दलित जातियां सामाजिक रूप से बेहतर स्थिति में पहुंच रही हैं। ऐसे में किसी संभावित विद्रोह का दमन करने के लिए या उन्हें सत्ता में भागीदार बनाकर इस सामाजिक बदलाव को अनुकूलित करने की शासकवर्ग की कोशिश ने मंडल आयोग की सिफारिशों को लागू करवाया। अर्थात मंडल आयोग को लागू करके भारतीय शासक वर्ग ने अपने लिए 'सेफ्टी वॉल्व' का निर्माण किया। शासकवर्ग की राजनीति में भागीदारी सुनिश्चित करने के पश्चात दलित आंदोलन का मध्यवर्ग, जो बदली हुई स्थिति को अभिव्यक्त कर रहा था, को अपनी सौदेबाजी की क्षमता को निरंतर बढ़ाने में जुटना पड़ा।

40 के बाद और पहले की इन दो घटनाओं के विश्लेषण से हम इस सूत्र तक पहुंच सकते हैं कि ऐसा ही ताप 40 के दशक में कांग्रेस ने महसूस किया था। लेकिन वहां एक तो अभी सत्ता मिली नहीं थी और दूसरे अंबेडकर के नेतृत्व में एक आंदोलन गतिशील था। तब गांधी के नेतृत्व में कांग्रेस ने अछूतोद्धार और मंदिर प्रवेश जैसे कार्यक्रमों से एक कदम आगे बढ़कर नेहरू ने भारतीय संस्कृति की व्याख्या और अधिकतम लचीले राष्ट्र के ढांचे की खोज की। यह खोज गांधी के राष्ट्र को एक सैद्धांतिक व्यापकता देती थी।

संदर्भत: जातियों को लेकर इस तरह की बहस या संवेदना हिंदी आलोचना में पहली बार आचार्य द्विवेदी के रचनाकर्म में दिखती है। लेकिन इस संवेदना का मूल ढांचा क्या है? साफ है कि इस संवेदना का मूल ढांचा वर्गीय नहीं है क्योंकि द्विवेदी जी समाजशास्त्र का वर्गीय अध्ययन नहीं कर रहे हैं। हालांकि वे बार-बार अपने लेखन में समाजशास्त्रीय और नृतत्वशास्त्रीय अध्ययनों के संदर्भ ग्रहण करते हैं और उनके लिए संकेत छोड़ते हैं। इस समूची विश्लेषण प्रणाली में ऐतिहासिकता ध्यान आकृष्ट

करती है। द्विवेदी जी जातियों के ऐतिहासिक विकासक्रम की ओर बार-बार इंगित करते हैं, लेकिन यह ऐतिहासिक विकास भी अपने समकाल के ताप से उपजा है। 40 के आस-पास संघनित हो रहे वातावरण में एक बार नये तरीके से अपने इतिहास की ओर द्विवेदी जी ने नजर डाली और पाया कि समाज के हाशिए पर छोड़ दी गई ताकतें भारतीय इतिहास के निर्माण में अपनी जबरदस्त भूमिका निभाती हैं। यह कहा जा सकता है कि यह 'भारत की पुनर्खोज' थी, पर इस खोज में जोड़ने का भाव सर्वाधिक था।

नामवर जी ने मिथकों और जनश्रुतियों के आचार्य द्विवेदी द्वारा उपयोग को चिह्नित किया। कोई मिथक या जनश्रुति कैसे अपने सामाजिक आधार रखती है, आचार्य द्विवेदी के गहन अध्यवसाय और उर्वर कल्पना के सहारे हम पढ़ते हुए उस मिथक की निर्माण-प्रक्रिया और उसके निहितार्थों के सामने होते हैं। पर क्या किसी मिथक को प्रमाण के तौर पर लिया जा सकता है? निश्चय ही मिथक के निर्माण में जन भागीदारी के कारण उसके अर्थ-संसार में बहुत व्यापकता आ जाती है। कोई भी मिथक अर्थों को प्रकट करने और छुपाने का गढ़ होता है और इन अर्थों का उद्‌घाटन किसी भी द्रष्टा को आकर्षित करता है। पर इसके उलट मिथक को स्वतंत्र रूप में इस्तेमाल करने के अपने विचलन भी ऐसे ही आकर्षक हैं। अनन्त शक्ति संबंधों से सृजित मिथक कई बार आधिपत्य की विचारधारा [हेजेमनी] को ढोते हैं और कई बार उनसे लड़ते हुए विकसित होते हैं। ऐसे में मिथकों का ऐतिहासिकता और अन्य दूसरे संबद्ध आयामों में ही पाठ करना श्रेयस्कर है। दूसरे मिथकों के निर्माण में वर्ग-संबंध महत्त्वपूर्ण भूमिका निभाते हैं। मिथकों के आचार्य द्विवेदी द्वारा किए गए उपयोग के अतिरिक्त उस दौर में मिथकों के अध्ययन की प्रणाली कोसम्बी ने भी विकसित की थी। विस्तार में जाए बिना कह सकते हैं कि कोसम्बी का विवेचन इसलिए अधिक पूर्ण है क्योंकि एक तरफ वह विभिन्न ज्ञानात्मक अनुशासनों के आयाम में मिथक को परखता है, दूसरे वर्ग को विश्लेषण की आधार कोटि की तरह बरतता है। निश्चय ही कोसम्बी का क्षेत्र मुख्यतः संस्कृति है और द्विवेदी जी का भी, इसीलिए यहां मिथक को आचार्य द्विवेदी द्वारा दिये गए महत्त्व को कोसम्बी के साथ रखकर देखने का यत्न किया गया है।

हाशिए पर फेंक दी गई जातियों और समुदायों के राष्ट्र-निर्माण में भागीदारी के प्रश्न से निर्मित हो रहे इतिहासबोध को और बेहतर तरीके से समझा जा सकता है, अगर हम यहीं द्विवेदी जी के इतिहासबोध की तरफ भी नजर डालें। नामवर जी ने 'दूसरी परंपरा की खोज' में 'शास्त्र बनाम लोक' के द्वंद्व को द्विवेदी जी की इतिहासदृष्टि को केंद्रीय तत्त्व बताया है– "...लोकशक्ति ने शास्त्र को झुकने के लिए बाध्य किया। स्पष्ट है कि यह लोकशक्ति ही वह 'भीतर की शक्ति' है जो भारतीय

इतिहास को उस विकास की ओर ठेले लिये जा रही थी। इस प्रकार मध्ययुग के भारतीय इतिहास का मुख्य अंतर्विरोध शास्त्र और लोक के बीच का द्वंद्व है न कि इस्लाम और हिंदू धर्म का संघर्ष।''[154]

द्विवेदी जी के उद्धरणों से पुष्ट करते हुए नामवर जी ने दिखाया है कि मध्यकालीन भक्ति आंदोलन लोक की विकसित होती आ रही धारा का ही विकासमान रूप था। उन्होंने मुक्तिबोध को भी इस सिलसिले में उद्धृत किया है और शुक्ल जी तथा द्विवेदी जी के लोक में अलगाव दिखाया है।

समस्या को दूसरे कोण से देखने पर बातें थोड़ी और साफ हो जाती हैं। तब जबकि स्वाधीनता आंदोलन में दलित आंदोलन और अंबेडकर की उपस्थिति ने लोक की परिभाषा में उलटफेर कर दिया, द्विवेदी जी का लोक भी अपनी समग्रता में सामाजिक और मानवीय कोटि ही है। लोक कोई एकआयामी परिघटना नहीं है। लोक का निर्माण किन समुदायों से होता है? उसकी वर्गीय पहचान क्या है? किसी लोक में लोक क्या माना जाएगा–किसान या मजदूर? तुलसी भी लोक के कवि हैं और कबीर भी, तो क्या तुलसी और कबीर के लोक एक ही हैं? खासकर उस समाज में, जहां नाना प्रकार की जातियों और उपजातियों की भेद श्रृंखला हो, जहां लोक के भीतर ही छुआछूत जैसी बीमारी पनपती हो, वर्ण व्यवस्था का प्रावधान हो, लोक को एकल और अविभाज्य कोटि के रूप में स्वीकार नहीं किया जा सकता। इसी लोक में स्त्रियां और अल्पसंख्यक समुदाय भी होते हैं। ठीक इसी बिंदु पर आचार्य शुक्ल के लोक और आचार्य द्विवेदी के लोक का अलगाव लक्ष्य करने योग्य है। द्विवेदी जी का लोक शुक्ल जी के लोक की अपेक्षा अधिक व्यापक है। इस लोक में 'शिक्षित जनता', 'सहृदय', मध्यवर्ग के पढ़े-लिखे लोगों के अलावा समाज के हाशिए पर मौजूद ढेर सारी अस्मिताएं हैं।

पर ये अस्मिताएं भी अपनी सच्चाई में क्या हैं, उनके निर्धारक कारकों में वर्ग की कोटि का कितना योग है, बिना इसे समझे अस्मिताओं की मानवतावादी व्याख्या के भी खतरे हैं। जाति और वर्ग की बहस में जाए बिना यह कहा जा सकता है कि बिना वर्गीय नजरिए के जाति के बहुतेरे प्रश्न अव्याख्येय रह जाएंगे। मसलन जातियों के गठन के कारण, ऐतिहासिकता, उनमें टूट-फूट, उनका आधुनिकीकरण आदि-आदि। मानवतावाद के सहारे दमित शक्तियों का पक्ष-पोषण तो संभव है, पर यदि विचार के क्षेत्र में प्रतिद्वंद्वी की सबसे मजबूत कड़ी को नहीं चिह्नित किया जाता, तो उसे तोड़ पाना नामुमकिन है। द्विवेदी जी ने निस्संदेह ब्राह्मणवादी कर्मकांडों के ढांचे में दबे-कुचले लोक का एक आधुनिक धरातल पर विश्लेषण किया, परंतु यह आधुनिकता राष्ट्र के भीतर अधिकतम सुधार की ही थी। उनके समग्र चिंतन में राष्ट्र की अवधारणात्मक कोटि का आद्यंत निर्वहन है। इसीलिए उनके सारे मानवतावादी

प्रयास राष्ट्र की व्याख्या के भीतर ही पड़ते हैं। निश्चय ही यह राष्ट्र नवजागरण और उसकी मीमांसा से बनाया हुआ राष्ट्र है। साम्राज्यवाद विरोध इसका सर्वाधिक तेजस्वी पहलू है, इतिहास में गौरव की खोज इसके प्रमुख कार्यों में एक है। सामंतवाद विरोध के मोर्चे पर जो बार-बार अपनी अवस्थिति बदलता रहता है, इस मूल अवधारणा के चौड़ीकरण का काम हजारी प्रसाद द्विवेदी ने किया। वे इतिहास के गौरव को ब्राह्मणवाद के खिलाफ खड़ा करते हैं। इतिहास की खोज के उनके प्रयास मूलतः साम्राज्यवाद-विरोध से नहीं, बल्कि अपने समय की अस्मिताओं के आंदोलनों से ऊर्जा ग्रहण करते हैं। इसलिए सामंतवाद-विरोध का एक नया सांस्कृतिक पहलू उनके समूचे लेखन में विन्यस्त है। इस विषय में रामविलास शर्मा से बहस करते हुए नामवर सिंह ने द्विवेदी जी की दृष्टि का बखूबी रेखांकन किया है।

कहने का कुल तात्पर्य यह है कि अपने समकाल की सांप्रदायिकता और अस्मिता संबंधी बहसों का प्रभाव द्विवेदी जी की कैनन-निर्माण की प्रक्रिया पर पड़ा। 40 के दशक की उथल-पुथल भरी गतिशील स्थितियों में भारतीय मनीषा ने आगे बढ़कर संस्कृति की नई व्याख्याएं प्रस्तुत कीं और इस तरह अपने समकाल की चुनौती का सामना किया। पर अब कुछ सवाल हिंदी आलोचना के क्षितिज पर आ रहे थे, उदाहरण के लिए भक्तिकाल। अपनी जन्म से ही हिंदी आलोचना ने भक्तिकाल को केंद्र में रखा। इसी तरह धर्म का प्रश्न भी बार-बार आलोचना में आता रहा। धर्म के प्रश्न पर आलोचना अधिकतम उदार दृष्टि से आगे नहीं बढ़ी थी, लेकिन नये सवाल उठने लगे थे। प्रगतिशील आंदोलन के आने के साथ ही भक्तिकाल आलोचना की केंद्रीय बहस से हटने लगा और नये कैनन सामने आए।

रेखांकित करना होगा कि समकालीन राजनीतिक परिदृश्य पर भगतसिंह और रचनात्मक गद्य के परिदृश्य पर प्रेमचंद का धर्म को लेकर लगभग अलग रवैया है। ऐसे में द्विवेदी जी ने प्रेमचंद को सराहा, पर उनके कैनन में अव्वल जगह 'कबीर' को ही हासिल हुई। द्विवेदी जी इस विकसित होती नई आलोचना सरणि को पहचान रहे थे और, कह सकते हैं कि वे पुराने और नये आलोचना विवेक के बीच विकास के विग्रह रूप थे।

अध्याय : चार

मार्क्सवादी आलोचना के कैनन

रामविलास शर्मा : साम्राज्यवाद व सामंतवाद विरोध

सन् 1930 के आस-पास भारत के स्वाधीनता आंदोलन ने नये तेवर के साथ खुद को संगठित किया। 1927-28 में साइमन कमीशन के विरोध से जो देशव्यापी लहर पैदा हुई, उसका एक पड़ाव 1931 में भगत सिंह, राजगुरु और सुखदेव की फांसी को माना जा सकता है। इस दौरान क्रांतिकारी आंदोलन ने अपने को संगठित किया और पुष्ट विचारधारात्मक आधार की तरफ बढ़ा। भगत सिंह और उनके साथियों द्वारा अपने संगठन का नाम 'हिंदुस्तान रिपब्लिकन एसोसिएशन' से बदलकर 'हिंदुस्तान सोशलिस्ट रिपब्लिकन एसोसिएशन' करना इसी का संकेतक है।

8 अप्रैल, 1929 को 'ट्रेड यूनियन डिस्प्यूट बिल' के खिलाफ भगत सिंह और बटुकेश्वर दत्त ने असेंबली में बम फेंका। यह घटना स्वाधीनता आंदोलन में मील का पत्थर साबित हुई। वहीं दूसरी तरफ 1931 में ही एक समझौते के तहत गांधीजी ने दूसरे गोलमेज सम्मेलन में हिस्सा लिया। इसी गोलमेज सम्मेलन में ब्रिटिश सरकार ने भारत में उभरते हुए मध्यवर्ग को सत्ता में एक बहुत छोटा हिस्सा देना मंजूर कर लिया और भारत को 'डोमिनियन स्टेटस' हासिल हुआ। इसी दौर में विश्व पूंजीवाद ने पहली बार भयावह आर्थिक मंदी का सामना किया। भारतीय किसान भी इस मंदी की चपेट में आए। एक तरफ तो उनके उत्पादों की कीमतों में भारी गिरावट आई, वहीं दूसरी तरफ लगान में भारी वृद्धि हुई और लगान वसूलने के लिए दमन और भी तेज हो गया।

पूंजीवादी व्यवस्था में उत्पादन की शक्तियां तो विकसित हो गईं लेकिन उत्पादन संबंधों में बदलाव को पूंजीपतियों ने अपने वर्गीय हित में रोक रखा है। उत्पादक शक्तियों और उत्पादन संबंधों का यही अंतर्विरोध है जो आर्थिक मंदी जैसी स्थितियों को पैदा करता है क्योंकि पूंजीवादी उत्पादन की प्रक्रिया तो सामूहिक है, जिसमें सैकड़ों-हजारों मजदूर एक साथ उत्पादन करते हैं लेकिन उनके श्रम के फल पर

उनका अधिकार नहीं होता बल्कि पूंजीपति उसे हड़प लेता है। ऐसे हालात में मजदूरों की हालत दिनोंदिन बदतर होती जाती है और पूंजीपति लगातार मुनाफा जोड़ते जाते हैं। जब तक उत्पादन की प्रक्रिया सामूहिक रहेगी और श्रम के उत्पाद पर व्यक्तिगत स्वामित्व रहेगा तब तक उत्पादन की शक्तियों और उत्पादन संबंधों का अंतर्विरोध बना रहेगा। तत्कालीन सोवियत संघ में उत्पादन संबंधों और उत्पादक शक्तियों के बीच इस तरह का अंतर्विरोध न था इसलिए वहां आर्थिक मंदी आने का सवाल ही नहीं पैदा होता था।[155]

वैश्विक स्तर पर समाजवाद के एक वैकल्पिक मॉडल के बतौर उभरने के बीच ही भारत की कम्युनिस्ट पार्टी की स्थापना हुई लेकिन यह ध्यान रखना चाहिए कि वामपंथी विचारों का प्रसार कम्यूनिस्ट पार्टी की स्थापना के पहले ही होना शुरू हो गया था। भगतसिंह और उनके साथियों का वामपंथी रुझान आज सर्वविदित है। कुल मिलाकर कहें तो 30 के दशक के आते-आते देश में एक नई चेतना पैदा हो रही थी। हिंदी साहित्य के भीतर भी हम देख सकते हैं कि क्रमश: छायावादी कवियों का स्वर यथार्थवादी होता जा रहा था। निराला इनमें अग्रणी थे। हालांकि पंत ने बाकायदा मार्क्सवाद का अध्ययन किया, छायावाद के 'युगांत' की घोषणा की और 1936 में स्थापित 'प्रगतिशील लेखक संघ' से जुड़े लेकिन वे जितनी धूमधाम से प्रगतिशील हुए उतनी ही तेजी से 'स्वर्णकिरण' और 'स्वर्णधूलि' से होते हुए अरविन्द दर्शन की तरफ चले गए।

इतना तो निश्चित रूप से कहा जा सकता है कि हिंदी में प्रगतिशील चेतना का निर्माण प्रगतिशील लेखक संघ की स्थापना के पहले शुरू हो गया था और 1936 में प्रगतिशील लेखक संघ की स्थापना इसी चेतना की सांगठनिक अभिव्यक्ति थी।

पीछे हमने देखा कि हिंदी आलोचना में रामचंद्र शुक्ल के आगमन के पूर्व आलोचना के केंद्र में भी भक्तिकाल और रीतिकाल था, रामचंद्र शुक्ल ने हिंदी आलोचना के केंद्र में भक्तिकाल को स्थापित किया। नंददुलारे वाजपेई ने अपने समकालीन छायावादी कवियों के आलोचनाकर्म के बहाने तत्कालीन मध्यवर्ग और समय-समाज से आलोचना को जोड़ा। हजारी प्रसाद द्विवेदी ने रामचंद्र शुक्ल की आलोचना से बहिष्कृत परंपराओं को केंद्रीयता दी और उसके आधार पर आलोचना में भिन्न कैनन स्थापित किए।

उनके कैनन-निर्माण पर स्वाधीनता आंदोलन में अंबेडकर के आगमन और दलित जातियों के सचेत व संगठित होते जाने का असर दिखाई पड़ता है। कबीर को कैनन में स्थापित करने के पीछे यह भी एक बात जरूर थी। दरअसल उस दौर में राष्ट्र का जो तसव्वुर निर्मित किया जा रहा था, उसकी मुकम्मल तस्वीर बनाने की कोशिश हिंदी आलोचना में भी देखी जा सकती है। पिछड़ी कृषक जातियों के

संगठित होने और 1920 के दशक में अवध में खड़े हो गए व्यापक किसान आंदोलन की अनुगूंज साहित्य में सुनाई दे रही थी। तुलसी के रामचरित मानस का अवध के किसान आंदोलन में बाबा रामचंद्र ने एक नया इस्तेमाल किया था। अवध में 'जै सीताराम' का अभिवादन बगावत के नारे में बदल गया था।[156] यह कहना मुश्किल है कि तब इस 'सीताराम' के नारे में कितनी धार्मिकता थी या नहीं थी, लेकिन इतना तो तय है कि हिंदी आलोचना इन आंदोलनों के असर से अछूती न थी। द्विवेदी जी के कैनन-निर्माण की प्रक्रिया को इस प्ररिप्रेक्ष्य में रखकर भी देखा जाना चाहिए। लेकिन द्विवेदीजी की आलोचना का केंद्र भी सुदूर अतीत यानी आदिकाल और भक्तिकाल ही था। नंददुलारे वाजपेई और शांतिप्रिय द्विवेदी प्रभृत आलोचकों ने जरूर अपनी समकालीन रचनाशीलता यानी छायावाद पर विचार किया लेकिन उनकी आलोचनाओं में समकालीन रचनाशीलता का मूल्यांकन करने और उसका महत्त्व स्थापित करने के औजार विकसित नहीं हो पाए थे।

मार्क्सवादी आलोचना के समक्ष सिर्फ इस बात की चुनौती नहीं थी कि प्रगतिशील साहित्य के मान-मूल्य निर्धारित किए जाएं और समकालीन रचनाशीलता के महत्त्व को रेखांकित किया जाए बल्कि उसके सामने यह भी प्रश्न था कि हिंदी साहित्य की पूरी परंपरा का मूल्यांकन कैसे किया जाए। मार्क्सवादी आलोचना ने अपनी शुरुआत से ही इसे अपना कार्यभार माना और शायद इसीलिए यह हिंदी आलोचना की मुख्य प्रवृत्ति बन गई। जहां मार्क्सवाद विरोधी आलोचनाओं के लिए मार्क्सवादी साहित्य का विरोध और अपनी धारा के साहित्य की महानता की स्थापना मुख्य कार्यभार था, वहीं मार्क्सवादी आलोचना पूरे हिंदी साहित्य की परंपरा के मूल्यांकन में प्रवृत्त हुई। दूसरी महत्त्वपूर्ण बात यह है कि यदि मार्क्सवादी आलोचकों की आपसी बहसों को निकाल दिया जाए तो किसी भी एक धारा के भीतर हिंदी साहित्य में बहस की कोई परंपरा नहीं दिखाई पड़ती। इसीलिए आलोचना के मार्क्सवादी कैनन के बारे में बात करते समय यह ध्यान में रखा जाना चाहिए कि इसका निर्माण मार्क्सवादी आलोचकों के बीच तीखी बहसों के क्रम में हुआ है। इसीलिए इस कैनन की सर्वस्वीकार्यता के दावे सदैव गलत होंगे और ठीक इसीलिए ये कैनन सतत विकासमान होंगे।

मार्क्सवादी आलोचना की शुरुआत मार्च, 1937 में 'विशाल भारत' में छपे शिवदान सिंह चौहान के 'भारत में प्रगतिशील साहित्य की आवश्यकता' शीर्षक लेख से मानी जाती है। इस लेख से पता चलता है कि कि मार्क्सवादी आलोचना अपनी परंपरा के आलोचनात्मक मूल्यांकन के लिए प्रतिबद्ध थी। इस लेख में उन्होंने लिखा कि "भक्तिकाल में भी केवल आत्म-समर्पण, भक्ति में तल्लीनता आदि भाव ही हमारे सूर-तुलसी आदि साहित्य में भर पाए थे। उनके बाद रीतिकाल में विचारधारा तो दूर, हमारे कवि कविताबद्ध कोकशास्त्र लिखने लगे। उनसे इस

अधोगति के अलावा और उम्मीद भी क्या की जा सकती थी! वर्तमान काल में भी किसी स्वस्थ विचारधारा का नाम नहीं।''[157]

इस लेख में शिवदान सिंह चौहान ने जिस तरह से हिंदी साहित्य के पूरे इतिहास और पूरी परंपरा को खारिज कर दिया है उससे सहमत नहीं हुआ जा सकता, स्वयं शिवदान सिंह चौहान ने बाद में अपनी इन मान्यताओं में संशोधन किया। लेकिन इससे इतना जरूर पता चलता है कि मार्क्सवादी आलोचना की शुरुआत ही इस बात से हुई कि आलोचना के केंद्र से भक्तिकाल या रीतिकाल को विस्थापित करके आधुनिक साहित्य को स्थापित किया जाना चाहिए। परवर्ती मार्क्सवादी आलोचना ने समकालीन रचनाशीलता की शिनाख्त की और साथ ही परंपरा का मूल्यांकन करने की अधिक परिपक्व दृष्टि विकसित की। मार्क्सवादी आलोचना पर चाहे जितना विदेशी विचारधारा से प्रभावित होने और देश की स्थितियों और परंपरा से विच्छिन्न होने के आरोप लगे हों लेकिन इसका विकास आचार्य शुक्ल और हजारी प्रसाद द्विवेदी की आलोचना-परंपरा में ही समझा जा सकता है।

डॉ. रामविलास शर्मा का हिंदी आलोचना में आगमन अपने प्रिय कवि निराला की रचनाओं की व्याख्या करने और उन्हें सही परिप्रेक्ष्य में समझाने के क्रम में हुआ। लेकिन रामविलास जी यहीं नहीं रुके। उन्होंने अपनी सैद्धांतिक और व्यावहारिक आलोचना के द्वारा हिंदी साहित्य की पूरी परंपरा का मूल्यांकन किया और परंपरा के प्रगतिशील तत्त्वों की शिनाख्त की। उन्होंने हिंदी साहित्य के इतर भाषाविज्ञान, इतिहास, दर्शनशास्त्र व संस्कृति के प्रश्नों पर विस्तार से लिखा। ऐसा नहीं कि उन्होंने भक्तिकाल के बारे में बात न की हो लेकिन रामविलास शर्मा के हिंदी आलोचना में सक्रिय होने से आलोचना के केंद्र से भक्तिकाल निर्णायक रूप से विस्थापित हो गया। रामविलास जी की सभी स्थापनाओं से सहमति अन्य मार्क्सवादी आलोचकों की भी नहीं है लेकिन मार्क्सवादी आलोचना को वाद-विवाद के माध्यम से विकसित करने में उनका बड़ा योगदान है। रामविलास जी ने हिंदी जाति की अवधारणा प्रस्तुत की और साम्राज्यवाद विरोध व सामंतवाद विरोध को कसौटी मानकर हिंदी साहित्य का मूल्यांकन किया। वे अपनी विवेचन-प्रक्रिया में कई बार मार्क्सवाद की सीमाओं से परे भी चले जाते दिखते हैं और कभी-कभार उनके विवेचन में द्वंद्वात्मक पद्धति का अभाव भी दिखाई पड़ता है। दरअसल साम्राज्यवाद विरोध-सामंतवाद विरोध के उनके मानक के निर्माण की ऐतिहासिक स्थितियों को समझने के क्रम में ही उनकी असंगतियों को भी लक्षित किया जा सकता है।

रामविलास शर्मा ने हिंदी जाति की अवधारणा प्रस्तुत की। जातीय एकता की जरूरत पर बल देता हुआ लेख सबसे पहले एक बंगाली विद्वान श्यामाचरण गांगुली का, 1911 के 'मॉडर्न रिव्यू' में 'बंग-भंग' के प्रश्न पर प्रकाशित हुआ। रामविलास शर्मा

के पहले हिंदी में भारतेंदु हरिश्चंद्र, महावीर प्रसाद द्विवेदी, आचार्य शुक्ल और हजारी प्रसाद द्विवेदी के लेखन में हिंदी भाषा और जातीयता की पहचान मिलती है लेकिन भाषा और साहित्य में जातीयता को एक अवधारणा के रूप में स्थापित करने का श्रेय रामविलास जी को ही जाता है। उन्होंने अपनी कई पुस्तकों में हिंदी जाति और जातीय भाषा के रूप में हिंदी के गठन, निर्माण और विस्तार के बारे में विचार किया। जाति क्या है? राष्ट्र से इसकी क्या भिन्नता है? किन परिस्थितियों में यह निर्मित होती है? उसके मूल तत्त्व क्या हैं?–आदि ऐसे अनेक प्रश्न हैं जिनका विवेचन किए बगैर जाति के निर्माण की प्रक्रिया को नहीं समझा जा सकता।

रामविलास शर्मा 'जाति' को राष्ट्र से भिन्न मानते हैं और इसके लिए 'नेशन' शब्द का प्रयोग अधिक उचित समझते हैं। उन्होंने लिखा कि "मार्क्सवादी साहित्य में 'नेशन' शब्द जिस अर्थ में प्रयुक्त होता है, उसके लिए हिंदी-बांग्ला के परिचित पुराने शब्द 'जाति' का प्रयोग करना अधिक उचित है। राष्ट्र शब्द से भूमि का भी बोध होता है, जबकि नेशन शब्द से केवल किसी भूमिखंड के निवासियों का बोध होता है। दोनों शब्दों–जाति और राष्ट्र–को अलग रखने से हम उस उलझन से बच सकते हैं जो नेशन शब्द के व्यवहार से उत्पन्न होती है।"[158]

रामविलास जी जाति के बारे में स्टालिन की अवधारणा से सहमत हैं लेकिन जातियों के गठन की परिस्थितियों के बारे में भिन्न विचार रखते हैं। स्टालिन ने जाति [नेशन] को परिभाषित करते हुए लिखा– "ऐतिहासिक रूप से गठित, एक भाषा, सीमा, आर्थिक जीवन और एक सामान्य मानसिक बनावट, जो सामान्य संस्कृति बनाती है, के लोगों का स्थायी समूह नेशन है।"[159]

सामान्य आवास भूमि, सामान्य संस्कृति, सामान्य भाषा और सामान्य ऐतिहासिक परंपरा के साथ जातियों के बारे में सर्वाधिक महत्त्वपूर्ण बात यह है कि जातियां पूंजीवादी विकास की देन हैं यानी पूंजीवाद के पहले के समाजों में जाति की कल्पना नहीं की जा सकती। स्टालिन लिखते हैं कि सामंतवाद के पतन और पूंजीवाद के अभ्युदय-काल में जातियों का गठन होता है लेकिन रामविलास जी की मान्यता है कि जातियों का विकास पूंजीवाद के साथ ही नहीं होता बल्कि सामंती काल में भी जातियों का गठन होता है।[160] 'भाषा और समाज' नामक अपने ग्रन्थ में उन्होंने प्रश्न उठाया कि "सामंती युग में जाति [नैशनलिटी] का गठन होता है या नहीं और होता है तो उसका आधार क्या है? पूंजीवाद के अभ्युदय काल में नये सिरे से जातियों का गठन होता है। इस गठन का आधार नये पूंजीवादी बाजार का निर्माण माना जाता है। किंतु इस पूंजीवादी विकास से पहले, और पुराने कबीलों के विघटन के बाद 'बीच' की मंजिल में सामाजिक गठन का कोई जातीय रूप होता है या नहीं?"[161]

समाजशास्त्र के इस जटिल प्रश्न के बारे में रामविलास जी इस बात की ओर संकेत करते हैं कि स्टालिन ने भी लघुजातियों [नैशनलिटी] और महाजातियों [नेशन] में अंतर किया है और लघुजातियों की भाषा से महाजातियों की भाषा के विकास की बात कही है। वे जातियों के निर्माण में बाजारों की भूमिका को भी बहुत सीमित महत्त्व देते हैं और लेनिन के हवाले से बताते हैं कि सत्रहवीं सदी के आरंभ में रूसी सौदागरों ने स्थानीय रूसी बाजारों को मिलाकर एक विशाल अखिल-रूसी बाजार कायम किया और इससे रूसी जाति का निर्माण हुआ। रामविलास जी सामंती युग में जातियों के निर्माण के बारे में अपनी मान्यता के पक्ष में एंगेल्स की पुस्तक 'परिवार, व्यक्तिगत संपत्ति और राजसत्ता की उत्पत्ति' को उद्धृत करते हैं और यह स्थापित करते हैं कि एंगेल्स भी सामंती युग में लघुजातियों का उद्भव और अस्तित्त्व स्वीकार करते हैं। रामविलास जी ने भारत के संदर्भ में यह स्थापित किया कि हिंदी जाति के निर्माण में मुगल काल की महत्त्वपूर्ण भूमिका थी। वे सामाजिक विकास की मार्क्सवादी अवधारणा, कि उत्पादन की शक्तियों में होने वाले परिवर्तन अनिवार्यत: उत्पादन संबंधों में परिवर्तन करते हैं और समाज नये चरण में प्रवेश करता है, में संशोधन करते हुए कहते हैं कि उत्पादन के अलावा सामाजिक व्यवस्था का नियमन करने वाला तत्त्व है–वितरण। वितरण-व्यवस्था उत्पादन-पद्धति को प्रभावित करती है।

वे लिखते हैं कि "जिस बाजार के आधार पर जाति का निर्माण संभव होता है, वह बाजार सौदागरी पूंजी द्वारा पहले कायम होता है, उसमें वस्तुओं की बढ़ती हुई खपत को पूरा करने के लिए उत्पादन की पद्धति में तब्दीली बाद में होती है। इसलिए हर देश के आर्थिक इतिहास में हम देखते हैं कि सौदागरी पूंजी का अभ्युदय पहले होता है और पूंजीवादी उत्पादन-पद्धति का बाद में। इस सौदागरी पूंजी का अभ्युदय किसी भी उत्पादन-पद्धति में हो सकता है।"[162]

पूंजीवाद के अभ्युदय के पहले सौदागरी पूंजी उस बाजार को निर्मित करती है जिसकी मांग को पुरानी उत्पादन-पद्धति से नहीं पूरा नहीं किया जा सकता और जातियों का निर्माण इसी सौदागरी पूंजी के दौर में होता है।

मैनेजर पांडेय ने रामविलास जी की इस अवधारणा को प्रश्नांकित करते हुए स्थापित किया कि समाज के विकास की मुख्य प्रचालक शक्ति उत्पादन-पद्धति ही है और वितरण तो उसका सिर्फ एक कारक है।

वीरभारत तलवार ने रामविलास शर्मा की सौदागरी पूंजी के बारे में धारणाओं की कमजोरियों को लक्षित करते हुए लिखा कि "सच तो यह है कि व्यापारिक पूंजी के विकास का पूंजीवादी उत्पादन प्रणाली से कोई विशेष संबंध तो दूर रहा, उत्पादन की प्रणाली मात्र से भी कोई अनिवार्य संबंध नहीं होता। बिकाऊ माल का उत्पादन

किस प्रणाली से हुआ है, इससे व्यापारिक पूंजी का कोई अनिवार्य संबंध नहीं होता है। उसका संबंध तो उत्पादन हो जाने के बाद अस्तित्त्व में आए माल से होता है। इसीलिए यह जरा भी जरूरी नहीं है कि अगर व्यापारिक पूंजी का विकास हो रहा है तो उसके फलस्वरूप उत्पादन की प्रणाली में भी कोई विकास हो रहा हो। व्यापारिक पूंजी सिर्फ बने हुए माल को खरीदने-बेचने का काम करती है, उसकी सारी गतिशीलता इन्हीं के बीच होती है। इसीलिए कभी-कभी उत्पादन प्रणाली तो बहुत ही पिछड़ी हुई बनी रहती है, उसमें कुछ भी फर्क नहीं आता, लेकिन व्यापार का विकास होता रहता है। इस सिलसिले में मार्क्स ने लिखा कि व्यापारिक पूंजी का विकास उत्पादन के विकास की मात्रा के ठीक उल्टे क्रम में भी होता है।''[163]

रामविलास शर्मा जातियों के गठन के प्रश्न को जिस हद तक पीछे ले जाते हैं, उससे इतना तो निश्चित रूप से पता चलता है कि उनकी पूरी जद्दोजहद का मकसद प्राक्-औपनिवेशिक भारत के बारे में यूरोपीय अवधारणा का खंडन करना है। वे देश के औपनिवेशिक अनुभवों के बाद सकारात्मक या नकारात्मक कोई भी श्रेय औपनिवेशिक शासकों को नहीं देना चाहते। ध्यान रहे कि इस सिलसिले में वे भारत के बारे में लिखे गए मार्क्स के लेखों से भी अपनी असहमति प्रकट करते हैं।

प्रणय कृष्ण ने लिखा– ''रामविलास शर्मा ने मार्क्स की भारत संबंधी टिप्पणियों में अंग्रेजी राज की भर्त्सना और भारतीय प्रतिरोध के प्रति उनकी सहानुभूति को तो स्वीकार किया लेकिन अंग्रेजी उपनिवेशवाद की किसी प्रगतिशील भूमिका को मानने को वे तैयार न थे। इसी के विरोध में उन्होंने भाषा, संस्कृति और इतिहास संबंधी विपुल लेखन किया जिसमें उन्होंने द्वंद्वात्मक भौतिकवादी पद्धति से भारत के प्राक्-औपनिवेशिक इतिहास और संस्कृति में उन तत्त्वों की शिनाख्त की जो कि भारत को औपनिवेशिक हस्तक्षेप के बगैर भी आधुनिक राष्ट्र बना सकते थे।''[164]

ठीक-ठीक यही वह आधारभूमि है जहां खड़े होकर रामविलास शर्मा आधुनिक हिंदी साहित्य को उपनिवेशवाद-विरोधी राष्ट्रीय जागरण के साहित्य के रूप में पढ़े जाने के हिमायती हैं। मानववाद, वैज्ञानिकता, प्रगति और विकास, इहलौकिकता, स्वतंत्रता, आर्थिक-सामाजिक बराबरी आदि तमाम मूल्यों को वे पश्चिम का अवदान नहीं, बल्कि सार्वभौम मूल्य मानते हैं। आजादी के बाद के अपने आलोचनात्मक लेखन में उन्होंने 'साम्राज्यवाद-विरोध' और 'सामंतवाद-विरोध' को साहित्यिक मूल्यांकन का निकष बनाया। भारत में औपनिवेशिक पूंजीवाद ने सामंतवाद के साथ समझौता किया और वह बाकायदा ग्रामीण भारत में साम्राज्यवादी शोषण का प्रमुख स्तंभ बना रहा। आजाद भारत में भी देशी शासकों ने मजबूत सामंती अवशेषों के हित में ही काम किया। अत: 'साम्राज्यवाद' और 'सामंतवाद' दोनों भारतीय परिस्थितियों में अन्योन्याश्रित हैं और दोनों का एक साथ विरोध सच्ची राष्ट्रीय

चेतना के लिए जरूरी है। यहां उपनिवेशवाद विरोधी राष्ट्रवाद नवजागरण के मुहावरे में अभिव्यक्त होता है।

इस क्रम में रामविलास शर्मा हिंदी साहित्य में जो कैनन निर्मित करते हैं उसमें भारतेंदु, महावीर प्रसाद द्विवेदी, निराला, प्रेमचंद, आचार्य रामचंद्र शुक्ल आते हैं। निकष वही है 'साम्राज्यवाद विरोध' और 'सामंतवाद विरोध'। हिंदी साहित्य को वे नवजागरण को अभिव्यक्त करने वाला साहित्य मानने की जगह उसे नवजागरण का हिस्सा मानते हैं। रामविलास जी द्वारा प्रस्तावित हिंदी नवजागरण साहित्य के भीतर भी है और साहित्य के बाहर भी।

1857 के स्वाधीनता संग्राम को हिंदी प्रदेश के नवजागरण की पहली मंजिल मानते हुए रामविलास शर्मा ने हिंदी नवजागरण की संकल्पना 1977 में अपनी पुस्तक 'महावीर प्रसाद द्विवेदी और हिंदी नवजागरण' में पेश की। 'भारतेंदु युग' को दूसरी मंजिल और 'द्विवेदी युग' को उसकी तीसरी मंजिल बताया। हिंदी नवजागरण को हिंदी जाति के गठन से जोड़कर देखा और जातीय गठन को पूंजीवादी विकास का सहवर्ती मानते हुए उन्होंने इसकी शुरुआत 12वीं सदी से मानी। जातीय भाषा और साहित्य का निर्माण आधुनिक काल में होता है, अतः रामविलास जी हिंदी साहित्य का आधुनिक काल भी 12वीं सदी से मानते हैं। प्लासी की लड़ाई से 1857 तक के समय को वे हिंदी जाति के जनजागरण का दूसरा दौर मानते हैं, यही नवजागरण है जिसकी विशेषता साम्राज्यवाद-विरोध है। सामंतवाद विरोधी और साम्राज्यवाद विरोधी चेतना, इतिहास और परंपरा का नया मूल्यांकन, रूढ़िवाद का विरोध, अभिव्यक्ति की स्वतंत्रता के लिए संघर्ष, खड़ी बोली हिंदी का जातीय भाषा के रूप में विकास, आधुनिक बुद्धिवादी दृष्टिकोण का विकास, वैज्ञानिक चेतना का प्रसार, साहित्य में रीतिवाद विरोध, वस्तुवादी चिंतन का विकास, स्वच्छंदतावादी और यथार्थवादी रचना प्रवृत्तियों का विकास आदि को वे हिंदी नवजागरण की विशेषता के बतौर रेखांकित करते हैं।

मैनेजर पांडेय ने रामविलास जी की धारणाओं से असहमति व्यक्त करते हुए सौदागरी पूंजी के साथ लघुजातियों [नेशनलिटी] के गठन का संबंध जोड़ा जबकि राष्ट्र या महाजाति को औद्योगिक पूंजीवाद से जुड़ा बताया। मैनेजर पांडेय ने रेखांकित किया कि 1955 के बाद रामविलास जी के लेखन में जातीय निर्माण और जातीय भाषा के विकास में सामंतवाद की महत्त्वपूर्ण भूमिका बताई गई है, साथ ही साथ सामाजिक विकास में उत्पादन पद्धति के बदले व्यापार और बाजार की भूमिका को निर्णायक माना गया है, जबकि लेनिन और स्तालिन जातीय भाषाओं का विकास पूंजीवाद के उदय के साथ मानते हैं। हिंदी साहित्य के लगभग 900 वर्षों को रामविलास शर्मा द्वारा आधुनिक काल मानने पर भी उन्होंने प्रश्न खड़ा किया।

मैनेजर पांडेय के अनुसार रामविलास शर्मा द्वारा हिंदी जाति की संस्कृति और जातीय साहित्य की जो व्याख्या हुई है, उसमें वर्गीय और वैचारिक अंतर्विरोधों की, परंपरा की रक्षा की भावना के कारण अवहेलना हुई है। वे लिखते हैं कि "भारत में 12वीं सदी से आरंभ होने वाले पूंजीवाद का विकास सफल नहीं हुआ, बाद में अवरुद्ध होकर निष्फल हो गया। समाज का सामंती आधार और उससे निर्मित सांस्कृतिक ढांचा एक बार कमजोर होने के बावजूद कायम रहा। यही कारण है कि भक्तिकाल के बाद रीतिकाल आया। भक्ति आंदोलन सामंती समाज में विकसित सौदागरी पूंजीवाद और जातीय निर्माण के फलस्वरूप उत्पन्न सामाजिक संबंधों की सांस्कृतिक अभिव्यक्ति है, रीतिकाल का साहित्य सामंत-विरोधी सामाजिक संबंध [संबंधों] और सांस्कृतिक चेतना के अवरुद्ध होने का परिणाम तथा प्रमाण है।"[165]

मैनेजर पांडेय के अनुसार नवजागरण की जो धारणा रामविलास शर्मा ने प्रस्तुत की उसमें नवजागरण की कमजोरियों का स्रोत उन्होंने हिंदी क्षेत्र के बाहर माना [उदाहरण के लिए नवरहस्यवाद का संबंध उन्होंने रवींद्रनाथ और बंगाल से जोड़ा और विज्ञान व औद्योगिकीकरण के विरोध को उन्होंने गांधी जी के चिंतन और गुजरात से जोड़ दिया]। मैनेजर पांडेय को रामविलास शर्मा के विवेचन में हिंदी नवजागरण के विवेचन में छायावाद तक पहुंचकर ठहर जाना, प्रगतिशील साहित्य की समस्याओं पर विचार करते हुए भी हिंदी साहित्य की जातीय विशेषताओं पर ही मुख्य बल देना, हिंदी नवजागरण और उसके साहित्य को प्रगतिशील सिद्ध करने के लिए वर्गीय और विचारधारात्मक अंतर्विरोधों की उपेक्षा करना, आदि कमजोरियां नजर आईं।

रामविलास शर्मा ने सन् 1984 में 'भारतेंदु हरिश्चंद और हिंदी नवजागरण की समस्याएं' में मैनेजर पांडेय की आपत्तियों का उत्तर दिया। सौदागरी पूंजी के साथ महाजातियों के उदय के संबंध पर वे कायम रहे। 900 वर्षों के आधुनिक काल को उन्होंने विशेष समस्या न मानते हुए प्रवृत्तियों के अनुसार जरूरी विभाग बना देने का प्रस्ताव किया।

व्यापारिक पूंजीवाद के तहत मुख्य अंतर्विरोध सामंतों और किसानों-कारीगरों के बीच मानते हुए रामविलास जी ने रीतिकाल के साहित्य में सामंतवाद विरोधी सामाजिक संबंधों तथा सामाजिक चेतना के अवरुद्ध होने को पूंजीवादी विकास के अवरुद्ध होने का पर्याय नहीं माना। उन्होंने इस बात से भी इनकार किया कि वे हिंदी नवजागरण के भीतर कोई कमजोरी नहीं मानते और सारी कमजोरियों का स्रोत हिंदी क्षेत्र के बाहर से आया मानते हैं। व्यापारिक पूंजीवाद को आधारभूत मानते हुए रामविलास शर्मा जातीय विकास, भाषा, साहित्य और संस्कृति के विकास को उसी से जुड़ा मानकर अपनी मान्यताओं को प्रस्तुत करते हैं।

रामविलास शर्मा की 'हिंदी नवजागरण' की अवधारणा ने हिंदी आलोचना में ऐसी बहसों को जन्म दिया जो अभी भी समाप्त नहीं हुई हैं। शिवकुमार मिश्र ने रामविलास जी की हिंदी नवजागरण की अवधारणा पर प्रश्न उठाते हुए लिखा कि "क्या कारण है कि जिस बंगाल को रहस्यवाद को दूसरे प्रदेशों में निर्यात करने का दोषी कहा जाता है, सामंतवाद-विरोधी अभियान में कमजोर माना जाता है, उसी बंगाल में नारी-जागरण के स्वर पूरे जोर से मुखरित होते हैं और आगे चलकर वही बंगाल जनवादी-वामपंथी आंदोलन की जमीन बनता है?...जिस गुजरात को गांधीवादी और इस नाते औद्योगिकीकरण विरोधी कहा जाता है वही गुजरात आगे चलकर देश का एक बड़ा औद्योगिक केंद्र बनता है?... जिस महाराष्ट्र को हिंदू पुनरुत्थानवाद को पनपाने का दोषी माना जाता है, उसी महाराष्ट्र में नारी और दलित जातियों की यातना को लेकर बड़े-बड़े आंदोलन खड़े होते हैं, वहीं महात्मा फुले और अंबेडकर जैसे दलितों के नेताओं का जन्म होता है, वहीं दलित साहित्य जन्मता और विकास पाता है? आदि-आदि। और वह हिंदी प्रदेश, हमें जिसके नवजागरण के सकारात्मक पक्षों से, उसके बुद्धिवाद से, विज्ञानवाद से, सामंत-विरोधी चेतना से, गैर-सांप्रदायिक मानसिकता से, परिचित कराया जाता है, वहां इस पूरे दौर में कोई विराट सामाजिक-सांस्कृतिक आंदोलन और समान पाए का नेतृत्व नहीं उभरता, जो न केवल उद्योग-धंधों में, वरन सामाजिक आचार-विचार के सारे आयामों पर, नारी-यातना, हरिजन, हिंदू-मुस्लिम सद्भाव–इन सारे मोर्चों पर सबसे अधिक गया-गुजरा और सबसे अधिक सामंती है। अस्पृश्यता, हरिजन तथा नारी-शोषण, जातिवाद, सांप्रदायिकता, मध्यकालीन आचार-विचार, धार्मिक अंधविश्वास, अज्ञान, अशिक्षा, रूढ़िवाद सबमें, जो शायद सबसे बड़े कीर्तिमान बनाए हुए है।...हम अपनी अस्मिता के अमूर्त बोध पर आत्ममुग्ध हो लें, अपने लेखकों पर गर्व कर लें परन्तु जब भी हमारी निगाह इस विशाल हिंदी प्रदेश पर जाएगी, हमें भारतेंदु के ये स्वर ही दुहराने होंगे कि हाय, पश्चिमोत्तर प्रदेश के लोगो, तुम्हें क्या हुआ है, तुम कब जागोगे, आदि-आदि। हैरत होती है कि इसी धरती पर सन् 1857 ई. का महासंग्राम लड़ा गया था, और यही वह प्रदेश है जिसकी सांप्रदायिक उठान ने देश-विभाजन में सबसे महत्त्वपूर्ण भूमिका अदा की है।"[166]

शिवकुमार मिश्र 1857 के स्वाधीनता संग्राम को हिंदी नवजागरण का उद्‌गम मानने से खड़े होने वाले प्रश्नों को रेखांकित करते हैं और उन पर पुनर्विचार की मांग करते हैं।

वीरभारत तलवार ने रामविलास शर्मा की हिंदी नवजागरण की धारणा पर गंभीर आपत्तियां उठाते हुए प्रश्न किया कि "[1] भारत के दूसरे प्रदेशों की तुलना में हिंदी नवजागरण की स्थिति कैसी थी? [2] हिंदी नवजागरण की अभिव्यक्ति के

क्षेत्र कौन-कौन से हैं? हिंदी लेखकों ने नवजागरण की चेतना को सिर्फ हिंदी साहित्य में ही खोजने की कोशिश की। डॉ. बच्चन सिंह ने बहुत चलताऊ ढंग से खयाल गायकी के क्षेत्र में इसका जिक्र किया जिससे कुछ भी स्पष्ट नहीं होता। चित्रकला में इसकी क्या स्थिति थी? [3] धार्मिक-सांस्कृतिक और सामाजिक-सुधार के आंदोलन के प्रभाव में कौन-कौन वर्ण और वर्ग आए और क्यों आए? इसमें प्रभाव-क्षेत्र का भी विश्लेषण करना जरूरी है। जैसे आर्यसमाज का आंदोलन कलकत्ता या बंबई को क्यों प्रभावित नहीं कर पाया जहां पहले से नवजागरण चल रहा था? पंजाब में इसका प्रभाव खासकर पड़ा, इसकी वजह क्या है? क्यों हिंदी प्रदेश में भी इसने जैसा प्रभाव पंजाब से सटे पश्चिमी उत्तर प्रदेश पर डाला, वैसा पूर्वी उत्तर प्रदेश पर नहीं? फिर अतीत की जिन चीजों से ये प्रेरणा लेते हैं, जैसे वेद, वेदांत या बौद्धधर्म से, उसका सामाजिक, सांस्कृतिक और राजनीतिक परिणाम क्या निकला? [4] उपनिवेशिक प्रभुओं के साथ नवजागरण के नेताओं के संबंध किस प्रकार के थे? किसानों, मजदूरों, अछूतों और स्त्रियों के आंदोलन के प्रति उनका रवैया क्या था? [5] हिंदी नवजागरण के अंदर क्या एक से अधिक धाराएं थीं? [6] हिंदी नवजागरण क्या सिर्फ शहरों के शिक्षित मध्यवर्ग तक सीमित रहा या समाज के देहाती इलाकों और निम्नवर्गों में भी यह पहुंचा? [7] हिंदी नवजागरण की क्या कोई ऐसी परंपरा या परंपराएं भी हैं जो शिक्षित मध्यवर्ग से बाहर निम्न वर्गों की रही हों और जो शिक्षित मध्यवर्गीय नवजागरण की परंपरा से भिन्न और स्वतंत्र रही हों? आखिर में एक सवाल हिंदी नवजागरण की धारणा और ढांचे [मॉडल] का भी है। हिंदी नवजागरण से क्या मतलब है? क्या इसका मतलब हिंदी भाषा के माध्यम से हुए नवजागरण से है या हिंदी साहित्य में हुए नवजागरण से है? अथवा इसका मतलब पूरे हिंदी प्रदेश में हुए नवजागरण से है या तथाकथित हिंदी जाति के नवजागरण से है? उसके अध्ययन के ढांचे को किस आधार पर तय किया जाए? इसका संबंध यूरोपीय पुनर्जागरण से और बंगाल या महाराष्ट्र के नवजागरण की धारणा और उनके अध्ययन के ढांचे से किस तरह का होगा?''[167]

ये ऐसे प्रश्न हैं जो हिंदी नवजागरण की रामविलास जी द्वारा प्रस्तुत संकल्पना और उसके आधार पर निकाले गए निष्कर्षों को बहुत ठोस आधारों पर नकारते हैं। नवजागरण पर अपने वृहद अध्ययन 'रस्साकशी : 19वीं सदी का नवजागरण और पश्चिमोत्तर प्रांत' में तलवार जी ने इन प्रश्नों का उत्तर तलाशने की कोशिश की और अपने निष्कर्ष प्रस्तुत करते हुए लिखा कि '' ...भारतीय नवजागरण बंगाल में 1820 के दशक में शुरू हुआ और महाराष्ट्र में 1830 के दशक में। करीब 50 सालों तक यह नवजागरण इन दोनों प्रांतों के भद्रवर्गीय प्रबुद्ध समाज में हलचल मचाता रहा। 1870 का दशक पूरा होते-होते इस नवजागरण की पहली ऊंची लहर जो धर्म और

समाज को सुधारने के महान साहसिक प्रयासों के रूप में भी थी, करीब-करीब खत्म हो चली थी। 1880 से उसके खिलाफ हिंदू प्रतिक्रिया की शक्तियां प्रबल रूप से उठ खड़ी हुई थीं। प्रतिक्रिया की ये शक्तियां बंगाल में बंकिम और भूदेव मुखर्जी के नेतृत्व में और महाराष्ट्र में कई चित्तपावन ब्राह्मणों समेत तिलक के नेतृत्व में उभरी थीं। नवजागरण का पहले जैसा तेज बुझ चला। पश्चिमोत्तर प्रांत में जो भी और जैसा भी नवजागरण आया, दुर्भाग्य से वह इसी दौर में आया।...इस प्रांत में आर्यसमाज अपने उग्र धार्मिक सुधारों का स्वर मंद करने और ऐसे लोकप्रिय मुद्दे उठाने को मजबूर हुआ जिसका संबंध उसके बुनियादी सुधारों से उतना नहीं था। ये मुद्दे मुख्य रूप से हिंदी-नागरी और गोरक्षा के थे जिन्हें सनातनी नेता पहले से उठा रहे थे। इसलिए इन पर उनसे विरोध की संभावना नहीं थी। ये मुद्दे हिंदू भद्रवर्ग के साथ हो रहे अन्याय का प्रतिवाद करने के लिए उठाए गए थे। ये तीनों मुद्दे लोकतांत्रिक मांगें थीं पर हिंदू भद्रवर्ग ने इन लोकतांत्रिक मांगों को भी सांप्रदायिक ढंग से उठाया। इन मांगों के पीछे लोगों को एकजुट करने के लिए हिंदुत्व का सहारा लिया गया और हिंदुओं में मुस्लिम विरोधी भावनाएं भड़काई गईं।...हिंदी नवजागरण एक भ्रामक नाम है।...वह दरअसल ब्राह्मोसमाज और खासकर आर्यसमाज के धार्मिक सुधारों के खिलाफ उनकी प्रतिक्रिया में हुआ सनातनी बुद्धिजीवियों का आंदोलन था...हिंदी नवजागरण का...सामाजिक सुधारों के मामले में सबसे प्रधान मुद्दे स्त्री-प्रश्न पर नजरिया पिछड़ा हुआ और दुविधाग्रस्त था।...आर्यसमाज या ब्राह्मोसमाज की तरह उन्होंने स्त्री-शिक्षा का उत्साहपूर्ण आंदोलन कभी नहीं चलाया। बाल-विवाह का विरोध करते हुए भी उन्होंने इसके खिलाफ कोई प्रभावशाली प्रचार नहीं चलाया। विधवा-विवाह के प्रश्न पर एकाध अपवाद को छोड़कर या तो वे इसके विरोधी रहे या दुविधाग्रस्त रहे। उन्होंने स्त्री-चेतना की दृष्टि से किसी नए आधार को प्रोत्साहित नहीं किया। यही वजह है कि उन्नीसवीं सदी के तथाकथित हिंदी नवजागरण में स्त्री-चेतना की दृष्टि से ऐसी कोई महत्त्वपूर्ण हिंदी लेखिका नहीं हुई जिसकी तुलना उसी दौर की बंगाली या मराठी लेखिका से की जा सके। वास्तव में हिंदी नवजागरण की बजाय इसका सही नाम हिंदी आंदोलन होना चाहिए।...हिंदू-मुस्लिम भद्रवर्ग के बीच होड़ के मुद्दों ने- जिनकी अभिव्यक्ति तथाकथित हिंदी नवजागरण में हुई, यहां धार्मिक-सामाजिक सुधारों के सवालों को गौण बना दिया।...पश्चिमोत्तर प्रांत में हुए नवजागरण की एक विशेषता सुधारों के लिए विभिन्न जाति-सभाओं का बनना था।...अपने कड़े विरोध के बावजूद पश्चिमोत्तर प्रांत में नवजागरण की सबसे प्रमुख शक्ति आर्यसमाज ही रहा।...परंपरावादियों के विरोध के कारण उसे सफलता नहीं मिली।...1940 के दशक में उसके बहुत से कार्यकर्ता राष्ट्रीय स्वयंसेवक संघ में शामिल होते गए और आर्यसमाज के मंदिरों-दफ्तरों में संघ की शाखाएं लगने

लगीं।...भारतीय नवजागरण की सबसे मुख्य और प्रभावशाली विचारधारा की यह परिणति एक कटुसत्य है।...जो समस्याएं आज इतनी विकराल बनकर हमें आतंकित कर रही हैं—सांप्रदायिक धार्मिक फंडामेंटलिज्म, मुस्लिम अलगाववाद और हिंदी-उर्दू विवाद—इन सब का जन्म 19वीं सदी के नवजागरण के दौर में हुआ था।...लेकिन इस नकारात्मक पक्ष के साथ एक और पक्ष भी है जो इसका अंतर्विरोधी है। वह है धर्म और परंपराओं के प्रति नवजागरण का तीव्र आलोचनात्मक रवैया, जो इन दिनों इतना दुर्लभ हो गया है।''[168]

इस विवेचन के बाद नवजागरण की धारणा वैसी ही निर्विवाद या निरापद नहीं लगती, जैसी रामविलास जी प्रस्तुत करते हैं। तलवार जी ने नवजागरण के भद्रवर्गीय आधार, सनातनी विचारधारा, स्त्री और दलित प्रश्नों पर चुप्पी और सांप्रदायिकता से प्रभावित होने को रेखांकित करते हुए हिंदी क्षेत्र की समकालीन वास्तविकता से उसके संबंध को निरूपित किया। पर इसमें 1857 कहीं नहीं है—वह प्रस्थान बिंदु, जिसे रामविलास शर्मा ने मजबूती से स्थापित किया था।

हिंदी जाति और हिंदी नवजागरण के आधार पर रामविलास जी ने साहित्य में जो कैनन बनाया, उसकी चर्चा हम पहले कर आए हैं। लेकिन जब हिंदी जाति और हिंदी नवजागरण की अवधारणा बहस के केंद्र में बनी हुई है तो जाहिरातौर पर इस आधार पर बने साहित्यिक कैननों के बारे में सर्वस्वीकार्यता की बात नहीं की जा सकती। रामविलास जी द्वारा स्थापित 'सामंतवाद-विरोध' और 'साम्राज्यवाद-विरोध' के मानकों से दो रूपों में बहस हो सकती है। एक तो यह कि इन मानकों के आधार पर साहित्य का मूल्यांकन नहीं किया जा सकता। ये मानक आवश्यक तो हैं पर पर्याप्त नहीं हैं और दूसरे यह कि रामविलास जी अपने इन मानकों के तहत जिन साहित्यकारों का मूल्यांकन करते हैं, उनमें से कुछ का उन्होंने अतिमूल्यांकन किया है और उन्हें अधिक ही साम्राज्यवाद-विरोधी और सामंतवाद विरोधी मान लिया है। इन दोनों ही नुक्तों से रामविलास जी से बहस हुई है। निराला और प्रेमचंद पर उनके लेखन को प्रायः सभी ने महत्त्वपूर्ण माना और उससे कोई गंभीर बहस नहीं हुई। लेकिन जहां भारतेंदु का 'साम्राज्यवाद विरोध' और आचार्य शुक्ल का 'सामंतवाद विरोध' लगातार सवालों के दायरे में रहा है वहीं बार-बार यह भी रेखांकित किया गया है कि अपने द्वारा निर्धारित प्रतिमानों की सीमाओं, साहित्य के मूल्यांकन के लिए उनकी अपर्याप्तताओं और मार्क्सवाद की यांत्रिक समझ के चलते उन्होंने मुक्तिबोध का गलत मूल्यांकन प्रस्तुत किया।

भारतेंदु का मूल्यांकन करते हुए रामविलास जी उन्हें हिंदी नवजागरण का अग्रदूत बताते हैं और उनके साहित्य को साम्राज्यवाद विरोधी, सामंतवाद-विरोधी सिद्ध करते हैं।

हम पहले चर्चा कर आए हैं कि शिवकुमार मिश्र ने भारतेंदु में राज-भक्ति और राष्ट्र-भक्ति के समवेत स्वरों का होना रेखांकित किया है।

वीरभारत तलवार ने भारतेंदु के बरअक्स राजा शिव प्रसाद सितारेहिन्द को स्थापित किया और स्त्री-शिक्षा से लेकर उर्दू के सवाल तक भारतेंदु के अंतर्विरोधों को रेखांकित किया। उन्होंने दिखाया कि हिंदी क्षेत्र की सांप्रदायिकता की प्रतिध्वनि भारतेंदु के नाटक 'नीलदेवी' में सुनी जा सकती है।

इसी तरह 1955 में उन्होंने आचार्य शुक्ल के महत्त्व का प्रतिपादन करते हुए अपनी पुस्तक 'आचार्य रामचंद्र शुक्ल और हिंदी आलोचना' की भूमिका में लिखा कि "हिंदी साहित्य में शुक्ल जी का वही महत्त्व है जो उपन्यासकार प्रेमचंद या कवि निराला का। उन्होंने आलोचना के माध्यम से उसी सामंती संस्कृति का विरोध किया जिसका उपन्यास और कविता के माध्यम से प्रेमचंद और निराला ने। शुक्ल जी ने न तो भारत के रूढ़िवाद को स्वीकार किया, न पश्चिम के व्यक्तिवाद को। उन्होंने बाह्य जगत और मानव-जीवन की वास्तविकता के आधार पर नये साहित्य-सिद्धांतों की स्थापना की और उनके आधार पर सामंती साहित्य का विरोध किया और देशभक्ति और जनतंत्र की साहित्यिक परंपरा का समर्थन किया।"[169]

रामविलास जी शुक्ल जी को सुसंगत भौतिकवादी तो नहीं लेकिन काफी हद तक भौतिकवादी मानते हैं और स्थापित करते हैं कि शुक्ल जी ने 'रस-सिद्धांत' की लौकिक व्याख्या करके आनंद को काव्य का लक्ष्य मानने वाली सामंती विचारधारा को ध्वस्त कर दिया और श्रृंगार की जगह वाल्मीकि और भवभूति की परंपरा में करुणा को मूलभाव माना। करुणा से प्रेरित अन्याय का प्रतिरोध करने वाले नायक उनके आदर्श थे।

शुक्ल जी के द्वारा तुलसीदास का किया गया मूल्यांकन सबसे ज्यादा बहस के केंद्र में रहा है। रामविलास जी न सिर्फ इस मूल्यांकन को जायज ठहराते हैं बल्कि कबीर को भक्तिकाल का केंद्रीय कवि मानते हुए किए गए अध्ययनों को खारिज करते हुए वे लिखते हैं कि "कबीर पर सारी पुस्तकें एक तरफ और शुक्ल जी के ये तीन वाक्य एक तरफ।"[170]

रामविलास जी ने हिंदी में ध्वंसात्मक आलोचना का भी अनुपम उदाहरण पेश किया है। रामविलास जी को उपनिवेशवाद विरोधी आलोचक माना जाता है और यह स्थापना पेश की जाती है कि जिस तरह से अफ्रीकी लेखकों ने यह मानने से इनकार कर दिया कि उपनिवेशवाद के जुए के तले जुतने से पहले उनका कोई इतिहास नहीं था और इस तरह उन्होंने मार्क्सवाद की इस स्थापना पर भी सवाल खड़ा किया कि 'अब तक का इतिहास [या एंगेल्स के शब्दों में 'लिखित इतिहास' मान लें तो भी] वर्ग संघर्ष का इतिहास है', उसी तरह रामविलास शर्मा ने भी

उपनिवेशों के संदर्भ में मार्क्सवादी व्याख्याओं की अपर्याप्तता की ओर इंगित किया और इसे भारतीय संदर्भ में विकसित किया। लेकिन भारत के विशेष संदर्भ में भयावह शोषण का शिकार रहे शूद्रों और स्त्रियों के बारे में तुलसी को जायज ठहराने वाले शुक्ल जी को सामंतवाद-विरोधी सिद्ध करना और उस दौर में नीचे से उभरते हुए तबकों की दावेदारी, जिसकी सांस्कृतिक अभिव्यक्ति भक्तिकाल को माना जा सकता, के सर्वाधिक मुखर कवि कबीर को खारिज करने वाली दृष्टि का समर्थन करना रामविलास जी को कहां खड़ा करता है? मौजूदा समय में जब दलित साहित्य अपनी परंपरा की खोज और पुनर्मूल्यांकन कर रहा है तो यह अकारण नहीं कि वह भक्तिकाल का केंद्रीय कवि कबीर को पाता है और आचार्य शुक्ल द्वारा कबीर के मूल्यांकन को खारिज करता है। रामविलास जी जोतिबा फुले का क्या करेंगे जो यह मानते थे कि अंग्रेजी शासन ने ब्राह्मणवाद के जुए में पिसते दलितों को पढ़ने-लिखने का अवसर दिया? शुक्ल जी के लेखन में साम्राज्यवाद विरोधी चेतना तो दिखाई पड़ती है लेकिन यह कतई आवश्यक नहीं कि उन्हें सामंतवाद विरोधी भी माना जाए। आचार्य शुक्ल ने हिंदी आलोचना में निस्संदेह बुद्धिवाद, यथार्थवाद आदि की स्थापना की लेकिन सामंतवाद विरोध की बात तो उन्हीं के शब्दों में कहें तो 'दूर की कौड़ी' लाकर ही स्थापित की जा सकती है।

रामविलास जी सामंतवाद का संबंध कुल-जमा भूमि-संबंधों के सिलसिले में ही देखते हैं। अब संकट यह है कि इन भूमि-संबंधों के चलते जो सामाजिक संबंध बनते हैं, एक दूसरे के साथ अंत:क्रिया करते हैं और लगातार परिवर्तित होते रहते हैं, उनके बारे में विवेचन करना वे जरूरी नहीं समझते। वे रामचंद्र शुक्ल द्वारा चंद्रशेखर आजाद को दी गई सलाह को उद्धृत करते हैं– "अंग्रेजों ने अपनी नीति से महाजन जमींदार पैदा किए हैं। इन्हें छोड़िए। औसत जमींदार टैक्स आदि देने के बाद किसान की ही तरह हो जाता है। अपने संगठन में उन्हें भी लीजिए। किसानों के साथ वे भी विद्रोह करने के लिए तैयार बैठे हैं। बहुत जुल्म हुआ। अब केवल शक्ति का मार्ग रह गया है।"[171]

इस आधार पर शुक्ल जी को गांधीवाद से अलग कर लेना तो एक हद तक ठीक है लेकिन इस आधार पर उन्हें सामंतवाद विरोधी सिद्ध करना उचित नहीं क्योंकि आर्थिक हालात के अलावा जाति व्यवस्था के चलते जो सामाजिक विभाजन था, क्या 'टैक्स आदि देने के बाद औसत जमींदार' उससे ऊपर उठ जाता था? शुक्ल जी के बारे में रामविलास जी की स्थापना का जवाब नीलकांत ने रामविलास जी की ही शैली में अपनी पुस्तक 'आचार्य रामचंद्र शुक्ल' में दिया है। जिस तरह से रामविलास जी के निष्कर्षों में अतियां हैं, उसी तरह नीलकांत के निष्कर्षों में भी लेकिन नीलकांत ने आचार्य शुक्ल की ज्ञानमीमांसा के बारे में कुछ गंभीर प्रश्न खड़े किए हैं।

मुक्तिबोध के मूल्यांकन में भी रामविलास शर्मा की आलोचना की सीमाएं उजागर होती हैं। रामविलास जी की मुख्य आपत्ति मुक्तिबोध के आभ्यंतर जगत से है जिसे वे किसी न किसी तरह भाववाद से जोड़ देते हैं। शीतयुद्ध के समय आलोचना में जो राजनीति चल रही थी, उसके अनुसार रामविलास जी का यह प्रस्थान बिंदु आधुनिकता और उसके रास्ते कलावाद का विरोध था। रामविलास जी अपने सामंतवाद विरोध और साम्राज्यवाद विरोध के एजेंडे का यहाँ इतना यांत्रिक इस्तेमाल करते हैं कि नये सामाजिक गतिविज्ञानों की अभिव्यक्ति कर रही मुक्तिबोध की कविता उनकी पकड़ से छूट जाती है। मुक्तिबोध का आत्मसंघर्ष जिसको कि रामविलास जी ने अस्तित्ववादी खांचे में फिट करके देखा– मध्यवर्ग की वे परिस्थितियां हैं, वे द्वंद्व हैं जो एक तरफ उसे बदलाव की राजनीति के लिए लड़ रही निम्नवर्गीय विचारधारा की तरफ धकेलते हैं और दूसरी तरफ अपनी सामाजिक महत्त्वाकांक्षाओं की सीढ़ियां चढ़ने का प्रलोभन भी दिखाते हैं। खैर! रामविलास जी के मूल्यांकन के विरुद्ध मुक्तिबोध का एक अन्य मूल्यांकन नामवर सिंह ने प्रस्तुत किया। इस मूल्यांकन की विशिष्टता और इसकी सीमाओं की चर्चा इसी अध्याय के अगले खंड में की जाएगी।

अभी तक के विश्लेषण के आधार पर कुछ बातें निश्चित तौर पर कही जा सकती हैं। पहली, मार्क्सवादी आलोचना के भीतर भी किसी एक कैनन पर सर्वानुमति नहीं है बल्कि गंभीर बहसें हुई हैं। इन बहसों ने कैनन में शामिल किए गए रचनाकारों के मूल्यांकनों में परिवर्तन भी किया है। दूसरी, रामविलास शर्मा ने हिंदी जाति और हिंदी–नवजागरण की जो अवधारणा पेश की] उसके पीछे उनकी मंशा यह स्थापित करने की थी कि यदि अंग्रेज न भी आए होते तो भी भारत एक आधुनिक राष्ट्र बन जाता। तीसरी, 'साम्राज्यवाद–विरोध' और 'सामंतवाद–विरोध' साहित्य के मूल्यांकन के बेहतरीन मानक हैं, पर वे सार्वभौम नहीं हैं और इनका यांत्रिक उपयोग गलत निष्कर्षों तक ले जाता है।

मुक्तिबोध : कैनन-निर्माण में वर्ग का सवाल

अभी तक हम जिन साहित्यिक कैननों की चर्चा करते आए हैं, उनके निर्माण की प्रक्रिया में भी एक वर्ग–दृष्टि काम करती रही है–कभी यह सचेत रूप से रही है तो कभी बिना सोच–विचार के भी। हम जानते हैं कि वर्चस्व की विचारधारा यानी वर्चस्वशाली वर्ग की वर्ग–दृष्टि अपने को अंतर्विरोध रहित और सार्वभौम रूप में इस तरह पेश करती है कि वह अपने वर्ग के 'संकीर्ण हितों' के ऊपर दिखाई दे। ऐसा करके ही वह सहमति के जरिए समाज की बहुसंख्या पर अपना वर्चस्व बिना किसी बड़े तनाव के लंबे समय तक बनाए रह सकती है, लेकिन यह न तो उतनी अंतर्विरोध रहित होती है और न ही अपने वर्गीय हितों के ऊपर।

हिंदी आलोचना में कैनन-निर्माण की प्रक्रिया भी एक लंबे ऐतिहासिक कालखंड से गुजरी है। हम देख चुके हैं कि औपनिवेशिक काल में यूरोपीय विद्वानों द्वारा निर्मित कैनन पर औपनिवेशिक सत्ता को लंबे समय तक टिकाए रखने के लिए आम सहमति बनाने का दबाव है तो भारत के राष्ट्रीय आंदोलन से प्रभावित आलोचकों के कैनन-निर्माण का आधार स्वाधीनता की प्राप्ति है। संदर्भत: अलग-अलग समयों में परस्पर संघर्षरत राजनीतिक शक्तियों के संतुलन को बनाए रखने या बदल देने के लिए कैननों का निर्माण किया जाता रहा है।

हिंदी में मुक्तिबोध कैनन-निर्माण की प्रक्रिया में परस्पर संघर्षरत या प्रतिस्पर्द्धा में लगे वर्गों की भूमिका को सीधे तौर पर रेखांकित करने वाले संभवत: पहले आलोचक हैं। मुक्तिबोध हिंदी आलोचना के कैनन-निर्माण की प्रक्रिया में उन वर्गों की तरफ से बोलते दिखाई पड़ते हैं जिनके पास अभी तक अभिव्यक्ति ही नहीं थी–थे तो केवल 'गहन-गंभीर अनुभव'। इसलिए मुक्तिबोध के सामने प्रश्न यह था कि सभ्यता की व्याख्या के क्रम में विभिन्न वर्गों की स्थितियों और भूमिकाओं को रेखांकित किया जाए, भक्तिकाल की असफलता के कारणों की पड़ताल की जाए, अपनी समकालीन निरंध्र दिखने वाली रचनाओं की पड़ताल की जाए, इतिहास की प्रचालक शक्तियों और उनके अंतर्विरोधों की शिनाख्त की जाए। इसी प्रक्रिया में उन्होंने मध्यवर्ती वर्गों को शोषितों के पक्ष में संबोधित किया और शोषितों की विचारधारा और उनके मुहावरे को इतना विस्तार दिया कि वह वर्चस्व की विचारधारा को चुनौती दे सके।

इसी क्रम में मुक्तिबोध ने सभ्यता-समीक्षा को जरूरी समझा, भक्तिकाल के उत्थान-पतन की वर्गीय व्याख्या प्रस्तुत की, 'कामायनी' और 'उर्वशी' की आलोचना की, नई कविता पर विचार किया, मध्यवर्ग को सर्वहारा के पक्ष में संबोधित किया और भिन्न आधार पर हिंदी साहित्य के भीतर मार्क्सवाद की परिधि का विस्तार किया।

इतिहास और उसकी प्रचालक शक्तियों की शिनाख्त

जब आचार्य रामचंद्र शुक्ल ने हिंदी साहित्य के कई पूर्ववर्ती इतिहासों को इतिहास न मानते हुए उन्हें 'कविवृत्त संग्रह' मात्र कहा तो उनका आशय यही था कि इन इतिहासों में इतिहास-दृष्टि नहीं है। कालानुक्रम मात्र ही इतिहास नहीं है। आचार्य शुक्ल ने इसीलिए साहित्य का इतिहास लिखने का आरंभ करते हुए अपनी इतिहास-दृष्टि को भी परिभाषित करना उचित समझा। शुक्ल जी ने साहित्य का संबंध जनता की चित्तवृत्तियों से जोड़ा और इस तरह साहित्य के इतिहास को सामाजिक चेतना के एक खास अंग के इतिहास के रूप में समझा। किंतु यह इतना ही पर्याप्त न था। सवाल यह भी था कि जिस सामाजिक चेतना की उपज साहित्य है, उस चेतना का

स्वरूप क्या है और वह किन भौतिक कारकों से निर्मित हुई है? सवाल यह भी है कि यह सामाजिक चेतना समाज के किस हिस्से की चेतना है–भले ही उसे समाज के सभी हिस्सों ने अपना लिया है?

इतिहास के साथ संस्कृति को भी जोड़ लिया जाए तो कहा जा सकता है कि सांस्कृतिक सौंदर्य की चर्चा करते हुए आम तौर पर सामाजिक सच की अवहेलना ही की जाती है। डी.डी. कोसम्बी ने लिखा है– ''भारत में दुर्बोध और रहस्य दर्शन है, चक्करदार धर्म है, अलंकृत साहित्य है, सुंदर मूर्तियों से सुसज्जित भवन हैं और कोमल संगीत है। यह सब उसी ऐतिहासिक प्रक्रिया की देन है, जिसमें भुखमरी के शिकार भावशून्य ग्रामीण जन हैं, तो सुसंस्कृत माने जाने वाले लोगों का संवेदनहीन अवसरवाद और दीमकों जैसा लालच भी है। यह एक दूसरे के परिणाम हैं।''[172]

'हिंदी साहित्य की भूमिका' में आचार्य द्विवेदी ने साहित्य के विकास में 'जनता की चित्तवृत्तियों' की जगह 'लोकचिंता' को स्थापित किया– ''मैं इसी रास्ते सोचने का प्रस्ताव करता हूं। मतों, आचार्यों, सम्प्रदायों और दार्शनिक चिंताओं के मानदंड से लोकचिंता को नहीं मापना चाहता, बल्कि लोकचिंता की अपेक्षा में उन्हें देखने की सिफारिश कर रहा हूं।''[173]

यह अकारण नहीं है कि आचार्य द्विवेदी तथा डी.डी. कोसम्बी की इतिहास संबंधी धारणाएं एक दूसरे से मिलजी-जुलती प्रतीत होती हैं– ''इतिहास जीवंत मनुष्य के विकास की जीवन-कथा होता है जो अपने काल प्रवाह से नित्य उद्‌घाटित होते रहने वाली नव-नव घटनाओं और परिस्थितियों के भीतर से मनुष्य की विजय-यात्रा का चित्र उपस्थित करता है और जो काल के पर्दे पर होने वाले नये-नये दृश्यों को हमारे सामने सहज भाव से उद्‌घाटित करता है।''[174] और कोसम्बी के अनुसार– ''इतिहास बनाने का काम पिछड़े हुए और अज्ञानी समझे जाने वाले साधारण जन ही करते हैं, न कि पुरोहित, सामंत, सेनानायक, पूंजीपति और जनता को बहकाने वाले नेता।''[175]

समाज की प्रगति की अवधारणा संघर्ष और परिवर्तन की प्रक्रिया का अनिवार्य हिस्सा है। इतिहास संबंधी उपरोक्त दृष्टिकोण इतिहास को अतीत की वस्तु मानने के बजाय मानव जाति के विकास के आरोह-अवरोहों के अध्ययन पर जोर देते हैं। कहना न होगा, नायकोन्मुखी इतिहास की अवधारणा के बरक्स इतिहास के अध्ययन की यह जनोन्मुखी अवधारणा है जो अतीत का अध्ययन भविष्य की मंगल कामना के ध्येय के साथ करती है।

इतिहास के बारे में क्या दृष्टि अपनाई जाए, इसे लेकर पहला गंभीर चिंतन यूरोपीय पुनर्जागरण से पैदा हुआ। मानववाद, प्रगति की अवधारणा, काल के प्रत्यय में बदलाव, इहलौकिकता आदि ऐसे मूल्य थे जिन्होंने मनुष्य के अतीत की नई

व्याख्या को संभव बनाया। इतिहास की अवधारणा को दूसरा क्रांतिकारी मोड़ हीगेल से विकसित होकर कार्ल मार्क्स के चिंतन से प्राप्त हुआ। यह चिंतन पुनर्जागरण के मूल्यों का वारिस था और साथ ही उसका नूतन विकास भी। मार्क्स ने मनुष्य के इतिहास में अधिशेष के ग्रहण के लिए वर्गों के अस्तित्व में आने की व्याख्या की और इस नतीजे पर पहुंचे कि "अभी तक आविर्भूत समस्त समाज का इतिहास वर्ग संघर्षों का इतिहास रहा।"[176]

कम्यूनिस्ट घोषणापत्र के 1888 के संस्करण में उनके मित्र एंगेल्स ने इस पंक्ति को बदलकर उसमें एक शब्द और जोड़ दिया। वह शब्द था 'लिखित'।[177] अब तक का सारा लिखित इतिहास वर्ग संघर्ष का इतिहास है।

साहित्य की मार्क्सवादी इतिहास-दृष्टि अपनाने वाले चिंतकों ने 'समाज' अथवा 'लोक' की अपेक्षा वर्ग पर अधिक बल दिया। 'जनता' शब्द व्यापक है और वह मनुष्य समाज की अविभाजित और अमूर्त धारणा को व्यक्त करता है। हिंदी साहित्य के इतिहास के संदर्भ में आचार्य रामचंद्र शुक्ल ने जब इस शब्द का व्यवहार किया तो जाहिर है कि उन्होंने यह ध्यान में न रखा होगा कि वर्ग विभाजित समाज में शोषितों के विचार बहुधा शोषकों के ही विचार होते हैं। यह दृष्टि मार्क्स से मिलती है।

'लोक' शब्द का व्यवहार करने वाले एक अन्य महत्त्वपूर्ण आचार्य हजारी प्रसाद द्विवेदी निश्चय ही उसे शास्त्र से अलग करके निम्न वर्ग के अर्थ में इस्तेमाल करते हैं। उनका विश्वास है कि ईस्वी सन् के प्रारंभ से ही भारतीय मनीषा लोकोन्मुखी होती गई। किंतु ऐसा क्योंकर संभव हुआ? मनुष्य की भौतिक परिस्थिति में वे कौन से कारक थे जिन्होंने भारतीय उपमहाद्वीप में लोक से उपजी चिंतनधारा को प्रभुत्व प्रदान कर दिया? इसका उत्तर द्विवेदी जी के यहां नहीं मिलता। द्विवेदी जी की लोक के प्रति प्रतिबद्धता निश्चय ही एक विकसित समझ को दर्शाती है पर दो हजार वर्षों से विकसित हो रही भारतीय चिंतनधारा में लोक के प्रभुत्व की कल्पना का आधार वे प्रस्तुत नहीं कर पाते। दरअसल चेतना के इतिहास को भौतिक परिस्थितियों, उत्पादन की प्रक्रियाओं और संबंधों से स्वायत्त मानने के चलते उपरोक्त प्रश्नों का हल उनके यहां नहीं मिलता।

इतिहास-दृष्टि को परिभाषित करते हुए राजेन्द्र कुमार ने लिखा है कि "इतिहास न केवल मनुष्य निर्मित होता है बल्कि मनुष्य की आत्मोपलब्धियों के परिप्रेक्ष्य में निर्मित होता है। सारे विकास में अर्थात विभिन्न देश कालगत परिस्थितियों के बीच अपनी आत्म-विकसित शक्तियों को एक या अनेक दिशाओं में उपयोग में लेने के लिए मनुष्य की अपनी खुद की भूमिका क्या रही है, इतिहास की दृष्टि इसे ही निरूपित करने की होती है। साहित्य के मूल संदर्भ में भी इतिहास की इस दृष्टि का

महत्त्व स्वीकार किए बिना, किसी साहित्यिक तथ्यानुसारी विवरणात्मक प्रस्तुति को यदि हम साहित्येतिहास का नाम दे भी दें तो केवल इतने भर से वह साहित्य का इतिहास नहीं हो जाएगा।''[178]

प्रगतिवाद के दौर में पहली बार साहित्य की वर्ग-दृष्टि को समझने के प्रयास हुए। साहित्य के इतिहास के सवालों पर भी प्रगतिवादियों ने वर्ग-दृष्टि से ही विचार करना उचित समझा। कई लोग जो सांस्कृतिक प्रक्रिया को वर्ग निरपेक्ष मानना चाहते थे, उन्होंने इसका जबर्दस्त विरोध भी किया। कई लोगों को वर्ग की दृष्टि से आधुनिक और समकालीन रचनाओं पर विचार तो ग्राह्य था पर साहित्य के इतिहास के संदर्भ में वे इसे आरोपण समझते थे। आचार्य द्विवेदी ने यह प्रस्तावित किया था कि साहित्य की अपनी परंपराएं होती हैं जो प्रवाह-मान रहती हैं। अतः साहित्य ठीक-ठीक सामाजिक बदलावों के समानांतर नहीं बदलता। इस बात को मार्क्सवाद भी मानता है कि आधार और अधिरचना में समानांतरता का नहीं, द्वंद्वात्मकता का संबंध होता है। ऐसा नहीं होता कि उत्पादन के संबंध बदलते ही विचारधारा, राजनीति, साहित्य, कला में तत्काल परिवर्तन घटित हो जाते हैं। इन सभी अधिरचनात्मक तत्त्वों की आपेक्षिक स्वायत्तता होती है और आनुवंशिकी भी, जो कि उत्पादन प्रक्रिया पर असर डालती है। किंतु अंतिम विश्लेषण में अधिरचना आधार से ही स्थापित होती है। इस अंतिम विश्लेषण के तर्क को जो लोग भुला देते हैं, वे आपेक्षिक स्वायत्तता के स्थान पर पूर्ण स्वायत्तता के इलाके में पहुंच जाते हैं। इस बहस में प्रगतिवाद ने एक लम्बी लकीर खींच दी थी।

गजानन माधव मुक्तिबोध का साहित्य-चिंतन साहित्येतिहास की प्रगतिवादी दृष्टि के श्रेष्ठतम रूपों का प्रतिनिधित्व करता है। जिस प्रकार अधिरचनात्मक रूपों को आधार से पूर्ण स्वायत्त मानने वाले चिंतक साहित्य की बेहतर इतिहास दृष्टि से वंचित रह जाते हैं, ठीक उसी तरह अधिरचनात्मक रूपों की आपेक्षिक स्वायत्तता को न मानकर अंतिम विश्लेषण के तर्क को प्रारंभिक बना देने वाले आलोचक कुत्सित समाजशास्त्र की ओर रुख करते हैं। मुक्तिबोध ने प्रगतिवादी खेमे की इसी कमजोरी पर प्रहार किया। उन्होंने साहित्य के इतिहास के संवेदनशील पड़ावों और मोड़ों पर विचार करते हुए अपनी इतिहास-दृष्टि स्थिर की।

एक अन्य चीज जो खासकर मुक्तिबोध के संदर्भ में ध्यान देने की है, वह है-प्रतिबद्धता। इसका महत्त्व इस बात से समझा जा सकता है कि इतिहास के अंत की घोषणा करने वाली विचारधारा उत्तर-आधुनिकता का मुख्य जोर इस बात पर है कि प्रतिबद्धता जैसी कोई चीज नहीं होती। अब मुक्ति के महाख्यान नहीं रचे जा सकते। लेकिन बगैर किसी प्रतिबद्धता, दृष्टि या दर्शन के इतिहास लिखा नहीं जा सकता। उत्तर-आधुनिकता की मुख्य लड़ाई इसी दर्शन से है। मुक्तिबोध आलोचना के लिए

जिस 'ऐतिहासिक समाजशास्त्रीय' पद का इस्तेमाल करते हैं, वहां समाज एक वर्ग-विभाजित समाज है तथा इतिहास इन्हीं वर्गों के संघर्षों का इतिहास है। इसलिए मुक्तिबोध के लिए इतिहास कभी समाप्त न होने वाली अवधारणा है और इतिहास-दृष्टि शोषित मनुष्य के मुक्ति के रास्ते खोजने का बौद्धिक तरीका है– "उस बौद्धिकता का लक्ष्य मनुष्य की स्वाधीनता है–मनुष्य की अमूर्त अवधारणा की दार्शनिक स्वतंत्रता नहीं–समाज में पराधीनता के शिकार मनुष्यों की सामाजिक और सांस्कृतिक स्वतंत्रता।"[179]

एक प्रतिबद्ध इतिहास-दृष्टि का महत्त्व इस बात से भी पता चलता है कि हिंदी साहित्य के पहले सुव्यवस्थित इतिहास लेखक रामचंद्र शुक्ल आधुनिक होते हुए भी कई बार इतिहास की पतनशील शक्तियों के साथ दिखाई देते हैं–वहीं हजारी प्रसाद द्विवेदी परंपरा के प्रति आग्रही होते हुए भी प्रगतिशील दिखाई पड़ते हैं। इतिहास-दृष्टि का प्रतिबद्धता से एक खास और सुसंगत संबंध मुक्तिबोध के यहां दिखाई देता है जहां प्रतिबद्धता एक पुष्ट विचारधारात्मक आग्रह के साथ प्रकट होती है। इसके कारण ही वे साहित्य में इतिहास, समाज, मनोविज्ञान को परस्पर अंतर्गुम्फित मानते हुए विधाओं तथा कलाओं के ऐतिहासिक विश्लेषण पर बल देते हैं।

मुक्तिबोध के 'मध्ययुगीन भक्ति आंदोलन का एक पहलू' शीर्षक निबंध, 'कामायनी' तथा 'उर्वशी' संबंधी आलोचना, 'नई कविता का आत्मसंघर्ष' तथा 'नये साहित्य का सौंदर्यशास्त्र' संबंधी मूल्यांकन उनके साहित्य की इतिहास-दृष्टि को समझने का माध्यम तो हैं ही, कविताओं और कहानियों में व्यक्त साहित्य-दृष्टि से भी इतिहास-दृष्टि की शिनाख्त की जा सकती है। इसके अलावा 'भारत: इतिहास और संस्कृति' तथा अन्य राजनीतिक लेखों में अभिव्यक्त राजनीतिक दृष्टि से इतिहास-दृष्टि को समझने में मदद मिलेगी। संक्षेप में हम यहां यही कोशिश करेंगे।

भक्तिकाल की असफलता के कारणों की पड़ताल

भक्ति आंदोलन संबंधी मुक्तिबोध का लेख भक्तिकाव्य के साथ ही साहित्य के इतिहास में उनकी रुचि और दृष्टि का परिचायक है। किसी एक आंदोलन के भीतर सत्ता के वर्ग चरित्र की व्यापकता और इस व्यापकता की प्रभुत्व के रूप में परिणति ही मुक्तिबोध के भक्ति आंदोलन संबंधी अवधारणा की खासियत है। मुक्तिबोध भक्तिकाल के अंतर्विरोधों पर वर्ग-दृष्टि से नजर डालते हैं और निर्गुण-सगुण विवाद को दो वर्गों के रूपक के बतौर चिह्नित करते हैं। वे प्रस्तावित करते हैं कि "किसी भी साहित्य को हमें तीन दृष्टियों से देखना चाहिए। एक तो यह कि वह किन सामाजिक और मनोवैज्ञानिक शक्तियों से उत्पन्न है, अर्थात वह किन शक्तियों के कार्यों का परिणाम है? किन सामाजिक-सांस्कृतिक प्रक्रियाओं का अंग है? दूसरे

यह कि उसका अंत:स्वरूप क्या है? किन प्रेरणाओं और भावनाओं ने उसके आंतरिक तत्त्व रूपायित किए हैं? तीसरे, उसके प्रभाव क्या हैं? किन सामाजिक शक्तियों ने उसका उपयोग या दुरुपयोग किया है और क्यों? साधारण जन के किन मानसिक तत्त्वों को उसने विकसित या नष्ट किया है?''[180]

मुक्तिबोध रामभक्ति शाखा और खासकर तुलसीदास की कविता में व्याप्त वर्ण, धर्म, जाति की रूढ़ियों की आलोचना करते हुए लिखते हैं कि– ''साधारण जनों के लिए कबीर का सदाचारवाद तुलसी के संदेश से अधिक क्रांतिकारी था। तुलसी को भक्ति का यह मूल तत्त्व तो स्वीकार करना ही पड़ा कि राम के सामने सब बराबर हैं किंतु चूंकि राम ही ने सारा समाज उत्पन्न किया है, इसलिए वर्णाश्रम धर्म और जातिवाद को तो मानना ही होगा। पं. रामचंद्र शुक्ल जो निर्गुण मत को कोसते हैं, वह यों ही नहीं। इसके पीछे उनकी सारी पुराण-मतवादी चेतना बोलती है।''[181] यहां मुक्तिबोध ने समूचे भक्ति आंदोलन के स्वरूप पर प्रश्न खड़े करते हुए कहा है कि ''क्या यह एक महत्त्वपूर्ण तथ्य नहीं है कि रामभक्ति शाखा के अंतर्गत एक भी प्रभावशाली और महत्त्वपूर्ण कवि निम्न जातीय शूद्र वर्गों से नहीं आया? क्या यह एक महत्त्वपूर्ण तथ्य नहीं है कि कृष्णभक्ति शाखा के अंतर्गत रसखान और रहीम जैसे हृदयवान मुसलमान कवि बराबर रहे आए, किंतु रामभक्ति शाखा के अंतर्गत एक भी मुसलमान और शूद्र कवि प्रभावशाली एवं महत्त्वपूर्ण रूप से अपनी काव्यात्मक प्रतिभा विशद नहीं कर सका, जबकि यह एक स्वत:सिद्ध बात है कि निर्गुण शाखा के अंतर्गत ऐसे लोगों को अच्छा स्थान प्राप्त था?''[182] इसके आधार पर वे यह निष्कर्ष निकालते हैं कि ''जो भक्ति आंदोलन जनसाधारण से शुरू हुआ और जिसमें सामाजिक कट्टरपन के विरुद्ध जनसाधारण की सांस्कृतिक आशा-आकांक्षाएं बोलती थीं, उसका 'मनुष्य सत्य' बोलता था, उसी भक्ति आंदोलन को उच्चवर्गियों ने आगे चलकर अपनी तरह बना लिया और उससे समझौता करके फिर उस पर अपना प्रभाव कायम करके और अनन्तर जनता के तत्त्वों को उनमें से निकालकर, उन्होंने अपना पूरा प्रभुत्व स्थापित कर लिया।''[183]

मुक्तिबोध का यह निबंध भक्ति आंदोलन के अंतर्विरोधों की खोज में सामाजिक क्षेत्रों में सक्रिय प्रभुत्वशाली ऐतिहासिक रूप से मौजूद शक्तियों की शिनाख्त करता है। उनका मानना है कि '' ...किसी भी साहित्य का ठीक-ठीक विश्लेषण तब तक नहीं हो सकता जब तक हम उस युग की मूल गतिमान सामाजिक शक्तियों से बनने वाले सांस्कृतिक इतिहास को ठीक-ठीक न जान लें।''[184]

मुक्तिबोध मराठी संत काव्य परंपरा में भी ब्राह्मण तथा ब्राह्मणेतर संत कवियों की काव्य भावना में फर्क बताते हुए कहते हैं कि ''ब्राह्मणेतर संत कवि की काव्य-भावना अधिक जनतंत्रात्मक, सर्वांगीण तथा मानवीय थी। निचली जातियों की

आत्मप्रस्थापना के उस युग में, कट्टर पुराणपंथियों ने जो-जो तकलीफें इन संतों को दी हैं, उनसे ज्ञानेश्वर जैसे प्रचंड प्रतिभावान संत का जीवन अत्यंत करुण, कष्टमय और भयंकर दृढ़ हो गया। उनका प्रसिद्ध ज्ञानेश्वरी तीन सौ वर्षों तक छिपा रहा। उक्त ग्रंथ की कीर्ति का इतिहास तो तब से शुरू होता है जब वह पुनः प्राप्त हुआ। यह स्पष्ट ही है कि समाज के कट्टरपंथियों ने इन संतों को अत्यंत कष्ट दिया।''[185]

आगे ग्यारहवीं सदी के महाराष्ट्र के राजनीतिक, सामाजिक परिस्थितियों का जिक्र करते हुए मुक्तिबोध लिखते हैं कि ''राजनीतिक दृष्टि से यह जनता हिंदू-मुस्लिम दोनों प्रकार के सामंती उच्चवर्गियों से पीड़ित रही। संतों की व्यापक मानवतावादी वाणी ने उन्हें बल दिया। कीर्तन-गायन ने उनके जीवन में रस-संचार किया। ज्ञानेश्वर, तुकाराम आदि संतों ने गरीब किसान और अन्य जनता का मार्ग प्रशस्त किया।''[186]

लेकिन रामदास के आगमन से मराठी संत साहित्य भी ब्राह्मणवादी वर्चस्व का शिकार हो गया। शिवाजी, जिनका कि राज्याभिषेक रामदास ने किया था, वह एक मराठा क्षत्रिय थे और इस तरह 'नवीन परिस्थिति में' यद्यपि कि युद्धसत्ता, राजसत्ता शोषित और गरीब तबकों से आए सेनाध्यक्षों के पास थी, किंतु सामाजिक क्षेत्र में पुराने सामंतवादियों और नये सामंतवादियों में समझौता हो गया था। नये सामंतवादी कुनबियों, धनगरों, मराठों और अन्य गरीब जातियों से आए हुए सेनाध्यक्ष थे। इस समझौते का फल यह हुआ कि पेशवा ब्राह्मण हुए, किंतु युद्ध सत्ता नवीन सामंतवादियों के हाथ रही।

''उधर सामाजिक, सांस्कृतिक क्षेत्र में निम्नवर्गीय भक्तिमार्ग के जनवादी संदेश के दांत उखाड़ लिए गए। इन संतों को सर्ववर्गीय मान्यता प्राप्त हुई किंतु उनके संदेश के मूल स्वरूप पर कुठाराघात किया गया और जातिवादी पुराणधर्म पुनः निःशंक भाव से प्रतिष्ठित हुआ।''[187] इस प्रकार जनता के कष्ट और पीड़ा तथा उससे मुक्ति की आकांक्षा को अभिव्यक्ति देने वाला भक्ति आंदोलन आखिर में पुरानी सामाजिक संरचना के वर्चस्वशाली और कट्टरपंथ शोषक तत्त्वों के पक्ष में खड़ा हो गया।

हिंदी क्षेत्र में भक्ति आंदोलन के अंतिम कवि तुलसीदास का वही महत्त्व है जो समर्थ रामदास का मराठी भक्ति आंदोलन में है। लेकिन ''आश्चर्यजनक बात यह है कि आजकल प्रगतिवादी क्षेत्रों में तुलसीदास के संबंध में जो कुछ लिखा गया है, उसमें जिस सामाजिक-ऐतिहासिक प्रक्रिया के तुलसीदास अंग थे, उसको जान-बूझकर भुलाया गया है।''[188] इस लेख के अंत में मुक्तिबोध यह फिर दोहराते हैं कि ''किसी भी साहित्य का वास्तविक विश्लेषण हम तब तक नहीं कर सकते, जब तक कि हम उन गतिमान सामाजिक शक्तियों को नहीं समझते, जिन्होंने मनोवैज्ञानिक, सांस्कृतिक धरातल पर आत्म प्रकटीकरण किया है। कबीर, तुलसीदास आदि संतों

के अध्ययन के लिए यह सर्वाधिक आवश्यक है। मैं इस ओर प्रगतिवादी क्षेत्रों का ध्यान आकर्षित करना चाहता हूं।''[189]

मुक्तिबोध की इस स्थापना पर नामवर सिंह ने 'दूसरी परंपरा की खोज' में विचार करते हुए लिखा कि ''मुक्तिबोध की मुख्य स्थापना यह है कि निचली जातियों के बीच से पैदा होने वाले संतों के द्वारा निर्गुण भक्ति के रूप में भक्ति आंदोलन एक क्रांतिकारी आंदोलन के रूप में पैदा हुआ किंतु आगे चलकर ऊंची जातिवालों ने इसकी शक्ति को पहचानकर इसे अपनाया और क्रमशः उसे अपने विचारों के अनुरूप ढालकर कृष्ण और राम की सगुण भक्ति का रूप दे डाला।...रामभक्ति में जाकर तो रहे-सहे तत्त्व भी गायब हो गए। 'क्या यह एक महत्त्वपूर्ण तथ्य नहीं है कि रामभक्ति शाखा के अंतर्गत एक भी प्रभावशाली और महत्त्वपूर्ण कवि निम्नजातीय शूद्र वर्गों से नहीं आया? क्या यह एक महत्त्वपूर्ण तथ्य नहीं है कि कृष्णभक्ति शाखा के अंतर्गत रसखान और रहीम जैसे हृदयवान मुसलमान कवि बराबर रहे आए, किंतु रामभक्ति शाखा के अंतर्गत एक भी मुसलमान और एक भी शूद्र कवि प्रभावशाली और महत्त्वपूर्ण रूप से अपनी काव्यात्मक प्रतिभा विशद नहीं कर सका?...क्या कारण है कि तुलसीदास भक्ति आंदोलन [हिंदी क्षेत्र में] के अंतिम कवि थे?'

''इन प्रश्नों के उत्तर इसी धारणा की ओर ले जाते हैं कि इन सबके लिए भक्ति आंदोलन पर उच्चवंशी उच्चजातीय वर्गों का प्रभुत्व जिम्मेदार है और अंततः भक्ति आंदोलन की शिथिलता तथा समाप्ति के लिए भी वही दोषी है। इस विवेचन से भक्तिकाल के बाद रीतिकाव्य के उदय का कारण भी स्पष्ट हो जाता है। यदि आरंभ के शास्त्र-निरपेक्ष निर्गुण काव्य की शास्त्र-सापेक्ष सगुण परिणति की ओर ध्यान दें तो शास्त्रीयतावाद के पुनरुत्थान के रूप में रीतिकाव्य के प्रसार की भी संगति लग जाती है।''[190]

नामवर सिंह की इस सहमति पर मैनेजर पांडेय ने आपत्ति जताते हुए अपने लेख 'भक्तिकाव्य और हिंदी आलोचना' में लिखा कि ''मार्क्सवादी आलोचना के एक छोर पर रामविलास शर्मा हैं, जिनकी दृष्टि में निर्गुण-सगुण के बीच कहीं कोई द्वंद्व नहीं है। वे भक्ति-आंदोलन और उसके काव्य में किसी विसंवादी स्वर का अस्तित्त्व स्वीकार नहीं करते। दूसरे छोर पर मुक्तिबोध हैं, जिनके अनुसार 'निर्गुण मत के विरुद्ध सगुणमत का संघर्ष निम्न वर्गों के विरुद्ध उच्चवंशीय संस्कारशील अभिरुचि वालों का संघर्ष' था। मुक्तिबोध की इस मान्यता को अंतिम निष्कर्ष तक पहुंचाया है नामवर सिंह ने। रामचंद्र शुक्ल निर्गुण मत और काव्य को लोक-विरोधी मानते थे तो नामवर सिंह सगुण मत और काव्य को लोक-विमुख तथा लोक-विरोधी कहते हैं।

"इस निर्गुण बनाम सगुण के विवाद में जाति और वंश वाला मुक्तिबोध का तर्क विचित्र है और उससे नामवर सिंह की सहमति आश्चर्यजनक। नामवर सिंह ने हजारी प्रसाद द्विवेदी के प्रसंग में लिखा है कि 'किसी लेखक के दृष्टिकोण को उसे पैदा करने वाले जाति, वर्ग या समाज के आधार पर, निर्धारित करने का प्रयास 'फूहड़ समाजशास्त्र' है।' अगर यह मान्यता सही है तो केवल हजारी प्रसाद द्विवेदी के प्रसंग में ही नहीं, कबीर, सूर, मीरा और तुलसी के प्रसंग में भी सही होगी। ऐसी स्थिति में निर्गुण और सगुण कवियों के दृष्टिकोण को उनके वंश और जाति के आधार पर निर्धारित करने का प्रयास भी 'फूहड़ समाजशास्त्र' ही है। इस समाजशास्त्र में जाति और वर्ग पर्यायवाची बन गए हैं। वैसे यह समाजशास्त्र तथ्य से अधिक अनुमान पर आश्रित है। यह कौन नहीं जानता कि कबीर, रैदास, सेन, धन्ना आदि निर्गुण संतों के गुरु रामानंद सगुण भक्त थे! साथ ही यह भी तथ्य है कि सगुण धारा में अनेक मुसलमान और निम्नजातियों से आए भक्त शामिल थे।"[191] आगे इसी लेख में मैनेजर पांडेय लिखते हैं कि "सगुण काव्यधारा की सीमा बताने के लिए मुक्तिबोध ने यह सवाल किया है—क्या यह एक महत्त्वपूर्ण तथ्य नहीं है कि रामभक्ति शाखा के अंतर्गत एक भी प्रभावशाली और महत्त्वपूर्ण कवि निम्नजातीय शूद्र वर्गों से नहीं आया? यह तथ्य है। लेकिन इससे क्या साबित होता है? तथ्य तो यह भी है कि आधुनिक काल में प्रगतिशील आंदोलन के अंतर्गत भी कोई महत्त्वपूर्ण और प्रभावशाली कवि निम्नजातीय शूद्र वर्गों से नहीं आया। तब क्या इससे यह साबित होता है कि प्रगतिवाद के बड़े कवि उच्चवंशी उच्चजातीय वर्गों के प्रभुत्व के प्रमाण हैं? महत्त्वपूर्ण तथ्य और भी हैं। प्रेमचंद ने 'ठाकुर का कुआं' और 'सद्गति' जैसी कहानियां लिखी हैं और नागार्जुन ने 'हरिजन गाथा' जैसी कविता। इन रचनाओं के लेखक शूद्र समुदाय से नहीं आए हैं, इसलिए क्या उनका कोई महत्त्व नहीं है? हिंदी साहित्य के आधुनिक काल में भी निम्नजातियों के बीच से कोई महत्त्वपूर्ण लेखक क्यों नहीं आया—यह एक महत्त्वपूर्ण समाजशास्त्रीय सवाल है। इसका उत्तर खोजने के लिए भारतीय समाज की संरचना और उसकी सांस्कृतिक परंपराओं के स्वभाव की गहरी छानबीन जरूरी है, केवल दूसरे लेखकों को दोषी कहकर छुट्टी पा लेने की प्रवृत्ति से बात नहीं बनेगी। यह प्रवृत्ति भक्ति-आंदोलन की जटिल समग्रता को समझने में भी सहायक न होगी।"[192]

मैनेजर जी के इस किंचित लंबे उद्धरण की पड़ताल जरूरी है। मुक्तिबोध जिस मध्यकाल के साहित्यिक आंदोलन [भक्ति आंदोलन] की बात कर रहे हैं, उस काल में जाति और वर्ग का अंतर्गुम्फन आधुनिक काल की अपेक्षा कहीं अधिक था। दूसरे, मुक्तिबोध निर्गुण और सगुण को आत्यंतिक रूप से क्रमशः निम्न और उच्च जातियों की रचना प्रवृत्तियों के रूप में नहीं देखते हैं। संत ज्ञानेश्वर ब्राह्मण थे, जिन्हें

वे गरीब किसान जनता का मार्ग प्रशस्त करने वाला बताते हैं। मुक्तिबोध भक्तिकाव्य के सामाजिक आधार को रेखांकित कर, उसमें द्वंद्वरत ताकतों की गति के साथ मिलाकर भक्तिकाल की परिणति को सामने लाना चाहते हैं। भक्तिकाल की निर्गुण धारा में श्रमिक जातियों के कवियों का होना और सगुण धारा की कृष्ण भक्ति में मुसलमान कवियों का होना और सगुण धारा की रामभक्ति शाखा में इनका अभाव जिन संदर्भों में उन्होंने उठाया है, उसकी तुलना प्रगतिशील काव्य में निम्नजातीय मूलों से आए कवियों के अभाव से नहीं की जा सकती। पूरा युग-परिवेश बदला हुआ है। प्रगतिशील ही नहीं, किसी भी अन्य आधुनिक काव्यधारा में इन तबकों के कवियों का अभाव ही था, जबकि भक्तिकाल में ऐसा नहीं था। वाचिक परंपरा में अनपढ़ भी कवि हो सकते थे। छापेखाने के बाद के आधुनिक लिखित साहित्य में उनकी भूमिका नहीं हो सकती थी। जैसे-जैसे शिक्षा का अधिकार इन 'निम्नजातियों' ने लड़कर हासिल किया, वैसे-वैसे वे आधुनिक साहित्य में अपनी जगह बनाती गईं। निर्गुण भक्तिमार्गी जातिवाद विरोधी आंदोलन की असफलता के कारणों को मुक्तिबोध ने इस रूप में व्याख्यायित किया है– "उसका मूल कारण यह है कि भारत में पुरानी समाज-रचना को समाप्त करने वाली पूंजीवादी क्रांतिकारी शक्तियां उन दिनों विकसित नहीं हुई थीं। भारतीय स्वदेशी पूंजीवाद की प्रधान भौतिक वास्तविक भूमिका विदेशी पूंजीवादी साम्राज्यवाद ने बनाई। स्वदेशी पूंजीवाद के विकास के साथ ही भारतीय राष्ट्रवाद का अभ्युदय और सुधारवाद का जन्म हुआ और उसने सामंती समाज-रचना के मूल आर्थिक आधार यानी पेशेवर जातियों द्वारा सामाजिक उत्पादन की प्रणाली समाप्त कर दी।"[193]

इस प्रकार मुक्तिबोध सामंती समाज-रचना के नाश हेतु क्रांतिकारी पूंजीवादी शक्तियों को आवश्यक पाते हैं और भक्ति आंदोलन की विफलता के लिए इसे ही संभव न हो पाने को उत्तरदायी ठहराते हैं। यह ऐसी दृष्टि है जो चीजों को अनुमान के आधार पर नहीं बल्कि इतिहास की प्रचालक शक्तियों के गतिविज्ञान के आधार पर निर्धारित करती है।

रीतिकाल को साहित्य के केंद्र से विस्थापित करने के बाद हिंदी में कैनन-निर्माण की लगभग सारी ही कोशिशें भक्ति आंदोलन के भीतर से अपने कैनन निर्मित करती दिखाई पड़ती हैं। सबका एजेंडा अलग-अलग है इसलिए सबके मानक भी अलग-अलग हैं। मुक्तिबोध भक्ति आंदोलन के मूल्यांकन में शायद इस एजेंडे के साथ नहीं लगे थे कि किसी को भक्ति ही नहीं हिंदी साहित्य के केंद्र में स्थापित कर देना है या फिर किसी कवि को न्याय दिलवाना है। मुक्तिबोध के पूर्ववर्तियों द्वारा बहस को जिस ऊंचाई तक पहुंचाया गया था, उसमें सारी बातों के बावजूद एक बात छूटे जा रही थी, वह थी वर्ग की कोटि। जातियों के रूप में अपने

अविभेदीकृत वर्गों की एक जटिल संरचना भक्तिकाल में भी मौजूद थी और आज भी मौजूद है लेकिन निश्चय ही आज जातियों के भीतर वर्गों का विभेद अपेक्षाकृत बढ़ा है। जातियों के भीतर वर्गों के निर्माण की यह प्रक्रिया तेज होने के बावजूद अभी भी उनकी गति का एकमात्र कारण वर्ग को नहीं कहा जा सकता लेकिन जातियां भी इस गति का एकमात्र कारक नहीं रहीं। यह समस्या इसलिए उत्पन्न होती है कि वर्ग को, विद्वान, एक 'स्थिर' कोटि मान लेते हैं, जो अपरिवर्तनीय हो। मुक्तिबोध भक्ति आंदोलन की असफलता के कारणों को उसके तत्कालीन वर्गीय शक्तियों के शक्ति के संतुलन में आए बदलावों के बीच पहचानते हैं। उनकी दृष्टि वर्चस्वशाली संस्कृति और विचार के वर्चस्व निर्माण की प्रक्रियाओं पर ध्यान देती है और किसी खास समय में इतिहास की प्रचालक शक्तियों के गतिविज्ञान का अध्ययन करती है ताकि ऐतिहासिक घटनाओं की स-तर्क व्याख्या संभव हो सके। मुक्तिबोध इसीलिए भक्ति आंदोलन में किसी कवि या रचनाकार को अपने कैनन में शामिल नहीं करते, लेकिन साफ है कि उनकी सहानुभूति निर्गुण संत कवियों के साथ है। भक्ति आंदोलन का यही पहलू उनकी सभ्यता-समीक्षा का पक्ष है। इसीलिए वे कैनन-निर्माण की विभिन्न प्रक्रियाओं की आलोचना अपने विशिष्ट नजरिए से पेश कर सके।

नई कविता

''पर हुआ क्या? हमारे अगुआ साहित्यिक केंद्र, अगर वे कहीं हैं, हिंदी साहित्य के नये विकास को समझने में नाकाम हो गए। उन्होंने शुरुआत से ही हिंदी कविता की इस नई धारा को सिरे से खारिज किया और तब भी उसको खारिज करना जारी रखा, जबकि यह नई धारा विकसित हो रही थी और अपना आधार बढ़ा रही थी।''[194] [कम्यूनिस्ट पार्टी ऑफ इंडिया के तत्कालीन महासचिव कॉ. श्रीपाद अमृत डांगे को लिखे गए पत्र से।

''आगे चलकर नई कविता के डिफेन्स में जब प्रगतिवादी दृष्टि का विरोध किया गया, तब सबसे पहले जीवन और काव्यानुभूति की समानांतरता का, पैरलेलिज्म का, सिद्धांत स्थापित किया गया।...बाह्यत: स्पष्ट सी दिखने वाली इस बात के पीछे एक स्पष्ट-अस्पष्ट राजनीतिक उद्देश्य था। वह यह कि कवि के काव्य जीवन और वास्तविक जीवन, इन दो में अविच्छिन्नता और मौलिक एकता को कुहरिल कर दिया जाए। यह सिद्धांत एक बहुत ही खतरनाक मान्यता है। नई कविता के बुर्ज से शीत-युद्ध चलाने वाले नीति-नियामकों का वह एक सोद्देश्य मानसिक विक्षेप है।''[195]

ऊपर के दोनों उद्धरण मुक्तिबोध के आलोचनात्मक संघर्ष को बखूबी दर्शाते हैं। मुक्तिबोध के सामने समस्या थी कि नई कविता पर प्रगतिवाद के नाम पर हो रहे

हमलों से भी लड़ा जाए और शीत-युद्ध के दूसरे पक्ष की खाई की ओर धकेलने वाले विचारकों के चंगुल से नई कविता को मुक्त कराया जाए। निश्चय ही विचारधारात्मक आधारों पर उनका अपना पक्ष प्रगतिवाद की ओर था।

छायावाद के अंत के साथ ही हिंदी साहित्य के परिक्षेत्र पर प्रगतिवाद का उदय हुआ। इसके थोड़े ही दिनों बाद तारसप्तक छपने के साथ प्रयोगवाद का आगमन हुआ और नई कविता का प्रारंभ हुआ। मुक्तिबोध यहीं इसी बिंदु से नई कविता की निशानदेही करते हैं। उन्होंने बताया कि ब्रजभाषा की स्थूल सौंदर्यात्मकता के खिलाफ विकसित छायावादी सौंदर्य-दर्शन और गूढ़ता अपेक्षाकृत अधिक आधुनिक होने के बाद अपने समय से कट गई। लौकिक की उपेक्षा करके अलौकिक की कल्पना की जाने लगी। इसकी प्रतिक्रिया नवीन, दिनकर और बच्चन आदि में हुई। यह धारा छायावाद से अधिक वास्तविक तो थी पर रोमांटिक मोह से वह न छूटी थी। यथार्थवाद की जगह मुक्तिबोध इन कवियों में 'वास्तववाद' चिह्नित करते हैं जिसका आधार भावना है, बुद्धि नहीं। ऐसे में मुक्तिबोध 'भारतीय संस्कृति' के नाम पर इन कवियों के छिछले राष्ट्रवाद का विरोध करते हैं और राष्ट्र को जन से जोड़ने की चुनौती को दरपेश बताते हैं। दूसरी तरफ प्रगतिवादी काव्य धारा में वे सुभीते के रास्ते की चाह देखते हैं। जनजीवन के नाम पर सामान्यीकरण करने और विशिष्ट को सामान्य से न मिला पाने की कविताओं में वे जीवन दृश्यों के सूक्ष्म चित्रण से कन्नी काटने का भाव देखते हैं। इसी पृष्ठभूमि में प्रयोगवाद का जन्म होता है। तत्कालीन सामाजिक परिस्थितियों में फंसे मध्यवर्गीय व्यक्ति के विद्रोह के रूप में और छायावादी काव्यभाषा और भावबोध द्वारा इस द्वंद्व को अभिव्यक्त न कर पाने की स्थिति को वे प्रयोगवाद के आधार के रूप में व्याख्यायित करते हैं– "इस धारणा का परिणाम यह हुआ कि कविता को वैचारिक गद्य का जामा पहनाया जाने लगा। समाज से सामंजस्य के अभाव के फलस्वरूप तथा उसके विरुद्ध उसमें प्रखर बौद्धिक व्यक्तिवाद का विकास हुआ। कुछ लोगों में अंतर्मुखी चेतना उत्पन्न हुई तो कुछ में बहिर्मुखी चेतना अधिक यथार्थोन्मुख हुई—चाहे वह अंतर्मुखी हो या बहिर्मुखी।"[196]

नई कविता के लिए यही परिस्थितियां आधारभूमि थीं। नई कविता को मुक्तिबोध आधुनिक भावबोध की कविता मानते हैं। यह बोध मध्यकालीन धार्मिकबोध और छायावादी भावुक कल्पनाप्रधान बोध से अलग यथार्थ संबंधों को ग्रहण कर यथार्थबोध द्वारा संवेदनात्मक प्रतिक्रियाएं देने वाला है। यह यथार्थ मध्यवर्ग के सामने दरपेश चुनौतियों से उपजा है। छायावादी व्यक्तिवाद के खिलाफ यह यथार्थोन्मुख व्यक्तिवाद है। यह नई कविता बौद्धिकता के नाते यथार्थवादी आत्मचेतना धारण करती है और व्यक्तिवाद के नाते आत्मकेंद्रित है। प्रगतिवाद का वैज्ञानिक बोध चूंकि अभी इतना

विकसित न हो पाया था कि वह हार्दिक और आत्मिक विश्वास का रूप ले पाए इसलिए विचारधारा के क्षेत्र में लेखकों की 'संगति' न बन पाई। इस असंगति से आत्म केंद्रीयता उभरी।

पर इस यथार्थ को देखने-समझने की नई कविता के भीतर दो धाराओं को मुक्तिबोध रेखांकित करते हैं– ''ये कवि विचारधारा की दृष्टि से दो खेमों में बंटे हुए हैं। एक खेमा है सक्रिय प्रगतिशीलता विरोधी, जिसमें सर्वप्रमुख हैं–श्री वात्स्यायन और धर्मवीर भारती आदि। दूसरे लोग प्रगतिवाद के पक्ष में हैं, जिसमें प्रमुख हैं– गिरिजाकुमार माथुर, नेमिचंद्र जैन, श्रीनरेश मेहता, भारतभूषण अग्रवाल आदि।''[197] चित्रण के आधार पर मुक्तिबोध नई कविता के दो विभागों की चर्चा करते हैं– सौंदर्यवादी और आभ्यंतर प्रतीकों का चित्रण करने वाले। पर कहना न होगा कि पहला विभागीकरण अधिक ठोस है।

मुक्तिबोध नई कविता की एक धारा का जिक्र करते हैं जो मार्क्सवाद के अधिक करीब है। वे प्रथमतः पश्चिम की बजाय एफ्रो-एशियन और लैटिन अमेरिकी देशों, मसलन–अलजीरिया और इजिप्ट, कांगो और क्यूबा, सीलोन और जापान, इंडोनेशिया और अर्जेंटीना आदि से अधिक सायुज्यता महसूस करते हैं और अपने आभ्यंतर के बाह्यीकरण तथा बाह्य के आभ्यंतरीकरण के द्वंद्व से कविता में प्रवेश करते हैं। साफ ही है कि यहां मुक्तिबोध अपनी और अपने समानधर्मा शमशेर आदि कवियों की बात कर रहे हैं। दूसरी धारा आधुनिकता के आदर्श के बतौर यूरोप और अमेरिका को देखती है और अपने देश की टूटन और विघटन की परिस्थितियों को उससे जोड़ देती है। इस धारा के मुताबिक पूंजीवादी समाज के भीतर, और साम्यवादी समाज के भीतर तो और भी व्यक्ति का दमन होता है। इसलिए कलाकार को अपने सृजन की रक्षा व्यक्तिवत्ता से करनी चाहिए। नई कविता के भीतर इस धारा के प्रभाव को मुक्तिबोध इन शब्दों में व्यक्त करते हैं– '' ...नई कविता में प्रचलित बहुतेरा निराशावाद और जनता और समाज से अलग रहकर जीने की यह प्रवृत्ति– अर्थात व्यक्तिवाद–दोनों एक दार्शनिक भूमिका में, दार्शनिक विचारधारा का रूप धारण कर, हिंदी साहित्य में–नई कविता के क्षेत्र में– खूब प्रचलित है। भारतीय मध्यवर्गीय जीवन में जो आज खेदपूर्ण अवसन्न दुखमय स्थिति है, उसकी प्रधान मनोदशाओं को आज यूरोप-अमेरिका का यह वैचारिक प्रवाह प्राप्त हो जाता है।''[198]

छायावादी काव्य के समर्थकों के बौद्धिकता के आरोप को नकारते हुए इन नए कवियों का यह कहना कि वे बौद्धिक नहीं हैं, इसे मुक्तिबोध सही संदर्भ में परिभाषित करते हुए कहते हैं कि नई कविता के इन कवियों में बौद्धिक उत्कर्ष सचमुच नहीं दीखता, यहां दिखता है संवेदनाघातों का सामान्यीकरण। वे यहां विश्वदृष्टि के अभाव को चिह्नित करते हैं। 'पर्सनल' कविता की ताकत बनने की

बजाय जड़ीभूत एस्थेटिक पैटर्न्स में बदल गया। कवियों को भी कवियों की कविताएं समझ में नहीं आने लगीं। ऐसा इसलिए हुआ क्योंकि उनका निज ऐकांतिक निज में बदल गया, मानव समस्या से कटकर अलग-थलग हो गया।

मुक्तिबोध नई कविता के भीतर के द्वंद्व को शीतयुद्ध की छाया से प्रभावित देखते हैं। अमेरिका और सोवियत संघ के दोध्रुवीय विश्व में दुनिया के पैमाने पर भी यह घटित हो रहा था। यह अर्थ और सैन्य मामला तो था ही, साथ ही इसके सांस्कृतिक निहितार्थों ने भी दुनिया भर में संस्कृति की परस्पर विरोधी दो अवधारणाओं को मजबूत किया। मुक्तिबोध इससे सजग हैं– ''आपको याद होगा, सन् 1951-52 के अनंतर, साहित्य क्षेत्र से, विशेषकर काव्य क्षेत्र से प्रगतिवादी विचारधारा को खदेड़कर बाहर करने के लिए नई कविता के बुर्ज से शीतयुद्ध की गोलंदाजी की गई थी। यह शीतयुद्ध, मेरे लेखे, विश्व में चल रहे राजनीतिक शीतयुद्ध की साहित्यिक शाखा के रूप में था।...यह वातावरण एक विशेष समूह द्वारा, लगभग संगठित रूप से तैयार किया गया था।''[199]

1955 में लिखे गए इस लेख के समय तक अज्ञेय आदि की अगुवाई में 'लघुमानव' की अवधारणा उभर रही थी। मुक्तिबोध ने इस 'लघुमानव' और 'आधुनिकता बोध' को कलाकारों को जीवन स्पर्श से काट देने वाला बताते हुए इसकी कठोर आलोचना की। वे कहते हैं कि इस आधुनिक भावबोध में साम्राज्यवाद और पूंजीवाद से त्रस्त जीवनानुभव और उनसे लड़ रही जुझारू प्रतिरोधी शक्तियों के जीवनानुभव अछूत माने जाते हैं।

मुक्तिबोध इस पूरी बहस को हल करने के लिए उसकी जड़ों की ओर प्रवेश करते हैं। वे रचना-प्रक्रिया की बहस उठाते हैं। 'नई कविता का आत्मसंघर्ष' नामक उनका लेख इस लिहाज से काफी महत्त्वपूर्ण है। कला और वस्तु के संबंधों पर मुक्तिबोध के चिंतन में महत्त्वपूर्ण विचार लगातार मिलते हैं। वे मानते हैं कि नई कविता 'संवेदनात्मक ज्ञानों और ज्ञानात्मक संवेदनों के तीव्र प्रतिक्रियाघातों' को व्यक्त करना चाहती है। तब इस चुनौती के लिए 'त्रिविध संघर्षों' का विधान मुक्तिबोध करते हैं– ''आज के कवि को एक साथ तीन क्षेत्रों में संघर्ष करना है। उसके संघर्ष का त्रिविध स्वरूप यह है या होना चाहिए– [1] तत्त्व के लिए संघर्ष, [2] अभिव्यक्ति को सक्षम बनाने के लिए संघर्ष, [3] दृष्टि विकास का संघर्ष। प्रथम का संबंध मानव वास्तविकता के अधिकाधिक सक्षम उद्‌घाटन-अवलोकन से है। दूसरे का संबंध चित्रण-सामर्थ्य से है और तीसरे का संबंध थियरी से है, विश्व-दृष्टि के विकास से है, वास्तविकताओं की व्याख्या से है। यह त्रिविध संघर्ष है।''[200]

नई कविता की मुश्किलों और उसके सामने दरपेश चुनौतियों से जूझते हुए कविता को व्याख्यायित-विश्लेषित करने के लिए उसकी रचना-प्रक्रिया के विश्लेषण

में उतरते हैं। 'कला के तीन क्षण' की उनकी थीसिस इसी प्रक्रिया से उपजी है। कवि के अंतर्तत्त्व जब उसके मन के सम्मुख आते हैं तभी कवि का बोध, ज्ञान और कल्पना शुरू होती है। उद्घाटन का यही प्रथम क्षण कला का पहला क्षण है। दूसरे क्षण में यह कल्पना या बोध समरूप जीवन मूल्य और अनुभव से द्वंद्वात्मक क्रिया करता है। यहीं फैंटेसी का निर्माण होता है। तीसरे क्षण में यह फैंटेसी और सामाजिक भाषा का द्वंद्व होता है जिससे रचना की अभिव्यक्ति होती है।

इस प्रक्रिया वर्णन से मुक्तिबोध प्रथमत: यह सिद्ध करते हैं कि आत्मोद्घाटन या आत्मप्रकटीकरण कवि के भीतर कोई रुकी हुई नहीं, वरन गतिशील प्रक्रियाएं हैं। ऐसे में कवि वस्तुत: अपने विशिष्ट को सामान्य में मिला देता है और इस तरह अपने विशिष्ट को एक नये सामान्य में बदल देता है। वे लिखते हैं– "...और उसे लगता है कि उसका विशिष्ट–जो अब विशिष्ट रहा ही नहीं–बहुत ही सामान्य मार्मिक महत्त्व प्रकाश, मार्मिक महत्त्व किरणें विकसित कर रहा है। यह सामान्य क्या है? वे जीवन मूल्य हैं, वे जीवन दृष्टियां हैं, जो कवि ने अपने बाह्य विस्तृत जीवन में पाई हैं। दूसरे शब्दों में, उसके अंतर में व्याप्त ये जीवन-मूल्य और यह जीवन-दृष्टि बाह्य जीवन जगत का ही मनोवैज्ञानिक रूप हैं।"[201] यहीं मुक्तिबोध सौंदर्याभिरुचि का महत्त्वपूर्ण प्रश्न सामने रखते हैं और इस समूची कला निर्माण की प्रक्रिया के वर्गीय आधार की ओर फिर संकेत करते हैं। कला के तीसरे क्षण में, जब फैंटेसी और अभिव्यक्ति का संघर्ष होता है तब रचनाकार की सौंदर्याभिरुचि उसे अभिव्यक्ति के खास मॉडल की ओर धकेलती है। यह मॉडल व्यक्तिगत नहीं, वस्तुत: किसी वर्ग की सौंदर्याभिरुचि से बना होता है। उच्च मध्यवर्गीय कविता और निम्न मध्यवर्गीय कविता के 'हुश्न के मेयार' अलग-अलग हैं। इस तरह मुक्तिबोध नई कविता में व्यक्ति की विशिष्टता के दावों के आधार को समझने के लिए जमीन बनाते हैं। सौंदर्यशास्त्र के जड़ हो जाने को वे नई कविता में एक प्रमुख खतरे के रूप में देखते हैं। कहना न होगा कि इस आलोचना के केंद्र में वह बोधधारा है जिसका प्रतिनिधित्व अज्ञेय करते हैं। उन्होंने लिखा– "नई काव्य प्रवृत्ति के क्षेत्र के कुछ महान व्यक्ति, अपनी वर्गीय अभिरुचि के फलस्वरूप, सौंदर्य का जो प्रतिमान हमारे सामने रखते हैं, उसमें जब तक व्यापक संशोधन नहीं होगा, तब तक हम अपने ही जीवन अनुभवों का पूर्ण और प्रभावशाली चित्र उपस्थित नहीं कर सकते। जो काव्यात्मक व्यक्तित्व एक बंद संदूक [क्लोज्ड सिस्टम] बनाता है, ['तुम नहीं व्याप सकते, तुममें जो व्यापा है, उसी को निबाहो], वह जड़ीभूत सौंदर्याभिरुचि ही प्रदर्शित कर रहा है।"[202]

वस्तुत: मुक्तिबोध ने अपने समय की कविता के लिए नये प्रतिमानों की जरूरत को न सिर्फ महसूस किया बल्कि नये प्रतिमान गढ़े भी। नई कविता के वर्गीय

आधारों की शिनाख्त करते हुए उससे मुक्तिबोध ने अपना कैनन गढ़ा। उसकी व्याख्या के दुहरे-दोतरफे खतरों से लड़े और रचना-प्रक्रिया को आधार बनाकर अपने समय-समाज में गहरे धंसी हुई नई कविता को 'दुर्व्याख्या के विष से मूर्च्छित' होने से बचाया।

सभ्यता-समीक्षा

मुक्तिबोध 'सभ्यता-समीक्षा' पद को एक बीज शब्द की तरह इस्तेमाल करते हैं। उनके लिए पूरी सभ्यता वर्गों के गतिविज्ञान से विकसित होती हुई सभ्यता थी। यदि हम यह प्रश्न पूछें कि मुक्तिबोध सभ्यता-समीक्षा में क्यों प्रवृत्त हुए तो इसका जवाब मुक्तिबोध के ही काव्य संसार से मिलता है। मुक्तिबोध ने 'चकमक की चिंगारियां' शीर्षक अपनी कविता में अपनी ज्ञान-मीमांसा और सभ्यता-समीक्षा के रिश्तों को उद्घाटित किया–

"...कि मैं अपनी अधूरी दीर्घ कविता में
सभी प्रश्नोत्तरी की तुंग प्रतिमाएं
गिराकर तोड़ देता हूं हथौड़े से
कि वे सब प्रश्न कृत्रिम और
उत्तर और भी छलमय
समस्या एक–
मेरे सभ्य नगरों और ग्रामों में
सभी मानव सुंदर, सुखी व शोषणमुक्त कब होंगे?"[203]

मनुष्य द्वारा मनुष्य के शोषण से मुक्ति की यही छटपटाहट मुक्तिबोध को सभ्यता-समीक्षा की अवधारणा की ओर ले जाती है। भगत सिंह का भी यही सपना था। प्रश्नों के छलमय होने और उत्तरों के और भी छलमय होने की गहरी विडंबना के बीच पूरी सभ्यता का इतिहास एक बार फिर से खंगालने की जरूरत उन्हें महसूस हुई यानी स्वातंत्र्योत्तर भारत में विरोध की आवाज को भी सत्ता द्वारा समाहित कर लिए जाने और वंचित व हाशिए पर फेंक दिए गए तबकों के अधिकारों की पृष्ठभूमि मुक्तिबोध की सभ्यता-समीक्षा के पीछे है। हाशिए पर धकेल दिए गए तबकों के नजरिए से सभ्यता के पुनर्पाठ की कोशिश मुक्तिबोध का श्रेय है।

मधुप कुमार ने इसीलिए सभ्यता-समीक्षा को विचारधारा की तरह नहीं बल्कि सभ्यता संबंधी दबावों के परिप्रेक्ष्य में देखे जाने की वकालत की है–"सभ्यता-समीक्षा, सभ्यता संबंधी दवाबों के परिप्रेक्ष्य में साहित्य की विधिदृष्टीय परीक्षा की आवश्यकता की उपज है।...वह सिर्फ रचना और आलोचना को समझने की विधि नहीं है, पूरी सभ्यता से प्रतिकृत होने की प्रक्रिया है।"[204]

मधुप जी जिस बात को विशिष्ट रूप से चिह्नित करते हैं, वह सभ्यता-समीक्षा को साहित्यमात्र के क्षेत्र से निकालकर मानविकी के बड़े आयाम में प्रक्षेपित कर देती है। निश्चय ही मुक्तिबोध के यहां सभ्यता-समीक्षा सभ्यता के सांस्कृतिक रूपों के साहित्य में निरूपण से अधिक साहित्य की राजनीति की मुखर अभिव्यक्ति करती है। यह सभ्यता-समीक्षा 50 और 60 के दशक के गहरे प्रश्नों से उपजी हुई है। समीक्षक के कार्यभार बताते हुए मुक्तिबोध ने 'नवीन समीक्षा के आधार' नाम के लेख में लिखा– "आलोचक या समीक्षक का कार्य वस्तुत: कलाकार या लेखक से अधिक तन्मयतापूर्ण और सृजनशील होता है। उसे एक साथ जीवन के वास्तविक समुद्र के अनुभवों में डूबना पड़ता है और उससे उबरना भी पड़ता है जिससे कि लहरों का पानी उसकी आंखों में न घुस पड़े। अपने वर्ग, समाज या श्रेणी की जिंदगी में अपनी जिंदगी की सही हिस्सेदारी के बगैर जो समीक्षक उस जिंदगी के प्रतिबिंबों के पैटर्न्स का मूल्यांकन करने बैठता है, वह कभी भी सच्ची आलोचना नहीं कर सकता। जीवन के वास्तविक अनुभवों से प्राप्त सत्यों के अभाव में बौद्धिक खामखयाली को वह सूक्ष्मदर्शिता का लिबास भले ही पहना दे, उसकी समीक्षा कभी भी सृजनशील नहीं हो सकती।"[205]

यहां मुक्तिबोध समीक्षक के सामने जिन खतरों का उल्लेख कर रहे हैं, वे खतरे समीक्षक की वर्गीय स्थिति और उससे भी अधिक निर्णायक रूप से उसकी वर्गीय दृष्टि के अनुक्रमानुपाती हैं।

'पहल-53' में नामवर सिंह ने लिखा था कि "...सभ्यता के विकास के साथ-साथ कवि-कर्म कठिन होता जाता है और मैंने इसमें आगे जोड़ा था कि आलोचना कर्म और भी कठिन होता जाता है। बीसवीं शताब्दी का अंत जहां हो रहा है वहां सभ्यता का साफ अर्थ है पूंजीवादी सभ्यता। सभ्यता का जो औद्योगिक विकास, यांत्रिक विकास तथा इससे जुड़ी हुई जो समाज व्यवस्था है, अर्थतंत्र है, इसी का नाम सभ्यता का विकास है।"[206]

नामवर सिंह यहां जिस बात को चिह्नित कर रहे हैं वह इस अर्थ में महत्त्वपूर्ण है कि आधुनिकता के आगमन के बाद ही सभ्यता का अर्थ-विस्तार यहां तक हुआ है। पूंजीवाद के सामंतवाद से संघर्ष के बाद जो परिभाषाएं बनीं और बदलीं, उनमें सभ्यता की परिभाषा भी बदलती रही है। मुक्तिबोध के लिए सभ्यता-समीक्षा पदबंध में से सभ्यता शब्द निश्चय ही पूंजीवादी सभ्यता के भीतर सभ्यता का नया विमर्श खड़ा करने की कोशिशों का वाहक है। मुक्तिबोध ऐसे पदबंधों को अभियोजित करने, उनकी नई परिभाषाएं गढ़ने और उनके अर्थ विस्तार करने में माहिर हैं। फैंटेसी, ज्ञानात्मक संवेदन, संवेदनात्मक ज्ञान, सत्-चित् वेदना जैसे अनेक आलोचनात्मक पदबंध हिंदी आलोचना को मुक्तिबोध ने दिये हैं। संदर्भत: निजीकरण,

बाजारीकरण, उदारीकरण के इस दौर में हम एक बार फिर अमेरिका जैसे साम्राज्यवादी देशों की अगुवाई में सभ्यता शब्द का बदलता हुआ अर्थ देख रहे हैं। पूंजी के हत्यारे चक्रों और राष्ट्रों के शोषण को उनकी पिछड़ी हुई सभ्यता के कारण बताया जा रहा है। यहां देखा जा सकता है कि वैश्विक राजनीति में 1990 के बाद से सभ्यता के दो अर्थ हो जाते हैं। एक अर्थ तीसरी दुनिया की सभ्यता है, साम्राज्यवाद के दुष्चक्रों में पिस रही जनता की सभ्यता है और दूसरा अर्थ बहुराष्ट्रीय कंपनियों के मालिकों, साम्राज्यवादियों और उनके देशी दलालों का है। सभ्यता सार्वत्रिक अवधारणा नहीं है, सभ्यता की अवधारणा वर्गीय परिप्रेक्ष्य में बदलती रहती है। मुक्तिबोध के यहां सभ्यता साम्राज्यवादी अर्थ के खिलाफ निम्नवर्ग की सभ्यता है।

नामवर सिंह ने इसी लेख में आगे लिखा– ''बीसवीं सदी के संकट को कुछ लोगों ने बेचने-खाने का धंधा बना लिया है और मैं कह दूं कि ऐसी कविताएं और कहानियां भी लिखी जा रही हैं।... आपको याद होगा कि एक जमाने में आदिवासियों के जीवन को लेकर, नक्सलवाद को लेकर कई सारी फिल्में बनीं। वे सारी फिल्में भुना रही थीं उस नक्सल क्रांति को और वह वर्ग, जिसके खिलाफ ये फिल्में बनी थीं, मजे ले-लेकर देख रहा था।...मुक्तिबोध कहते थे कि रचना का कहां छद्म हो रहा है, यह पहचानना आज की सबसे बड़ी समस्या है। इसीलिए आलोचना कर्म कठिन होता जा रहा है।''[207]

नामवर सिंह ने बीसवीं शताब्दी के जिस संकट की बात की है, उस संकट को सभ्यता-समीक्षा से सीधे जोड़ना तो मुश्किल है पर यह कहा जा सकता है कि जनता के बुनियादी वर्गों के आंदोलनों के विकृत चित्र साहित्य में निम्न पूंजीवादी वैचारिकी के मध्यवर्गीय वाहकों द्वारा आते हैं। मुक्तिबोध के माध्यम से पहली बार हिंदी आलोचना में सभ्यता-समीक्षा के जरिए वर्ग एक आलोचनात्मक कोटि बनकर आता है। नामवर जी ने मुक्तिबोध के बहाने रचना और आलोचना के जिस छद्म को उद्घाटित करने की बात की थी, वह बिना वर्ग-सचेत दृष्टि के असंभव है।

वर्ग-सचेत दृष्टि के अतिरिक्त दूसरी महत्त्वपूर्ण प्रस्थापना जो सभ्यता-समीक्षा का आधार निर्मित करती है, वह है ऐतिहासिकता। मुक्तिबोध काल की सतत विकासमान गति के विकासमान 'स्पाइरल' रूप को मानते हैं। उनके मुताबिक सच्चा ऐतिहासिक दृष्टिकोण वह है जो न केवल बाहरी स्थिति-परिस्थिति को, वरन साहित्य के मनोवैज्ञानिक तथ्यों को, समाज की विकासात्मक ऐतिहासिक प्रक्रियाओं की अभिव्यक्ति के रूप में ग्रहण करता है और उनकी गतिशील अभिव्यक्ति करता है।

मुक्तिबोध यहां सीधे-सीधे अर्थव्यवस्था को साहित्य का आधार मानने और उसके साथ लगातार अनुक्रमानुपाती ढंग से बदलने की गलत सोच का नकार करते

हैं। वे स्थितियों–परिस्थितियों को ही नहीं वरन साहित्य के भीतर मनोवैज्ञानिकता को ऐतिहासिक विकास के साथ मिलाकर देखने की बात करते हैं।

'समाज और साहित्य' नामक अपने लेख में मुक्तिबोध ने फिर लिखा– "तात्पर्य यह कि जब तक हम समीक्ष्य साहित्य के मनोवैज्ञानिक–सौंदर्यात्मक विवेचन का समाजशास्त्रीय विश्लेषण नहीं करते तब तक हम उसके अंत:स्वरूप का, उसकी क्षमताओं और सीमाओं का पूरा विवेचन तथा मूल्यांकन भी नहीं कर सकते।...आज का वैविध्यमय जीवन विषम है, आज की सभ्यता ह्रासग्रस्त है, इसलिए आज की कविता में तनाव का होना स्वाभाविक ही है। किसी भी युग का काव्य अपने परिवेश से या तो द्वंद्व रूप में स्थित होता है या सामंजस्य के रूप में।"[208]

मुक्तिबोध ने इस तरह सौंदर्य की मनोवैज्ञानिक रीतियों के समाजशास्त्रीय विश्लेषण के रास्ते सभ्यता–समीक्षा के प्रश्न उठाए। निश्चय ही उनके अपने युग में नेहरूवियन मॉडल से मोहभंग और सत्ता के वर्गीय चरित्र के और अधिक उद्घाटित होने की दशा में ही यह प्रश्न उठ खड़ा हुआ था कि एक बार फिर पूरी सभ्यता की समीक्षा की जाए ताकि आगे बढ़ने के रास्ते में इतिहास से मदद ली जा सके।

पूरी सभ्यता के विकासक्रम में सभ्यता के दायरे से बाहर कर दिये गए लोगों की सभ्यता के दावे को स्थापित करने के लिए ही उन्होंने इतिहास की जनदावेदारी के प्रश्न को उठाया। उनके कैनन में रचनाकार आते, इसके पहले यह जरूरी था कि उसकी सैद्धांतिक पृष्ठभूमि तैयार की जाए। इसीलिए उन्होंने अपने समय की उन रचनाओं का नया पाठ करने का प्रयत्न किया जिन्हें वर्चस्वशाली वर्गों और उनकी संस्कृति द्वारा आमसहमति के निर्माण के एजेंडे के साथ प्रस्तुत किया गया था।

'कामायनी' की समीक्षा : कैनन–निर्माण के प्रतिमान

सभ्यता–समीक्षा की अपनी परियोजना के तहत ही मुक्तिबोध ने जयशंकर प्रसाद की 'कामायनी' और दिनकर की 'उर्वशी' की विवेचना की। 'कामायनी' की विवेचना इसलिए भी जरूरी थी क्योंकि वह अतीत की गहरी छानबीन करने वाली थी। आलोचक 'कामायनी' की अर्थच्छवियां खोजते हुए पुनर्जागरणकालीन स्वर्णिम अतीत की बहस को बार–बार उठा रहे थे। मुक्तिबोध ने कामायनी की समीक्षा करते हुए 'कामायनी : एक पुनर्विचार' में लिखा– "युग तथा साहित्य के घनिष्ठ परस्पर संबंधों के वास्तविक स्वरूप को समझने की दिशा में प्रयास करते हुए, हमारे दृष्टि–मार्ग में दो विशेष प्रकार का साहित्य उपस्थित होता है। एक वह, जिसमें युग–प्रवृत्तियों का मात्र प्रतिबिंब हो, अर्थात आपेक्षिक रूप से, युग–प्रवृत्तियों को जागरूक प्रकार से न लिया जाकर, एक विशेष मानसिक निष्क्रियता के वशीभूत हो, मात्र उनका संस्कृत अथवा विकृत प्रतिबिंब उपस्थित कर दिया जाता है। दूसरा

साहित्य इस प्रकार का होता है कि जिसमें इन युग-प्रवृत्तियों के अभिप्राय, गर्भितार्थ उनके प्रभावकारी अथवा विनाशकारी आशय, आदि को जागरूक प्रकार से ग्रहण किया जाकर वर्तमान के पार मानव भविष्य को निहारा जाता है। निश्चय ही, ऐसे साहित्य का उद्‌देश्य है मानव-चेतना का परिष्कार। किंतु बहुत बार यह भी देखा गया है कि महान से महान साहित्यकार [जैसे तालस्ताय] सारे समाज की चित्रात्मक समीक्षा कर चुकने के बाद, जीवन-संबंधी जिन अंतिम निष्कर्षों पर पहुंचता है, [उनका सर्वमान्य होना या न होना अलग बात है, किंतु] उनसे डर तो यह हो जाता है कि कहीं वे अंतिम निष्कर्ष हानिप्रद तो नहीं हैं। यह भय स्वाभाविक भी है। समीक्षा जीवनगत तथ्यों की हुआ करती है। अतः [साहित्य में चित्रात्मक समीक्षा का स्थान ऊंचा होते हुए भी] समीक्षित तथ्यों के उपरान्त, जब साहित्यकार उन तथ्यों पर आधारित सामान्यीकरणों के क्षेत्र में, अपनी स्वभावगत तथा प्रभावगत प्रवृत्तियों के वशीभूत हो साहसपूर्ण अथवा दुःसाहसपूर्ण कदम उठाते हुए, अंतिम निष्कर्षों की ओर दौड़ लगाता है, तब उसके चरम निर्णयों को जरा सावधानी से जागरूकतापूर्वक लेना और उनका उचित विश्लेषण करना एकदम आवश्यक हो उठता है। साहित्य सभी आकार की सफलता, उसके स्वयं के जीवन विवेक की अनुभवजन्य व्यापकता के साथ ही, उन तथ्यों पर मूलतः आधारित है, जिन्हें 'दृष्टिकोण' शब्द के अंतर्गत रखा जा सकता है। चूंकि मानव-चेतना का परिष्कार न केवल साहित्यकार करता है, वरन भौतिक तथा सामाजिक विज्ञानों के अधिकारियों द्वारा भी वह सम्पन्न होता है [उनके सहकार्य के बिना यह असंभव भी है], अतएव समीक्षक के लिए यह देखना आवश्यक हो उठता है कि समीक्षक वस्तु और उसके निर्माता के निर्णय सामान्यीकरण और अंतिम निष्कर्ष अद्यतन तर्क-शुद्ध और अनुभव-सिद्ध ज्ञान के प्रतिकूल तो नहीं जा रहे हैं? [चूंकि चेतना परिष्कार का संबंध मानव स्थिति के उत्थान, उच्चतर रूपांतर और विकास से है, इसलिए] समीक्षक का दायित्व साहित्यकार के प्रति न्याय, सहानुभूति, औदार्य आदि तक ही सीमित न रहकर, उसके आगे बहुत बढ़ जाता है। यही कारण है कि देश तथा विश्व की वर्तमान स्थिति में, समीक्षक की दृष्टि समीक्ष्य साहित्य के अंतःसौंदर्य में ही समाहित न होकर, साहित्यकार के अंतिम निष्कर्षों की मंजिल के अंदर जाकर यह देखने की कोशिश करती है कि क्या यह मंजिल न्यायोचित, उपादेय और लाभप्रद है? इस प्रकार के समीक्षा संबंधी प्रयास 'कामायनी' के लिए तो अत्यन्त उपयुक्त हैं, चाहे वे सफल रहें या असफल। 'कामायनी' में, इड़ा, श्रद्धा और मनु को लेकर प्रसाद जी जिन निष्कर्षों पर पहुंचे हैं, उनका क्षेत्र बहुत ही व्यापक है। पुरुष, स्त्री, व्यक्ति, समाज, सभ्यता, मुक्ति आदि सभी विषय प्रसाद जी की विश्लेषणमयी काव्यानुभूति के अंदर आ जाते हैं।''[209]

इस लंबे उद्धरण के सहारे हम देख सकते हैं कि समकालीनता और इतिहास का यह रचनात्मक तनाव ही सभ्यता-समीक्षा के मूल आधारों में से एक है। कोई भी रचनाकार अपने समय के सवालों को लेकर ही अपने अतीत की पुनर्व्याख्या में प्रवृत्त होता है। अतीत में जाकर, अतीत का होकर अतीत का विश्लेषण करना असंभव है। वहीं दूसरी तरफ सिर्फ वर्तमान में रहते हुए वर्तमान के अतिरिक्त बोझ से दबकर इतिहास की यात्रा आलोचनात्मक असंगति पैदा करती है। मुक्तिबोध इस असंगति से स्वयं को बचाते हुए प्रसाद की 'कामायनी' के नायक मनु के माध्यम से न सिर्फ अपने अतीत की आलोचनात्मक छान-बीन करते हैं और वर्ग को मनु के चरित्र निर्धारण में एक कोटि की तरह प्रयोग करते हैं बल्कि वे इस महाकाव्य के समकाल के ऐतिहासिक आधारों को आधुनिकता और सामंतवाद के संघर्ष के रूप में व्याख्यायित-विश्लेषित करते हैं। इस प्रकार हिंदी आलोचना में एक ऐसी नई अवधारणात्मक बहस का प्रारंभ करते हैं जहां काल की द्वंद्वात्मकता समय के दोनों छोरों की ओर गतिशील होती है। यह द्वंद्वात्मकता मात्र एक औजार की तरह नहीं बल्कि जीवन की आंतरिक गति की तरह सामने आती है। प्रसाद का मनु 'कामायनी' में आदिम समय में रहते हुए भी मुक्तिबोध के 'कामायनी : एक पुनर्विचार' में फैंटेसी की खोल से बाहर निकाल लिया जाता है और तब बहिष्करण की इस पूरी प्रक्रिया में जो गुण उभरकर विकसित होते हैं, वे हैं—आधुनिक मन के गहरे संकट की समझ, परंपरा की व्याख्या का एक ढंग जो प्रसाद जी खुद भी प्रस्तावित करते हैं, जो कि मूलतः नवजागरणकालीन ऐतिहासिक पुनर्व्याख्या की परियोजना का हिस्सा है। इस परियोजना में पूरा अतीत स्वर्णिम होता है। प्रारंभिक राष्ट्रवादी चिंतकों ने पुनर्जागरण के इस प्रोजेक्ट के तहत ही इतिहास का पुर्नपाठ किया। सबाल्टर्न इतिहासकारों ने राष्ट्र की इस अवधारणा की असंगतियों को चित्रित करते हुए लिखा, जिसे हम पहले उद्धृत कर आए हैं और जो यहां भी मौजूं है— ''जिस राष्ट्र के हम नागरिक हैं, वह 'भारत' अपने भौगोलिक, राजनीतिक, सामाजिक और धारणात्मक प्रतिरूप में हमेशा से ही मौजूद नहीं था। राष्ट्र-निर्माण एक ऐतिहासिक रचना है। दुनिया में कोई भी राष्ट्र चिरकाल से ही बना-बनाया नहीं पाया गया है, किसी भी राष्ट्र की उत्पत्ति इतिहास के अहाते के बाहर नहीं हुई है, हालांकि हर राष्ट्र अपने को एक परिपक्व, अंतर्यामी, वृद्धज्ञानी के रूप में प्रस्तुत करने का ढोंग भरता है।''[210]

जिस वृद्धज्ञानत्व की ओर इन सबाल्टर्न इतिहासकारों ने इशारा किया, उसी की सांस्कृतिक आपूर्ति जयशंकर प्रसाद जैसे विचारक कर रहे थे। मुक्तिबोध न सिर्फ इस गतिविज्ञान से 'कामायनी' को बाहर लाते हैं बल्कि वे समानांतर रूप से 'कामायनी' के पाठ के बहाने आलोचनात्मक राजनीति का नया पहलू सामने ला देते हैं जो कि अब तक पहचाना नहीं गया था।

नामवर सिंह : प्रतिमानों की खोज

नामवर सिंह के आलोचना कर्म का विस्तार अपभ्रंश से लेकर समकालीन साहित्य तक पसरा हुआ है, पर उनके महत्त्वपूर्ण कामों में 'छायावाद', 'कविता के नए प्रतिमान' और 'दूसरी परंपरा की खोज' शामिल हैं। कैनन के लिहाज से हजारी प्रसाद द्विवेदी को केंद्र करके लिखी गई 'दूसरी परंपरा की खोज' महत्त्वपूर्ण है, पर आचार्य द्विवेदी पर बात करते हुए पीछे हम उसकी चर्चा कर आए हैं। नामवर जी के कैनन में सबसे महत्त्वपूर्ण है मुक्तिबोध या प्रकारांतर से नई कविता। यहां हम 'कविता के नए प्रतिमान' को आधार बनाते हुए नई कविता के संदर्भ में मुक्तिबोध और नामवर जी की दृष्टि का अध्ययन करेंगे। यह देखना रोचक है कि एक आलोचक के कैनन में शामिल दूसरे आलोचक की एक ही विषय में उससे अलग राय कैसे हो सकती है।

अभी तक आलोचना में कैनन के निर्माण की प्रक्रिया से गुजरते हुए हमने पाया कि रामविलास जी के आलोचना पटल पर आने के बाद हिंदी आलोचना की धुरी मार्क्सवाद के इर्द-गिर्द घूमने लगी। मुक्तिबोध और रामविलास शर्मा, इन दोनों आलोचकों ने मार्क्सवादी आलोचना को अलग-अलग दिशाओं में विकसित किया। रामविलास जी ने जहां मार्क्सवाद का विकास मुख्यत: उपनिवेशवाद विरोधी दिशा में किया, वहीं मुक्तिबोध ने मुख्यत: उसे रचना प्रक्रिया के विश्लेषण की गहन खोज में विकसित किया। इन दो आलोचकों के आपसी अंतर्विरोध और बहस की भूमि है 'नई कविता'। किसी भी अगले मार्क्सवादी आलोचक के लिए नये कैननों के निर्माण का रास्ता इन्हीं आलोचकों की बहसों से होकर जाता। दूसरी तरफ अज्ञेय और परिमल समूह के नेतृत्व में 'नई कविता' को केंद्र में रखकर ही बहसें की जा रही थीं। 'नई कविता' के नये प्रतिमान तलाशने की आकुलता इस पूरे दौर के आलोचनात्मक लेखन में मौजूद है। मुक्तिबोध के शब्दों में कहें तो शीत-युद्ध के दोनों खेमे और उनके समर्थकों के लिए 'नई कविता' कैनन बनने के लिए संगत भूमि थी। नामवर जी ने इस दुतरफा चुनौती को स्वीकार किया, इसकी गवाही उनके सर्वोत्कृष्ट और बहुविवादित काम 'कविता के नए प्रतिमान' देता है। ऐसी पृष्ठभूमि में उनकी अन्य आलोचनात्मक कृतियों की बजाय यह कृति कैनन-निर्माण की दृष्टि से ज्यादा महत्त्वपूर्ण है।

1968 में लिखी इस पुस्तक में घोषित तौर पर मुक्तिबोध को कैनन में शामिल बताया गया है। किताब समर्पित भी उन्हीं को है। नामवर जी ने पहले संस्करण की भूमिका लिखते हुए कहा– "...कविता के नए प्रतिमान के केंद्र में मुक्तिबोध हैं। मुक्तिबोध की विशेषता यह है कि उन्होंने रचना के साथ ही आलोचना के भी मान रखे।"[211]

आगे हम देखेंगे कि क्या वस्तुतः मुक्तिबोध नामवर जी के कैनन में वही स्थिति रखते हैं जिसका पुस्तक दावा करती है या फिर कैनन में 'नई कविता' इस कृति के द्वारा स्थापित होकर बाहर आती है। 'नई कविता' को कैनन में स्थापित कर रही अन्य धाराओं से इसका क्या संबंध है और पूर्ववर्ती मार्क्सवादी आलोचना के कैननों में यह स्थापना क्या उलटफेर करती है?

यह पुस्तक तीन भागों में बांटी गई है, अपने ही प्रतिमानों के लिहाज से इसका ढांचा या स्ट्रक्चर भी आवयविक रूप से सुगठित किया गया है। पहला भाग पूर्ववर्ती आलोचना की आलोचना है। नये प्रतिमानों की आवश्यकता के लिए यह भाग आधार का काम करता है। दूसरे भाग में 'नई कविता' के नये प्रतिमानों का निदर्शन है और तीसरे भाग [परिशिष्ट] में 'अंधेरे में' की आलोचना।

नामवर जी साही की बात को ध्यान में रख 'नई कविता' के प्रतिमानों की बजाय समूची कविता के नये प्रतिमानों की बहस से प्रारंभ करते हैं। 'नई कविता' की रचना प्रक्रिया को बाहर से भीतर की तरफ बताते हुए वे तथ्य के सत्य में बदलने और अनुभूति की निर्वैयक्तिकता की बात करते हैं। वैयक्तिकता की छायावादी धारणा के खिलाफ यह निर्वैयक्तिकता कहां से आती है? साही की साखी पर नामवर जी इसका उत्तर 'निर्मिति' या 'संरचना' में पाते हैं। 'नई कविता' की निर्मिति उसे निर्वैयक्तिक बनाती है। उनके अनुसार इसी निर्मिति के कारण 'नई कविता' ने अपने 'अंतर्ग्रंथन' द्वारा यह काव्य-सिद्धांत प्रस्तुत किया है कि कविता में कोई 'सामान्यता'- सामान्य विचार, भाव या धारणा का 'वक्तव्य' उतना नहीं होता जितना एक स्थिति विशेष का नाट्यकरण...''[212] मुक्तिबोध का प्रमाण लेते हुए नामवर जी ने 'नई कविता' के सौंदर्यशास्त्र को कठघरे में खड़ा तो किया पर मुक्तिबोध की तरह वे वर्ग को अपनी पड़ताल का मूल उपकरण नहीं बनाते। मुक्तिबोध ने इस प्रवृत्ति का विश्लेषण करते हुए इसे पश्चिमी जगत की हताशा, निराशा और 'नई कविता' के कवियों की मध्यवर्गीय स्थिति से जोड़कर देखा। जड़ीभूत सौंदर्यशास्त्र के ठोस आधार उन्होंने इसी वर्गीय स्थिति में पाए।

डॉ. नगेंद्र द्वारा की गई रस की व्याख्या को छायावादी रोमानी बोध से संपृक्त करते हुए नामवर जी 'उर्वशी विवाद' को हिंदी आलोचना के कैनन-निर्माण की प्रक्रिया में महत्त्वपूर्ण मानते हैं। 1964 की 'कल्पना' पत्रिका में दिनकर की 'उर्वशी' की भगवतशरण उपाध्याय की समीक्षा छपी। समीक्षा इतनी विचारोत्तेजक साबित हुई कि तत्कालीन लगभग सभी महत्त्वपूर्ण आलोचकों ने इस समीक्षा और मूल कृति पर अपने विचार रखे। वास्तव में यह तत्कालीन आलोचना में कैनन के आधारों के लिए चल रही बहस थी। बहस में शामिल प्रायः सभी आलोचकों का यह मानना था कि ''काव्यकृति की आलोचना के लिए काव्येतर प्रतिमान न इस्तेमाल किए जाएं...''[213]

अर्थात 'उर्वशी विवाद' से वह आलोचना सिद्धांत, जिसे राष्ट्रवादी या प्रारंभिक मार्क्सवादी आलोचक इस्तेमाल कर रहे थे, के कृति के विश्लेषण में चुक जाने की बात सामने आई। कृति के विश्लेषण में कृति के इतर सिद्धांतों का प्रयोग इन आलोचकों के लेखे बासी पड़ गया था, पर नामवर जी ने लक्ष्य किया कि इस विरोध के दो पहलू हैं–एक पहलू की अगुवाई कर रहे लेखकों के मुताबिक भगवत शरणजी की समीक्षा उपयोगी है, ईमानदार है और खरी है पर उसमें समग्रता नहीं है। दूसरी तरह के लेखक 'सुरुचि, संयम, संतुलन और भद्रता के नाम पर'[214] इसका विरोध कर रहे थे। नामवर जी इन दो तरह के लेखकों की मूल्य-दृष्टियों में विरोध देखते हैं पर इनकी सूची को ध्यान से देखने पर पता चलता है कि यह कोटि निर्धारण इतना स्पष्ट न था। 'नई कविता' के भीतर ही अलग-अलग धाराएं गतिशील थीं, जिन्हें सिर्फ इस आधार पर कि किसी 'बाहरी' का इस्तेमाल काव्य के प्रतिमान के रूप में नहीं होगा, नहीं बांटा जा सकता। जहां नामवर जी इनमें सौंदर्यबोध के आधार पर अंतर्विरोध देखते हैं–वहीं मुक्तिबोध सौंदर्यबोध के अलावा 'नई कविता' के अंतर्विरोधों को और बड़े फलक पर चिह्नित करते हैं। उनके अनुसार 'विशिष्ट' का 'सामान्य' न हो पाना, और विश्व-दृष्टि की कमी के साथ जड़ीभूत सौंदर्यबोध ही 'नई कविता' के भीतर अंतर्विरोध के कारक बनते हैं। उन्होंने लिखा– ''...कुछ और चाहिए, और, और! –वह चाहिए जो जीवन को उसकी समग्रता में उसकी सारी विशेषताओं सहित प्रकट करे।...कुछ लोग 'खोज' पर विश्वास करते हैं, सतत अन्वेषण, सतत अनुसंधान के पथ का नाम लेने वाले लोग कम नहीं किंतु अनुसंधान और अन्वेषण का थियराइजेशन [केवल विचारणा, केवल सिद्धांत-स्थापना] ही किया जाता है। अधिक से अधिक वह आत्मान्वेषण और आत्मानुसंधान बनकर रह जाता है, जिसके आवेग में दो-चार, पांच, दस-बीस कविताएं बनाकर मामला ठप हो जाता है। और ऐसी कविताओं में आवृत्ति, पुनरावृत्ति, आवृत्ति-पुनरावृत्ति। फिर वही दुष्चक्र चालू...अपनी भाषा, अपना इतिहास, अपनी संस्कृति और साहित्य के तीव्र रासायनिक द्रव में गलकर ही हमारे वस्तु तत्त्व जब निखर उठें...निष्कर्ष यह कि मुख्य प्रश्न जीवन-चेतना का है न कि अभिव्यक्ति संपदा के अन्वेषण का।''[215]

'उर्वशी' विवाद के ही संदर्भ में नामवर जी ने रामविलास शर्मा के मूल्यबोध पर भी टिप्पणी की है– ''रामविलास जी ने 'नई कविता' के बारे में जो धारणा बनाई, वह कविता की 'यथार्थवादी' धारा को ध्यान में रखकर बनाई। वे 'नई कविता' को सोशलिस्ट नेताओं के प्रभाव में, कम्यूनिस्ट विरोधी विचारधारा का प्रचार कर रहे लेखकों की धारा के बतौर चिह्नित करते हैं। शिल्प और कथ्य के द्वंद्व में शिल्प पर जोर देने को वे विषय-वस्तु पर पर्दा डालना मानते हैं। उनके अनुसार यथार्थवादी कविता की धारा में केदारनाथ अग्रवाल और नागार्जुन प्रभृत कवि हैं जिन्हें पीछे

धकेलकर कुछ लोग यथार्थवादी धारा को धक्का पहुंचा रहे हैं। वे 'नई कविता' का संबंध नव-रहस्यवाद और अस्तित्ववाद से जोड़ते हैं।"[216]

इस तरह हम देखते हैं कि रामविलास जी 'नई कविता' को व्यक्तिवादी मानते हुए उसके मूल को विदेशी विचार मान बैठते हैं। पहले ही हम इस विषय में विचार कर आए हैं।

नामवर जी ने 50-51 के वातावरण की चर्चा करते हुए तारसप्तक और नेहरू युग को आपस में जोड़ा है। 'भारत की खोज' करने वाले नेहरू और आत्म-सत्य तथा व्यक्तित्व की खोज करने वाले कवियों की संगति प्रयोगवाद की उर्वरता के रूप में सामने आई। हालांकि यह संबंध कितना क्षीण है, यह विचार का विषय है। नेहरू युग के भ्रमों से कमोबेश मुक्त रचनाकार ही बेहतर सृजन कर पाए, ऐसा नामवर जी मानते हैं और मुक्तिबोध के सहारे, धीमे सुरों में ही सही, 'नई कविता' और शीतयुद्ध तथा मध्यवर्गीय अवसरवाद के संबंध की ताईद करते हैं।

लेकिन पुस्तक के दूसरे खंड, जिसमें कविता के नये प्रतिमानों की स्थापना की गई है, में मुक्तिबोध के दिये उपरोक्त दोनों सूत्र नामवर जी के लेखे कमजोर साबित होते हैं। पुस्तक के इस हिस्से में नामवर जी काव्यभाषा की सृजनशीलता, काव्य बिंब और सपाटबयानी, काव्य संरचना, अनुभूति की जटिलता और तनाव, ईमानदारी और प्रामाणिक अनुभूति तथा परिवेश और मूल्य को नई कविता के नये प्रतिमान के बतौर प्रस्तुत करते हैं।

कविता की भाषा की सृजनशीलता का जिक्र करते हुए वे 'पोयट्री ऑन पेज' की अवधारणा को याद करते हैं। इस तरह वे काव्यकृति को वस्तुनिष्ठ मानते हैं और कविता की भाषा-संरचना को उसके विश्लेषण के लिए बेहद महत्त्वपूर्ण बताते हैं। पूर्ववर्ती आलोचना पर इसी दृष्टिबिंदु से वे सवाल खड़े करते हैं- "...यदि भाषा कवि के अनुभव और ज्ञान का साधन है तो कविता की भाषा का विश्लेषण करके उसके अनुभव के सत्य को भी मापा जा सकता है।"[217] तो ऐसे में काव्य भाषा की सृजनशीलता ही वह चीज बन जाती है जिससे किसी नये अनुभव खंड की वास्तविकता का बोध होता है। ऐसा नहीं है कि वे कथ्य को कथन के रूप में घटा देने के खतरों से वाकिफ नहीं हैं- "कथ्य को कथन के रूप में निःशेष कर देने में, निस्संदेह आलोचना के अंतर्गत रूपवादी रुझान का खतरा है, क्योंकि कुछ आलोचक कथन की भाषागत विशेषताओं के विश्लेषण को ही समूची काव्य कृति का विश्लेषण समझने की भूल कर सकते हैं। किंतु जो जागरूक समीक्षक शब्द के गिर्द बनने वाले अर्थवृत्तों तक फैलते जाने का विश्वासी है, वह संदर्भ के अनुसार शब्द में निहित सभी अर्थापत्तियों को पकड़कर काव्यभाषा के आधार पर ही काव्य का पूर्ण मूल्यांकन कर सकता है, जिसमें उसका नैतिक मूल्यांकन भी निहित है।"[218]

उपरोक्त उद्धरण की शुरुआत में नामवर जी ने जिस रूपवादी खतरे की ओर इशारा किया है, वह ध्यान देने योग्य बिंदु है। कथन को कथ्य में निःशेष कर देने से अधिक बड़ा खतरा कथ्य को कथन में निःशेष कर देना है। तब रास्ता क्या है? शब्द के इर्द-गिर्द के अर्थवृत्तों को पकड़ना और उससे काव्य की सृजनशीलता की पहचान का जो रास्ता नामवर जी सुझाते हैं, वे खुद उसके 'संगतपूर्ण निष्कर्षों तलक' नहीं पहुंचते हैं। यह रास्ता तो मुक्तिबोध के कला के तीन क्षणों में घटित होने वाली प्रक्रियाओं की ओर अधिक ध्यान आकर्षित कराता है। मुक्तिबोध ने भाषा और मनोगत फैंटेसी के द्वंद्वात्मक संबंधों से विकसित होने वाली सर्जनात्मक काव्यभाषा का रेखांकन किया है। तब आलोचक के लिए यह जरूरी हो जाता है कि वह कृति में निहित इस द्वंद्वात्मकता की पड़ताल करे और उसे अपने ज्ञानात्मक बोध के साथ अंतःक्रिया करने दे। इस प्रक्रिया से कृति के निहितार्थों की राह साफ हो जाती है। कुल मिलाकर रचना-प्रक्रिया के विश्लेषण के बगैर कृति की विशिष्टता निर्धारित करना मुश्किल है।

इसी संदर्भ में टिप्पणी करते हुए आलोचक आशुतोष कुमार ने लिखा– ''लेकिन रचना-प्रक्रिया संबंधी विश्लेषण को किसी एक रचना तक सीमित नहीं किया जा सकता। मार्क्सवादी दृष्टि की मांग है कि प्रत्येक रचना एक बड़ी सामाजिक-सांस्कृतिक प्रक्रिया के अंग के रूप में देखी जाए। और उस प्रक्रिया का विश्लेषण मार्क्सवादी इतिहास-दृष्टि से किया जाए। तभी इस बात की खोज की जा सकेगी कि किसी एक खास कृति का उस सामान्य प्रक्रिया से क्या संबंध है। इसी खोज के आधार पर उस खास कृति की विशिष्टता निरूपित की जा सकेगी।''[219]

जानकीवल्लभ शास्त्री को लिखे एक पत्र में निराला ने 'तोड़ती पत्थर' की संरचना पर बहस की थी। इसी बहस से 'नई कविता' को जोड़ते हुए नामवर जी काव्य-बिंबों की सीमा की ओर इशारा करते हैं। वे मानते हैं कि मूर्तिमत्ता की कसौटी छायावादी भावबोध में शामिल थी। बिंबों को काव्य की केंद्रीय वस्तु मान लेने पर, उनके अनुसार, दो परिणतियां हुईं। प्रथमतः तो बिंब एक रूढ़ि के रूप में बदल गया। इस संदर्भ में नामवर जी ने विस्तार से डॉ. नगेन्द्र के काव्य बिंबों पर चर्चा की है। दूसरे वे 'बिंबों की उधारी पूंजी' पर नये गीतों का दावा लिये गीतकारों द्वारा बनाई गई काव्य-रूढ़ि का जिक्र करते हैं।

'नई कविता' के भीतर इस बिंब परंपरा से दो तरह के जुड़ाव देखे गए। कुछ कवि चमकते हुए काव्य बिंबों के पीछे पड़े और आलोचकों का ध्यान केवल बिंबों की तरफ खिसक गया। नामवर जी देखते हैं कि ऐसे में कविता बिंबों के जोड़ की तरह देखी जाने लगी। इसी प्रवृत्ति के विरोध में कविता में सपाटबयानी का जन्म हुआ। उन्होंने लिखा– ''निष्कर्ष यह है कि कविता बिंब का पर्याय नहीं है। सामान्यतः

जिसे 'बिंब' कहा जाता है, उसके बिना भी कविताएं लिखी गई हैं और वे बिंबधर्मी कविताओं से किसी भी तरह कम अच्छी नहीं कही जा सकतीं। कविता में बिंब रचना सदैव वास्तविक को मूर्त ही नहीं करती, कभी-कभी वास्तविकता का अमूर्तन भी करती है [वैसे, 'मूर्त' और 'अमूर्त' शब्दों का प्रयोग पर्याप्त अनिश्चित अर्थों में होता है]। कविता में बिंब वास्तविकता के साक्षात्कार का ही सूचक नहीं होता, प्रायः वह वास्तविक से बचने का एक ढंग भी रहा है। काव्यभाषा के लिए भी बिंब योजना प्रायः हानिकारक सिद्ध हुई है। बिंबों के कारण कविता बोलचाल की भाषा से अक्सर दूर हटी है। बोलचाल की सहज लय खंडित हुई है। वाक्य-विन्यास को शक्ति को धक्का लगा है, भाषा की अंतर्गत क्रियाएं उपेक्षित हुई हैं, विशेषणों का अनावश्यक भार बढ़ा है और काव्य कथ्य की ताकत कम हुई है। इन कमजोरियों को दूर करने के लिए ही कविता में तथाकथित सपाटबयानी अपनाई जा रही है।''[220]

पर इस समूचे विश्लेषण में जिस बदलाव की ओर इशारा किया गया है, उसके संबंध समकालीन राजनीति से बहुत गहरे जुड़े हुए हैं। यह संयोग से कुछ अधिक है कि इस अध्याय के अंत में नामवर जी कृष्णनारायण कक्कड़ के 1967 में लिखे लेख की याद करते हैं। 1967, नक्सलबाड़ी के नाते भी जाना जाता है। और हम जानते हैं कि इस आंदोलन ने 'नई कविता' के एक हिस्से को न सिर्फ अपनी ओर आकर्षित किया था बल्कि समूची कविता पर गहरे असर डाले थे। अगर इस आंदोलन के गतिविज्ञान को काव्य भाषा के बदलाव के साथ जोड़ा जाए तो सपाटबयानी की भौतिक जरूरतों का बोध हो जाता है। वंचित खेत मजदूरों के ताप से खड़ा हुआ यह आंदोलन संस्कृति के क्षेत्र में मानक बदलने की कोशिश कर रहा था। पुराने कैननों को चुनौती दे रहा था। ऐसे में 'नई कविता' के निम्नवर्गीय बोध के कवियों का मजदूरों की तरफ बढ़ा हुआ कदम इस नई काव्यभाषा में अभिव्यक्ति पा रहा था।

कविता की संरचना के विषय में नामवर जी ने माना कि तार्किक अन्विति ही एकमात्र अन्विति नहीं होती। पुराने आलोचक जो कविता में तार्किक अन्विति को बेहद महत्त्वपूर्ण मानते थे, जैसे डॉ. नगेंद्र, उनके बारे में उन्होंने लिखा- ''मूल्य देना आवश्यक ही हो तो तार्किक अन्विति कविता में अपेक्षाकृत घटिया अन्विति है।...ऐसा लगता है कि ज्यामिति की प्रमेय के समान आरंभ में मुख्य प्रतिज्ञा फिर बनावट और उपपत्ति जिसके अंत में तुक की आवृत्ति देखकर मुंह से अपने आप निकल पड़ता है : 'यही सिद्ध करना था' अर्थात 'क्वाड एराड डिमांस्ट्रेडम'।''[221]

नामवर जी के मुताबिक तार्किक अन्विति वाली दूसरी तरह की कविताओं में अन्विति व्याख्या की शक्ल में नहीं आती। वस्तुतः इन कविताओं की संरचना क्रिस्टल की तरह होती है। इन दोनों से अलग वे कविता संरचनाएं हैं जिन्हें लंबी कविता कहा जाता है। प्रगीत की आत्मपरकता से आगे ये कविता संरचनाएं नाटक

की सामाजिकता को आधार बनाती हैं। यहां मुक्तिबोध के उस वक्तव्य की याद करें जो उन्होंने तारसप्तक के दूसरे संस्करण के लिए लिखा था, जिसमें वे स्वयं से प्रश्न करते हैं– "यह सब क्यों हुआ? इमेजरी क्यों बढ़ने लगी? विषय क्यों विस्तृत हुए? कविताएं क्यों प्रदीर्घ हो उठीं?"[222] अपनी कविता की संरचना के बदलते जाने के बारे में उठे इन सवालों का जवाब भी उन्हीं ने दिया। उन्होंने सामाजिक और वर्गीय स्थिति से इसको जोड़ा– "...राजनीतिक आशा-आकांक्षाएं, उनके समाज-नैतिक स्वप्न मेरे चारों ओर चक्कर लगाने लगे। मेरी परिस्थिति विस्तृत हो गई।...मैं एकबारगी मुक्त और स्वतंत्र हो उठा। यह एक नया जीवंत वास्तव था। इस वास्तव में संघर्षशील मनुष्य की अनगिनत परिस्थितियां, मन:स्थितियां और वस्तुस्थितियां थीं। उन्हें कुछ व्यापक सामान्यीकरणों में ढालकर काव्य रूप देने की आवश्यकता थी। मैंने उस दिशा में शक्तिभर कोशिश की है। प्रदीर्घ कविताएं उसी की उपज हैं।...वास्तविकता तो यह है कि आज के जमाने में मेरे लिए मुख्य प्रश्न कंटेट की कमी और शिल्प के आधिक्य का नहीं, वरन कंटेट के अतिरेक और शिल्प की अपर्याप्तता का है।"[223]

नामवर जी इसे संरचना में चिह्नित करने का यत्न करते हैं और 'सर्च फॉर आइडेंटिटी' को मुक्तिबोध की मुख्य समस्या के तौर पर सामने लाते हैं। कहना न होगा कि मुक्तिबोध लंबी कविताओं के लिए वस्तु तत्त्व पर केंद्रित करते हैं जबकि नामवर जी रूप तत्त्व पर। यह आता कहां से है, इस विश्लेषण की संभावना पर उनकी निगाह कम गई है।

विसंगति और विडंबना को 'नई कविता' की संरचना में निदर्शित करते हुए नामवर जी इसे काव्य मूल्य के तौर पर देखते हैं। उनके अनुसार कवि की सृजनशीलता और प्रयोगशीलता के मूल में सच्चे क्रीड़ा भाव और लीला भाव का योग होता है। इससें एक तरफ तो 'गंभीरता' के खिलाफ जीवन की यथार्थता का बोध उपजता है और दूसरे फ्राड का भी जन्म होता है। तब क्रीड़ा भाव और सिनिसिज्म में वे फरक करते हैं। बड़ा कवि अपनी जीती-जागती वास्तविकताओं से जूझते हुए ही अपने काव्य में नाटकीय विडंबना हासिल करता है। वहां, उसकी कविता में सिर्फ प्रभावोत्पादन के लिए क्रीड़ा बोध नहीं होता। नामवर जी लिखते हैं– "किंतु संरचना की सघनता, शब्दों की मितव्ययिता, भावों की विडंबना निर्मित जटिलता, आवेशहीनता एवं विचारों की तीक्ष्णता आदि काव्य गुणों के कारण ही इस प्रकार की कविताएं आज के काव्य में महत्त्वपूर्ण स्थान की अधिकारी हो जाती हैं।"[224]

मुक्तिबोध ऐसी कविताओं के महत्त्वपूर्ण होने के कारणों की तलाश वर्ग बोध में तलाशते हैं। विडंबना की जो अनुभूति उस युग के मध्यवर्ग के सामने दरपेश थी, वही काव्य में विडंबना का रूप लेकर आती है। मुक्तिबोध ने छायावादी कविता से

'नई कविता' को अलगाते हुए अनुभूतियों की जटिलता की बात उठाई थी। इसी सूत्र को विकसित करते हुए नामवर जी अंतर्वृत्तियों और अनुभूतियों की जटिलता को संदर्भ और संदर्भ से उत्पन्न होने वाले भावबोध की प्रकृति में मानते हैं। नगेंद्र की चित्तवृत्तियों की परिगणना और रिचर्ड्स के अंतर्वेशी और अपवर्जी काव्य प्रतिमान से बहस को आगे बढ़ाते हुए वे काव्यानुभूति की जटिलता को संवादी-विसंवादी वृत्तियों के द्वंद्व पर आधारित बताते हैं। इसी द्वंद्व को वे 'नई कविता' की अनुभूति की बनावट का आधार मानते हैं। साही के छायावादी युग भूमि को 'संतुलन का नाटक' वाली बात से नामवर जी अपनी सहमति दिखाते हैं।

वस्तुतः 'नई कविता' की काव्यानुभूति में बसे इस द्वंद्व के पीछे नये कवि की बौद्धिकता है। यह बौद्धिकता नये कवि की उन सामाजिक स्थितियों से उपजी थी, जिसकी जड़ें मध्यवर्गीय द्वंद्वों में थीं। नामवर जी ने इसे चिह्नित किया-- " 'नई कविता' यदि आज द्वंद्व और तनाव को काव्य के प्रतिमान के रूप में प्रतिष्ठित करना चाहती है तो वह हिंदी की गौरवशाली परंपरा को आगे बढ़ा रही है। ऐतिहासिक संदर्भ को देखते हुए भी कविता में आज द्वंद्व और संघर्ष के मूल्य पर जोर देना अप्रासंगिक नहीं है। आज संघर्ष से घबराने वाले वही होंगे, जो सत्ताधारी वर्ग के साथ यह सोचते हैं कि स्वाधीनता प्राप्ति के बाद जीवन में सारे संघर्षों का अंत हो गया। ऐसे लोग पदोन्नति के लिए अथवा सत्ता की रक्षा के लिए स्वयं चाहे जितना संघर्ष करें, किंतु दूसरों के लिए संघर्ष को वर्जित मानते हैं—चाहे यह जीवन में हो या कविता में।...मुक्तिबोध ने संघर्ष और द्वंद्व को एक कदम और आगे बढ़ाकर तनाव तक पहुंचा दिया है।"[225]

समस्या इस तनाव के विश्लेषण की है। मुक्तिबोध जब 'नई कविता' के भीतर तनाव या घिराव के वातावरण को चिह्नित करते हैं तो वे इसके आधार के रूप में मध्यवर्ग के द्वंद्वों को सामने लाते हैं। उच्चवर्ग में जाने की प्रबलतम आकांक्षा और ठीक इसी अनुपात में व्युत्क्रम जीवन-स्थितियां इस तनाव का निर्माण करती हैं। दूसरी तरफ निम्न मध्यमवर्ग के लिए जनता के बड़े निचले तबके की ओर जाने की संभावनाएं भी खुली ही रहती हैं। ऐसे में मध्यवर्गीय बोध और जीवन स्थितियों में धंसा कवि अपने लिए विचारधारा के सहारे रास्ता तलाशता है। इस काम में विश्वदृष्टि उसकी मदद करती है। आभ्यंतर और बाह्य के संघर्ष इस प्रक्रिया में और तीखे होते जाते हैं। तनाव की इस व्याख्या का संदर्भ लें तो 'नई कविता' के कम कवि इस तनाव के अनुरूप संरचना विकसित कर पाते हैं।

ईमानदारी के काव्य मूल्य बनने की प्रक्रिया की पड़ताल करते हुए नामवर जी 'नई कविता' के कवियों की ईमानदारी का संदर्भ पूर्ववर्ती प्रगतिवाद की प्रतिक्रिया से जोड़ते हैं। रघुवीर सहाय को उद्धृत करते हुए वे इसे पूर्वग्रह और व्यक्तिगत रुचि

से ऊपर उठा मूल्य बताते हैं, जिससे वस्तुओं की वास्तविकता का सही बोध होता है। वे मुक्तिबोध का सहारा लेते हुए लिखते हैं– ''व्यक्तिगत ईमानदारी का [एक] अर्थ है–जिस अनुपात में, जिस मात्रा में, जो भावना या विचार उठा है, उसको उसी मात्रा में प्रस्तुत करना।''

...मुक्तिबोध इसे एकदम नाकाफी मानते हैं। उनके अनुसार– ''महत्त्व की बात यह है कि वे भाव या वे विचार किसी वस्तु तत्त्व से सुसंगत हैं या नहीं।''[226]

मुक्तिबोध के द्वारा प्रस्तावित इस परिभाषा से 'नई कविता' के अन्य कवियों की परिभाषा में अंतर है। वह दूसरा रास्ता पकड़ती है और यह रास्ता 'अनुभूति की प्रामाणिकता' की ओर ले जाता है। यह रास्ता जीवन और कविता के उसी 'पैरलल' की ओर ले जाता है जिसका मुक्तिबोध ने खंडन किया है। तो ईमानदारी के क्या मायने हैं? नामवर जी ईमानदारी को 'समझदारी' से जोड़ते हैं।

नैतिक भावबोध के मूल्य ईमानदारी की वस्तुनिष्ठता की गारंटी किए बगैर इसकी काव्य ही क्या, अन्य क्षेत्रों में भी उपादेयता काफी कम हो जाएगी। दूसरे, रचनाकार की सामाजिक-आर्थिक परिस्थितियों के लिहाज से ईमानदारी के रूप में परिवर्तन हो सकता है। नामवर जी ने भी इस समस्या को चिह्नित किया– ''कविता के पिछले पचास वर्षों के इतिहास से स्पष्ट है कि हर नये उन्मेष के मूल में ईमानदारी की आवाज है, किंतु हर दौर की ईमानदारी की अपनी भाषा है। छायावाद की ईमानदारी 'आत्मानुभूति' है तो उत्तर छायावादी की 'नीयत'। प्रगतिवाद की ईमानदारी का आधार 'वर्ग चेतना' है तो प्रयोगशील 'नई कविता' की ईमानदारी 'प्रामाणिक अनुभूति'।...सवाल यह है कि क्या इस क्रम में ईमानदारी की कोई ऐसी वस्तुनिष्ठ रूपरेखा उभरती है जिसे कविता के मूल्यांकन का आधार बनाया जा सके? इसके साथ यह भी प्रश्न है कि क्या ईमानदारी को काव्य के मूल्यांकन का एक मूल्य माना जा सकता है?''[227]

यह एक कठिन प्रश्न है। नामवर जी अपने समय की ईमानदारी की परिभाषा को कविताओं की व्याख्या से निकालने का प्रयत्न करते हैं। मुक्तिबोध के सिलसिले में नामवर जी की तर्क-योजना के हिसाब से यह ईमानदारी 'अस्मिता की खोज' है, तो क्या 'अस्मिता की खोज' के प्रतिमान को सारी 'नई कविता' पर लागू किया जा सकता है? साही, भारती, शमशेर और रघुवीर सहाय आदि के लिए ईमानदारी का अर्थ 'अस्मिता की खोज' तो नहीं है। निष्कर्षतः हर कवि की ईमानदारी की अलग परिभाषा होगी। इस तर्क को आगे बढ़ाएं तो हर कवि के वर्गीय मूल्यों से उसकी ईमानदारी की परिभाषा बनेगी। फिर मुक्तिबोध द्वारा 'नई कविता' में मध्यवर्ग में किए गए विभेद को आधार मानें तो ईमानदारी की वर्गीय अवधारणा सामने आएगी, ठीक वैसे ही जैसे सौंदर्यबोध की। कह सकते हैं कि ईमानदारी एक सापेक्षिक

अवधारणा है। ऐसे में ईमानदारी की वस्तुनिष्ठता ही उसके प्रामाणिक होने की एकमात्र शर्त है। इस शर्त के पूरा होने के बाद ही उस पर कुछ भी बात की जा सकती है।

ऊपर वर्णित सभी प्रतिमानों में नामवर जी का आग्रह भीतर से बाहर आने का रहा है; अर्थात कविता की संरचना, निर्मिति और भाषा आदि के सहारे उसका मूल्यांकन तो साफ ही है कि यह प्रतिक्रिया है मार्क्सवादी आलोचना के प्रभावी समाजशास्त्रीय रूप से लड़ते और उसे विकसित करते हुए। परिवेश और मूल्य के प्रतिमान न सिर्फ इस बहस की जटिलता की ओर इशारा करते हैं बल्कि यह भी दिखाते हैं कि नामवर जी मार्क्सवादी घेरे के भीतर ही बहस चलाने के इच्छुक हैं। वे ईमानदारी से काम न चल पाने की सूरत में वास्तविकता के आधार को प्रामाणिक बताते हैं। यह वास्तविकता परिवेश की ही है जो कविता में नाटकीय और आत्मपरक प्रतीकों में ढलकर सामने आती है और कभी ठोस ऐतिहासिक हकीकतों में। उन्होंने लिखा– "आज काव्य चर्चा में फिर एक बार स्वतंत्र 'संसार' का जिक्र आने लगा है इसलिए 'काव्य-संसार' शब्द में निहित कलावादी भटकाव की दिशा से परिचित होना आवश्यक है। यह भी एक विडंबना ही है कि कविता में जिस समय से परिवेश-बोध की मांग बढ़ी है, उसी समय से 'काव्य-संसार' की आवाज भी जोर पकड़ रही है।"[228]

निष्कर्ष रूप में अपने कैनन में शामिल मुक्तिबोध को इन 'नये' सूत्रों के सहारे व्याख्यायित करते हुए नामवर जी उनके ही सूत्रों से दूर चले जाते हैं। मुक्तिबोध जहां वर्ग को मूल कोटि मानकर रचना प्रक्रिया के सहारे 'नई कविता' के विश्लेषण में प्रवृत्त होते हैं वहीं नामवर जी ऊपर वर्णित प्रतिमानों से वर्ग की तरफ जाने का प्रयास करते हैं। इन दो आलोचकों की प्रक्रियाएं आपस में उलट हैं। भले ही नामवर जी कविता के नये प्रतिमानों के ऊपर मुक्तिबोध के असर को स्वीकार करें, वे उतने हैं नहीं। अनायास नहीं कि इस पूरी किताब से गुजरते हुए हम देख पाते हैं कि विजयदेव नारायण साही, नामवर जी के द्वारा सर्वाधिक उद्धृत आलोचक हैं। रूपवाद से लड़ने के लिए रूपवादी हथियारों का प्रयोग नामवर जी करते हैं पर वे हथियार अपने साथ पूरी विचारधारा लेकर आए थे। इसलिए 'प्रतिमान' मार्क्सवादी आलोचना को बचाने, विकसित करने के प्रयत्न में मार्क्सवादी आलोचना के मूल सिद्धांतों से ही अलग छिटक-छिटक पड़ते हैं।

अध्याय : पांच

मार्क्सवादी आलोचना के प्रतिपक्ष

विजयदेव नारायण साही : समसामयिकता के दबाव

कंचनलता साही ने साही की किताब 'जायसी' की भूमिका लिखते हुए कहा था– " 'जायसी' का महत्त्व जितना जायसी पर नई रोशनी डालने के कारण होगा, शायद उतना ही जायसी के बहाने साही पर नई रोशनी डालने के कारण भी हो।"[229] यह बात सच है क्योंकि छठवां दशक की तमाम सारी विचारोत्तेजक बहसों के बाद साही जायसी तक पहुंचते हैं, उनको विकसित-व्याख्यायित करते हैं। 'नई कविता' के दौर की अपनी तमाम बहसों से प्राप्त ऊर्जा का साही यहां निवेश करते हैं और इस क्रम में जायसी की पुनर्व्याख्या करते हैं।

अपनी खास शैली में साही, जायसी के बारे में 'दहाड़ती हुई चुप्पी' का जिक्र करते हैं; अर्थात रामचंद्र शुक्ल से पूर्व के साहित्य-जगत में कवि के नाम पर जायसी को भुला दिए जाने की चर्चा करते हैं। ऐसा क्यों हुआ? जवाब देते हुए साही कृति 'पद्मावत' पर लदे विचारधारा के बोझ, सूफीवाद की चर्चा करते हैं। उनके मुताबिक रचना के बाहर की विचारधारा रचना को नुकसान ही पहुंचाती है। उन्होंने लिखा– "...तसव्वुफ से अलग हटकर जायसी पर विचार करना असंभव हो गया, इस गलतफहमी के कारण न सिर्फ जायसी का वास्तविक कवि व्यक्तित्व, उनकी रचनात्मक प्रतिभा और एक हद तक उनकी अद्वितीय मौलिकता पर पर्दा पड़ गया है, बल्कि वे दोहरे अन्याय और उपेक्षा के शिकार भी हुए हैं।"[230] बजाय इसके रचना के भीतर से, उसकी बनावट-बुनावट से कविता के मर्म को पकड़ा जा सकता है। उपरोक्त पुस्तक इसी अवधारणा की उपज है। हजारी प्रसाद द्विवेदी के 'कबीर' के ढांचे से मदद लेते हुए वे पहले जायसी के व्यक्तित्व को खोलते हैं और उन पर से सूफी फकीर आदि के लबादे उतार देते हैं। बचकर क्या निकलता है– "...एक सामान्य, किंतु भावप्रवण मनुष्य, दिल मिलाने वाले दोस्त और अत्यंत प्रतिभाशाली, कल्पनाशील और बौद्धिक कवि..."[231]

अगर द्विवेदी जी के 'कबीर' से इस 'जायसी' की तुलना करें तो दोनों के व्यक्तित्व-वर्णन में एक बड़ा अंतर दिखाई देगा। कबीर मध्यकाल में ही दिखाई देते हैं, जबकि जायसी द्वारा वर्णित विशेषताएं देख ऐसा लगता है कि साही के इर्द-गिर्द का परिमल का कोई कवि हो!

अब हम साही द्वारा किए गए 'नागमती वियोग-वर्णन' के विश्लेषण पर चर्चा करेंगे। सभी जानते हैं कि आचार्य शुक्ल ने नागमती के विरह-वर्णन को 'पद्मावत' के केंद्रीय मार्मिक स्थल के रूप में पहचाना था। शुक्ल जी ने इस विरह की विशिष्टता को काफी महत्त्व दिया। उन्होंने बताया कि नागमती के विरह की खासियत यह है कि वह अपना रानीपना भूल जाती है, या यूं कहें कि जायसी खुद यह भूल जाते हैं कि नागमती एक रानी है। वे नागमती को सामान्य गृहिणी की तरह ही देखने लगते हैं और उसकी पीड़ा रानी की पीड़ा न रहकर सामान्य स्त्री की पीड़ा हो जाती है।

'हौं बिन नाह, मंदिर को छावा' के द्वारा शुक्ल जी ने इस बदलाव को बखूबी परखा है। उन्होंने लिखा था– ''उन्होंने सामान्य हृदय-तत्त्व की सृष्टि-व्यापिनी भावना द्वारा मनुष्य और पशु-पक्षी सबको एक जीवन सूत्र में बद्ध देखा है।...नागमती की वियोग दशा का विस्तार केवल मनुष्य जाति तक ही नहीं, पशु-पक्षियों और पेड़-पौधों तक दिखाई पड़ता था।...नागमती विरह दशा में अपना रानीपन बिलकुल भूल जाती है और अपने को साधारण स्त्री के रूप में देखती है।''[232]

शुक्ल जी से सहमत होते हुए भी साही इस बारे में क्या सोचते हैं, यह देखना यहां जरूरी है। साही ने लिखा– ''यह नागमती का विरह-वर्णन ही था, जिसके कारण शुक्ल जी ने जायसी को गुमनामी से उठाकर हिंदी की त्रिवेणी में बिठा दिया। मैं बहुत विनम्रतापूर्वक शुक्ल जी के इस मूल्यांकन में अपनी आवाज मिलाना चाहता हूं। परंतु नागमती का विरह-वर्णन भावों का तीव्र और संगीतात्मक संप्रेषण मात्र ही नहीं है, वह हमारे आस्वादन में कुछ और अनुभूतियां भी जोड़ता है। पूरा विरह-वर्णन, बारहमासे की शक्ल में, नागमती की वाणी के द्वारा रूप ग्रहण करता है। नागमती का पार्थिव शरीर और महल की सखियां शुरू की कुछ पंक्तियों में झीनी सी दिखलाई पड़ती हैं। अचानक कल्पना एक झटके से गुबत हो जाती है और हमारा साक्षात्कार आवाज, सिर्फ आवाज से होने लगता है। धीरे-धीरे झीनी पार्थिवता भी केंचुल की तरह छूट जाती है। सारी पार्थिवता तिरोहित होने लगती है। सखियां पिघलकर तिरोहित हो जाती हैं। चित्तौड़ का किला, राजमहल सब तिरोहित हो जाता है, यहां तक कि नागमती का पार्थिव शरीर भी तिरोहित हो जाता है। वीरानों, जंगलों, वनखंडियों, पहाड़ों, गांवों, खेतों में टीसती हुई एक साफ, लेकिन अशरीरी आवाज शेष रह जाती है। यह आवाज पूरे देश के, गुजरते हुए समय के मर्म में निरंतर तैरती

रहती है। देश और काल, दोनों अनावश्यक आवरण की तरह टूटकर गिर जाते हैं– मर्म, केवल मर्म ही रह जाता है।...इस आवाज में एक पारदर्शी निर्वैयक्तिकता है जो नागमती को भी पीछे छोड़ जाती है।''[233]

निराला को याद करते हुए, जिन्होंने अपने 'तुलसीदास' के बारे में लिखा– 'देश काल के सर से बिंधकर, वह जागा कवि अशेष छविधर', साही की इस व्याख्या के निहितार्थों को और नजदीक से देखना चाहिए। साही शुरू में शुक्ल जी से सहमत होने की बात कहते हैं। इसका अर्थ यह हुआ कि वे नागमती के साधारण गृहिणी बन जाने और बड़ी पीड़ा के प्रतिनिधि चरित्र होने को स्वीकारते हैं। पर वे यही नहीं मानते। नागमती के विरह को वे धीरे-धीरे यथार्थ से काटना शुरू करते हैं। शुक्ल जी जहां जायसी के काव्य-लोक का, खासकर नागमती वियोग-वर्णन के संदर्भ में आधार तलाशते हैं, वहीं दूसरी तरफ साही उससे उसे मुक्त करने की कोशिश में लगे रहते हैं। साही पहले इस विरह को अपने आस-पास की दुनिया से अलग करते हैं, फिर देश-काल, परिस्थिति से और अंततः खुद नागमती से भी इसे अलग कर देते हैं। गनीमत यह है कि वे इस क्रम को आगे नहीं बढ़ाते अन्यथा यह विरह जायसी से भी अलग हो जाता। तब क्या बचा? शुद्ध विरह या शुद्ध दुख या शुद्ध टीस। मर्म बच जाता है। तब प्रकट होती है निर्वैयक्तिकता और वह भी पारदर्शी। तब जाकर यह शुद्ध दुख इतिहास-लोक की आवाज बन पाने की हैसियत अर्जित कर पाता है। हैरानी की बात यह है कि तिस पर भी साही शुक्ल जी से सहमत होने का दावा किए जाते हैं।

तो क्या काव्य के मर्म तक पहुंचने के लिए हमें उसके आस-पास से सब कुछ, सारी हकीकी दुनिया को हटा देना चाहिए? और क्या हर बीते हुए को इतिहासहीन समकालिक बना देना एक विचारधारा नहीं है, जिसे साही कविता के लिए घातक मानते हैं? 'नई कविता' के केंद्र में चल रही बहसों में व्यक्ति के स्वातंत्र्य का सवाल प्रमुख था। प्रामाणिक अनुभव का जोर था और अज्ञेय के सृजन के 'क्षण' की थीसिस को आगे बढ़ाया जा रहा था। पर यहां तो साही नितांत वर्तमानता को भी कृति से दूर हटाकर देखने की वकालत करते हैं। समस्या यह है कि इस निर्वैयक्तिक मर्म को पाठक कैसे अनुभूत करे? 'शुद्ध कविता' के आस-पास पहुंचे इस मर्म को पाने के लिए पाठक अपने देश-काल से ही प्रयत्न कर सकता है। तब इस रचना व आलोचना-प्रक्रिया में वस्तु का क्या स्थान है? साही इस देशकाल-युक्त विरह को देशकाल-मुक्त बनाकर ही देशकाल में व्यापने वाला बना पाते हैं। इस पूरे उपक्रम की जरूरत क्या है?

इसी विषय पर विचार करते हुए मुक्तिबोध लिखते हैं कि– ''जो फैंटेसी अनुभव की सारी व्यक्तिगत पीड़ा से पृथक् होकर अर्थात उससे तटस्थ होकर

अनुभव के भीतर की ही संवेदनाओं द्वारा उत्सर्जित और प्रक्षेपित होगी, वह एक अर्थ में वैयक्तिक होते हुए भी दूसरे अर्थ में नितांत निर्वैयक्तिक होगी।''[234]

मुक्तिबोध इसे सामान्यीकरण और प्रातिनिधिकता से जोड़ते हैं जबकि अज्ञेय और साही इसे व्यक्ति की मूल स्वतंत्रता से। दूसरे किसी भी काव्यानुभव को उसके कसकते दुखते मूलों से अलग कर देने के बाद ही मुक्तिबोध के अनुसार, फैंटेसी तैयार होती है, जहां सामान्यीकरण और प्रातिनिधिकता की आवश्यकता होती है। पर यह प्रक्रिया यहीं नहीं रुकती। कला के तीसरे क्षण के द्वंद्व इसे अमूर्त नहीं रहने देते। रचना-प्रक्रिया के भीतर की इस निर्वैयक्तिकता से अलग साही रचना को उसके सामाजिक परिवेश से काटकर ही निर्वैयक्तिकता के ऊंचे आसन पर बैठा पाते हैं।

प्रसंगत: साही जायसी के 'नागमती वियोग-वर्णन' को इसी कला दृष्टि के भीतर खींच ले आते हैं। इस तरह जायसी के काव्य का 'मर्म' आचार्य शुक्ल के 'मार्मिक' से अलग और विरोधी की भूमिका ले लेता है। 'मार्मिक' में निबद्ध देशकाल, 'मर्म' बनते-बनते गायब हो जाता है। शायद यही वजह है कि साही जायसी को आधुनिक कवि मानते हैं। तर्क यह कि वे आचार्य शुक्ल द्वारा खोजे जाने के बाद ही वे कवि हुए। साही के ही शब्दों में– ''मैंने आरंभ में कहा था कि जायसी ने लिखा चाहे सोलहवीं शताब्दी में हो, लेकिन उन्हें वस्तुत: आविष्कृत इस बीसवीं शताब्दी में आचार्य रामचंद्र शुक्ल ने किया। इस अर्थ में वे बीसवीं शताब्दी के ही कवि हैं। लेकिन उनकी सृजनशीलता एक गहरे अर्थ में आधुनिक है।''[235]

यह आधुनिकता क्या है? साही मध्यकालीन चौखटे से बाहर करके जायसी के कवि की पहचान करना चाहते हैं। वे बार-बार, जायसी को अन्य भक्त कवियों से अलगाते हुए जोर देकर कहते हैं कि जायसी कवि हैं, और कुछ नहीं। सूफीवाद का चढ़ा हुआ मुलम्मा उतारते हुए साही जायसी की इस खोज को आगे बढ़ाते हैं। वे कहते हैं कि जायसी का प्रस्थान बिंदु मनुष्य है–न कोई ईश्वर और न ही अध्यात्म– ''उनकी चिंता का मुख्य ध्येय मनुष्य है–मनुष्य, जैसा कि वह सामान्य जिंदगी में उठता-बैठता है, सीखता है, प्रेम करता है, गृहस्थी चलाता है, युद्ध में वीरता और कायरता दिखाता है, राज्य स्थापित करता है, छल-कपट, बेईमानी और कमीनापन करता है, संप्रदाय स्थापित करता है, बटोर करने के लिए नारे लगाता है–और इस सबके बाद अपनी अपर्याप्तता की गहरी त्रासदी से ग्रस्त हो जाता है।''[236]

साही के लेखे इसी मनुष्य का चित्रण जायसी को आधुनिक बनाता है। यही उनकी बौद्धिक सघनता है, विचारधारा-मुक्तता है।

यह थोड़ा आश्चर्यजनक लगता है कि इस पुस्तक में सूरदास का जिक्र सिरे से नहीं है जबकि कई-कई बार कबीर और तुलसी, जायसी की इस आधुनिकता के रंग को और गाढ़ा करने के लिए मौजूद हैं। कहीं ऐसा तो नहीं कि ऊपर जायसी को

आधुनिक बनाने के जितने पैमाने दिये गए हैं वे सूर पर भी लागू होते हों! त्रासदी की बात छोड़ दें तो मनुष्य ही सूर की कविता के केंद्र में है, और गोपियों के विरह-वर्णन की त्रासदी भी कोई कम तो नहीं। पर सूर के बारे में हम जानते हैं कि वे गोचारण काव्य के जमाने के हैं। तब क्या साही के आधुनिक की परिभाषा या लक्षण को और नजदीक से देखने की जरूरत है? प्रसंगत: ऊपर दी गई परिभाषा में आया मनुष्य 'लघुमानव' के काफी नजदीक दिखता है जिसके बारे में विस्तार से चिह्नित करते हुए मुक्तिबोध ने आजादी के बाद के मध्यवर्ग के भीतर के द्वंद्वों और दबावों को दिखाया था।

'नई कविता और आधुनिक भावबोध' नाम का मुक्तिबोध का निबंध इस आधुनिक की विस्तार से व्याख्या करता है। साही के 'आधुनिक' की पहचान हम वहां से करने की कोशिश कर सकते हैं। मुक्तिबोध ने लिखा-- "आज सुशिक्षित मध्यवर्ग के लिए भारतीय परिस्थिति अनुकूल नहीं है।...पैसे की कीमत बढ़ गई है, आदमी की कीमत गिर गई है।...पश्चिमी जगत में प्रचलित सभ्यता-समीक्षा...कहा गया कि मानव स्वभावत: क्षुद्र है, तुच्छ है, वह स्वभावत: स्वार्थ प्रेरित है...मनुष्य मूलत: क्षुद्र है। अतएव दु:ख सनातन है। दु:ख से उबरने का कोई उपाय नहीं।"[237]

अब यहीं जायसी के 'त्रासद' से मुक्तिबोध की इस व्याख्या का मिलान करिए। साही बार-बार जायसी के ट्रेजिक विजन की बात करते हैं, जहां अंत में कुछ नहीं, सिर्फ दु:ख बच जाता है। यही वह 'मर्म' है, जिसकी चर्चा ऊपर हुई है।

इस तरह साही की अपने देशकाल की मध्यवर्गीय अवस्थिति की चिंताएं 'पद्मावत' तक फैल जाती हैं। अन्यथा साही जैसा चुस्त आलोचक मध्यकालीन मनुष्य की व्याख्या के सिलसिले में इस तरह के वाक्यांश न लिखता कि वह 'बटोर करने के लिए नारे लगाता है'। इसी क्रम में साही वैचारिक प्रतिबद्धता के बरक्स बौद्धिक सघनता को खड़ा करते हैं। बौद्धिक सघनता को परिभाषित करते हुए साही कहते हैं-- "अप्रस्तुत अर्थ के समाहित हो जाने से प्रसंगगत अर्थ में तीव्रता, वैचारिक तरंगाकुलता और भावों के संश्लेष का समायोजन होता है। यही है वह विस्तृत होती हुई झंकार जिसे हम बौद्धिक सघनता कह सकते हैं।"[238]

अब साही द्वारा बताई गई वैचारिक प्रतिबद्धता को भी समझ लिया जाए-- "...[जब] अप्रस्तुत आध्यात्मिक अर्थप्रधान हो जाएगा और कथा का ठोस भावात्मक संदर्भ गौण हो जाएगा। यह होगी विचारधारात्मक प्रतिबद्धता।"[239] साही अपने वक्त के बोध से जायसी को परख रहे थे, यह कहना एक बात है। दूसरी बात यह है कि साही अपने वक्त के बोध को कविता के प्रतिमान की तरह मध्यकाल पर भी लागू कर रहे थे।

सत्यप्रकाश मिश्र ने लिखा-- "मुझे लगता है कि जैसे टी.एस. इलियट शेक्सपियर और दांते को देखता है और आलोचना को आलोचनात्मक क्षमता उत्पन्न करने के

स्तर तक पहुंचाता है वैसे ही साही तुलसी, कबीर और खुसरो आदि से जायसी की तुलना करके अपने प्रतिमानों का प्रमाण जायसी को सिद्ध करते हैं।''[240]

यही काम मुक्तिबोध भी कर रहे थे। यह संयोग से कुछ अधिक ही है कि 'नई कविता' की दोनों धाराओं, मार्क्सवाद और परिमल के सशक्त दो आलोचक अपने-अपने कैनन बनाने फिर भक्तिकाल की ओर पहुंचे। मुक्तिबोध ने समूचे भक्तिकाल पर लिखा और साही ने जायसी पर, पर साही के मान समूचे भक्तिकाल पर लागू नहीं किए जा सकते। दूसरे, नई कविता के प्रतिमानों से जायसी में अस्मिता आदि खोज निकालते हुए साही खुद का ही प्रत्याख्यान करते हैं। वर्तमान चेतना के पक्ष में उन्होंने अतीतग्रस्तों पर आक्षेप करते हुए लिखा– ''अतीत को इच्छानुसार बदलकर सामयिक स्थिति में प्रयुक्त कर लेने का लोभ छूटे नहीं छूटता। कौन है जो आज तुलसीदास की भावभूमि पर काव्य लिखना चाहेगा? लेकिन तुलसीदास की परंपरा में खड़े होने का दावा सबका है।''[241]

अगर यह 'कौन' साही हैं तो क्या इस उद्धरण में तुलसी की जगह जायसी रखे जा सकते हैं?

साही ने अपने समय के समसामयिक विचारक को गुनते हुए लिखा– ''समसामयिक विचारक एवं कलाकार अंधकार से घिरा हुआ होता है, लेकिन साहस से परिपूर्ण अनिश्चयशीलता में विवश होता है, किंतु प्रयास में अपराजित, उत्तरहीन प्रश्नों से ग्रस्त होता है, पर झूठे उत्तरों का प्रतिरोधी, सांप्रतिक सत्य से सीमित होता है, किंतु आडंबर का विरोधी, दुख का अस्तित्त्व स्वीकार करता है, किंतु स्वतंत्रता का सैनिक होता है। उसका विवेक उसकी आस्था है, उसका संशय उसकी ईमानदारी है, उसका साहस उसके व्यक्तित्त्व की पूर्णता है और उसकी लघुता उसकी सार्थकता है।''[242]

स्वाधीनता से भरे हुए इस कलाकार-विचारक की और क्या पहचान है? मुक्तिबोध ने बहुत जोर देकर इस कलाकार की वर्गीय स्थिति की पहचान की थी। नेहरू-युग और उसके आदर्शों के खंडित हो जाने की बेला में, अपनी सामाजिक-आर्थिक बदहाली से टूटे हुए, शीतयुद्ध के चलते कम्युनिज्म को स्वाधीनता का हनन करने वाली तानाशाही मानने वाले इस निम्न मध्यवर्गीय प्रवृत्ति को वे 'नई कविता' में जोर देकर अलगाते हैं। यह लघुमानव जनता के संगठित और विराट को महसूस नहीं कर पाता। यह आत्म और क्षण नितांत समसामयिकता को कसौटी बनाता है। सारे अन्यायों से एक साथ लड़ने की उनकी आधारभूमि की असलियत तब खुलती है जब इस सिद्धांत को व्यवहार में बरता जाता है। उस स्तर पर सारे अन्यायों से एक साथ लड़ने का तात्पर्य है–किसी के साथ न लड़ना। अन्यायों से लड़ाई का आधार बहुसंख्य गरीब जनता की बजाय वैयक्तिक होने के कारण ही ऐसा होता है।

साही की कबीरदास के प्रति लिखी गई बहुउद्धृत कविता में 'फटकार कर सच बोलने' की मांग की गई है। ऐसा सच, जिससे चाहे जिसे लाभ पहुंचे। यह सच किसके पक्ष में जाएगा, साही इसकी चिंता नहीं करने को कहते हैं। यह गैरजिम्मेदारी कहां से आती है? क्या सच कलाकार को गैरजिम्मेदार बनाता है? दूसरे, लोगों की जिंदगियों से दूर हटकर खोजा गया अपना सत्य कितना प्रामाणिक होगा? तीसरे, अगर यह सच व्यक्तिनिष्ठ ही है तो फिर इसकी कोई परिभाषा संभव नहीं होगी, हर व्यक्ति का अपना सच होगा। यहां तक कि प्रगतिवादी या कम्यूनिस्ट का भी।

प्रसंगवश याद करना चाहिए कि साही के राजनीतिक गुरु डॉ. लोहिया ने भी भारतीय जनमानस की धार्मिकता के 'सच' को सामने रखा और जनता पार्टी सांप्रदायिक राजनीति के फंदे में फंस गई। मुक्तिबोध इस लघुमानव की पड़ताल इन शब्दों में करते हैं– "...यह तो स्पष्ट है कि इस 'आधुनिक भावबोध' में उन उत्पीड़नकारी शक्तियों का बोध शामिल नहीं है जिन्हें हम शोषण कहते हैं, पूंजीवाद कहते हैं, साम्राज्यवाद कहते हैं तथा उन संघर्षकारी शक्तियों का बोध भी शामिल नहीं है, जिन्हें हम जनता कहते हैं, शोषित वर्ग कहते हैं।...संक्षेप में भारत की शिक्षित मध्यवर्गीय में जो भाव-संवेदनाएं प्रगतिशील राजनीतिक अर्थ रखती हैं, उनका 'आधुनिक भावबोध' में कोई स्थान नहीं। हम तो केवल 'लघुमानव' हैं, साधारण जनता नहीं। साधारण जनता में विश्व-परिवर्तन की अदम्य क्रांतिकारी शक्ति होती है। लेकिन उन नीति नियामकों के लेखे, वह भीड़ की अंधी ताकत है। वास्तविक चेतना तो व्यक्ति के अपने आभ्यंतर की समृद्धि है। तो इसलिए व्यक्तित्व की इकाई महत्त्वपूर्ण है। यह इकाई 'लघुमानव' है, क्योंकि अब यह इकाई महान आदर्शों के उच्चतर स्तर की प्राप्ति के पीड़ाजनक भीषण प्रयत्नों में संलग्न नहीं है, न हो सकती है। महान आत्माओं, महान प्रतिभाशालियों, महामानवों का युग गया।...हम जनसाधारण हो जाएं तो वामपंथी मनोवृत्तियों के शिकार होकर, भीड़ की अंधी ताकत बनते हुए अपनी इयत्ता खो देंगे। इसलिए हमको जनसाधारण से लघुमानव बन जाना चाहिए।"[243]

साही के उस लेख की याद करें, जहां वे कम्युनिज्म और ईसाइयत को जोड़ते हुए उनकी आलोचना इन शब्दों में करते हैं– "यही वह भविष्य की वेदी है जिस पर वर्तमान का बलिदान किया जाता है।"[244]

व्यक्ति-स्वातंत्र्य के आधार पर साही ईसाइयत और कम्युनिज्म, दोनों में रेजीमेंटेशन देखते हैं। उनके मुताबिक दोनों सुदूर कल्पित भविष्य के लिए मनुष्य के स्वातंत्र्य का हनन करती हैं। मुक्तिबोध अपने उपरोक्त लेख में इस पर तंज करते हुए लिखते हैं– "व्यक्ति-स्वातंत्र्य एक पुनीत सिद्धांत है [चाहे उसमें लूट-खसोट,

अनाचार, भ्रष्टाचार, स्वार्थ, चरित्रहीनता, धन का प्रभुत्व, शोषण क्यों न चलता हो!]। यदि समाज में बुराइयां हैं तो धीरे-धीरे ही दूर होंगी। लोग हैं कि जो अपने लघुत्व के कारण इस स्वातंत्र्य से डरते हैं। वे कलाकार हीन हैं जो बाह्यानुरोध स्वीकार करते हैं। मनुष्य की परम चेतन अंतरआत्मा पर जोर डालने वाली, और उसे गुलाम बनाने वाली, यह साम्यवादी पार्टी रेजीमेंटेशन करती है।...वे कुछ बुद्धिजीवी और कुछ जनता इतनी बेवकूफ है कि उनके बहकावे में आ जाती है। वह विदेशी प्रभाव भारत में लाती है, लोगों के दिमागों को गुलाम बना लेती है। पश्चिमी प्रभाव भारतीय प्रभाव है, अमेरिकी नीति नियमन वस्तुतः भारतीय है। अंतर्राष्ट्रीय साम्यवाद भारत का शत्रु है, अंतर्राष्ट्रीय पूंजीवाद और साम्राज्यवाद भारत का सगा भाई है!''[245]

यहां मुक्तिबोध के दिमाग में 'नई कविता' की वह पूरी धारा है जो अज्ञेय से शुरू होकर साही और अन्य परिमल आलोचकों में परवान चढ़ी। नितांत वर्तमानता का सैद्धांतिकीकरण भी इसी की कड़ी है।

प्रसंगतः फिर साही की कृति आधारित आलोचना की ओर लौटें। साही दो भुजाओं के बीच स्थित सामंजस्य के अपने सिद्धांत के आधार पर 'पद्मावत' की व्याख्या करते हुए 'सिंहल द्वीप' और 'चित्तौड़गढ़' के बीच 'पद्मावती' को चटख रंगों में उभार देते हैं।[246] ऐसे ही छोर वे शमशेर की काव्यानुभूति को तलाशते हुए पकड़ते हैं। सिंहल द्वीप और चित्तौड़ का द्वंद्व शमशेर के विश्लेषण में मार्क्सवाद और अति यथार्थवाद के द्वंद्व में बदल जाता है।[247] साही मानते हैं कि कालातीत होने की मनुष्य की ईच्छा एक यूटोपिया की तरफ उसे खींचती है। शमशेर के मामले में यूटोपिया भविष्य की वेदी पर वर्तमान की बलि नहीं चढ़ाती बल्कि अतीत और भविष्य, दोनों का समसामयिकीकरण कर देती है। तब ऐसे में साही के मुताबिक इस द्वंद्व में एक त्रासदी का जन्म होता है, जो काव्य का मर्म है। यह काव्य मर्म जायसी, शमशेर और मलार्मे—सबमें मौजूद है।

आशुतोष कुमार ने इस पर टिप्पणी करते हुए इस आलोचना की प्रागाणिकता पर इन शब्दों में प्रश्न उठाया है— ''कविता में निहित विश्वदृष्टि की खोज करना एक बात है। यह विश्वदृष्टि समूची कविता नहीं होती।...मुक्तिबोध की जुबान में कहें तो वह कविता में निहित 'ज्ञानात्मक संवेदना और संवेदनात्मक ज्ञान' है। साही इसे 'बौद्धिक सघनता कहना चाहें तो कोई उज्र नहीं। लेकिन हर बार उसे मनुष्य की अस्तित्त्वमूलक विडंबना के रूप में ही देखना, जो आधुनिकतावादी संत्रास का ही एक दूसरा नाम है, कितनी प्रामाणिक आलोचना है?''[248]

पीछे हम मुक्तिबोध द्वारा किए गए इस प्रवृत्ति के वर्गाधरों का विश्लेषण देख आए हैं। यहां फिर उसे दोहराने का कोई लाभ नहीं।

साही की इस दृष्टि के पीछे के तनावों को समझने की कोशिश करते हुए हम इस संदर्भ के अंत तक पहुंचने का यत्न करेंगे। पहली बात तत्कालीन परिस्थिति में निहित है। उसी समय के अन्य दो आलोचकों–मुक्तिबोध और नामवर सिंह–के आलोचना कर्म की पड़ताल करते हुए हमने देखा था कि शीतयुद्ध का प्रभाव उनके कैनन-निर्माण पर पड़ा। अर्थात हिंदी आलोचना में रूपवादी धारा और वस्तुवादी धारा के बीच बहस बढ़ चली। ऐसा इनमें से कोई शायद ही मानता हो कि विरोधी धारा में कोई तत्त्व नहीं है। आलोचकों के सामने चुनौती थी कि विरोधी के सिद्धांतों से सीखते हुए और उसकी कमजोरियों पर प्रहार करते हुए कैसे आलोचना को विकसित करें। और निश्चय ही यह करते हुए न अपना आधार छोड़ें और न ही विरोधी विचार को छूट दें। साही भी इसी आधारभूमि पर खड़े हैं। दूसरी बात भी अवस्थिति से ही जुड़ी हुई है। भारतीयता की खोज औपनिवेशिकता से छूटने के लिए जरूरी थी। इस भारतीयता की खोज और आधुनिकता के रिश्ते कभी सीधे-सीधे न रहे। पार्थ चटर्जी के 'घरे-बाहिरे' के द्वंद्व के बारे में हम पहले अध्याय में बात कर चुके हैं। लोहिया, और ठीक इसी तरह साही के सामने भारतीयता की खोज का सवाल दरपेश था। लोहिया यह खोज करते हुए राम, कृष्ण और शिव तक पहुंचे। अपने तरह की आधुनिकता की खोज में ही लोहिया मिथकों की पुनर्परिभाषा तक गए और साही जायसी तक।

आशुतोष कुमार ने इसे रेखांकित किया– "सवाल यह था कि परंपरा को छेड़े बगैर, उसे प्रश्नांकित किए बगैर कोई आधुनिक हो तो कैसे हो? और अगर आधुनिक हुए बगैर न रह सके तो फिर वह अपनी भारतीयता का क्या करे, जिसे भूल जाना, छोड़ देना या नजरअंदाज कर जाना नामुमकिन था? औपनिवेशिक विरासत से पीछा छुड़ाने की विकलता भारतीयता को पश्चिम के निषेध के रूप में ही परिभाषित कर सकती है। आधुनिकता भी अगर पश्चिम की है तो हमें उसकी जरूरत नहीं। हमें एक अलग अपनी आधुनिकता खोजनी है। इतिहास की अवधारणा, प्रगति का विचार- यह सब भी पश्चिम का ही चिंतन है। पश्चिम के पास काल की एक खास अवधारणा है–एकरेखीय अवधारणा है।"[249]

'मार्क्सवादी आलोचना की कम्यूनिस्ट परिणतियां' में साही इसी बिंदु से आलोचना में आगे बढ़ते हैं। मार्क्सवादी आलोचना के प्रतिपक्ष के कैननों में यह बिंदु आगे निर्मल वर्मा के चिंतन में विकसित हुआ। अगले खंड में हम इस पर विचार करेंगे।

निर्मल वर्मा : भारतीयता की खोज का उपक्रम

साही के 'इतिहास और भविष्य की वेदी पर वर्तमान की बलि' की बहस आगे बढ़कर निर्मल वर्मा के भारतीयता के अखंड कालबोध की बहस तक पहुंचती है।

उनके मुताबिक यूरोप की मनुष्य-केंद्रित वैचारिकी ने इतिहास को जन्म दिया और यही इतिहास अखंड कालबोध का दुश्मन बन बैठा। वे राष्ट्र राज्य की पिछली सारी ऐतिहासिक अवधारणाओं को उलटते हुए उसे सांस्कृतिक इकाई मानते हैं। इस सांस्कृतिक इकाई की कोटि को वे शाश्वत और सनातन की तरह व्यवहृत करते हैं और उपनिवेशवाद को भारतीय सांस्कृतिक भूमि में दरार डालने वाला बताते हैं।

निर्मल जी की 'भारतीयता की खोज' मुख्य रूप से भारत की औपनिवेशिक सत्ता से टकराहट के बीच ऐसा उपक्रम है जिसमें औपनिवेशिक आइने से खुद को देखने और जानने का नकार भी संभव है और अतीत के मंडन का प्रयत्न करते हुए रहस्यवादी हो जाने की संभावना भी है। यानी 'भारतीयता की खोज' समाज के भीतर के संघातों के अध्ययन के जरिए भी की जा सकती है और ऐकांतिक साधना के जरिए भी उसे खोज निकालने का दावा किया जा सकता है। इसके जरिए ऐतिहासिक चेतना से संपन्न भी हुआ जा सकता है और उससे मुक्त भी। इससे यह नहीं माना जा सकता कि 'भारतीयता की खोज' अनिश्चित ढंग से विचारक को कहीं भी ले जा सकती है। यहां लेखक का अपना नजरिया या विश्वदृष्टि महत्त्वपूर्ण होती है। निर्मल जी इसे विचारधारा नहीं मानते। ऐसे में अपने समाज और स्वयं के प्रति हमारा नजरिया ही निर्धारित करेगा कि हमें भारतीयता की खोज कहां पहुंचाती है।

निर्मल वर्मा भारत की खोज में पीछे की ओर लौट जाते हैं। अशोक वाजपेई इसी खोज को 'भारत व्याकुलता' कहते हैं। वे लिखते हैं– ''निर्मल वर्मा भारतीय मनीषा में औपनिवेशिक अनुभव से पड़ी फांक को, उससे प्रकट पूर्व और पश्चिम की परस्पर अन्यता को केंद्र में रखकर संपूर्णता की कल्पना करते हैं।''[250]

पर निर्मल वर्मा भारतीयता की खोज [या आविष्कार] करते हुए जहां पहुंचते हैं वह देश-कालातीत विचारों का समुच्चय है, जिसमें न जीवंत मनुष्य हैं, न उनके संघर्ष। अगर कुछ है तो 'अभिशप्त, लावारिस अलगाव में ठिठुरता हुआ मनुष्य'। यदि भारतीयता की खोज का हासिल यही लावारिस मनुष्य है जो 'मनुष्य से एक दर्जा नीचे' रहने की स्थितियों के खिलाफ जूझते मनुष्य को राष्ट्र से विस्थापित कर देता है तो निश्चय ही उसका भारत आध्यात्मिक अलगाव की पीड़ा के अतिरिक्त किसी अन्य दुःख से ग्रस्त हो ही नहीं सकता। सामंतवाद के गहरे शोषण के दाग उसकी चेतना की अखंडता को बांट नहीं सकते। भले ही अशोक वाजपेई के शब्दों में निर्मल जी 'इतिहास की लहूलुहान जमीन पर खड़े' दिखें पर यह जमीन निर्मल जी के मनमुताबिक तय की हुई होती है। इस लहूलुहान यथार्थ में आधुनिकता से पूर्व का लहू नहीं दिखाया जाता। इसी बिंदु पर पलट कर निर्मल जी से भक्तिकाल

के कवियों खासकर कबीर के बारे में सवाल पूछे जाने चाहिए। वे तो अपने मानस में उत्तर-औपनिवेशिक फांक नहीं धारण करते थे। फिर उनकी कविता में आया मनुष्य खंडित क्यों है?

निर्मल जी बौद्ध धर्म और सनातनता में इस संपूर्णता को देखते हैं– " ...मुझे धर्मों में केवल दो ही धर्म अपने में संपूर्ण रूप से सत्य और प्रामाणिक जान पड़ते हैं–एक है औपनिषदिक पौराणिक धर्म जहां यह माना गया है कि सृष्टि की पृथकता एक ऐसे सत्य में समाहित हो सकती है जो अखंडित है। और दूसरा इसके बिलकुल उल्टे छोर पर बौद्ध धर्म है जहां आत्म को भी भ्रम मान लिया गया है..."[251]

अर्थात सनातन धर्म दुखों का निपटारा उन्हें अखंडित बनाकर और उन्हें शून्य में विलीन कर करता है और बौद्ध धर्म इसके उलट अपने को भी भ्रम मानकर ऐसा कर पाता है। बौद्ध धर्म की इस व्याख्या के आधार क्या हैं, निर्मल जी यह तो स्पष्ट नहीं करते पर इससे सहमत होना कठिन है। पर यह तो तय है कि दुखों को शून्य में विलीन कर देने की मानसिक कल्प-सृष्टि न तब काम करती थी और न अब।

हिंदुओं ने, निर्मल जी के मुताबिक अन्य या पश्चिम के बारे में इसलिए नहीं लिखा क्योंकि उनमें कोई कमी न थी जबकि पूरब के बारे में लिखने वाले सांस्कृतिक खालीपन से भरे हुए थे। हिंदुओं के पास ऐसी सभ्यता है जो सनातन है और उसे इतिहासबिद्ध सभ्यताओं से बहस की कोई जरूरत न थी। इसी बिंदु पर निर्मल जी परंपरा को रेखांकित करते हैं जो कि स्मृति है। कहना न होगा कि यह परंपरा कमोबेश अपरिवर्तनीय, बदलावरहित और संपूर्ण मानी गई। इसी को उपनिवेशवाद और औद्योगिकीकरण ने नष्ट कर दिया। तब हल क्या है? क्या हम अपने उपनिवेशपूर्व अतीत में जा सकते हैं?

जयदेव ने निर्मल जी की प्रस्थापना में निहित पुरानेपन को पहचानते हुए लिखा– "उपनिवेशपूर्व अतीत में तो हम नहीं जा सकते पर आदिम मूल्यों वाली हमारी कला हमारे पंडों, साधुओं और संतों में सुरक्षित है।"[252]

अज्ञेय और निर्मल वर्मा के संस्कृति चिंतन में औपनिवेशिक का रेखांकन काल की संकल्पना के इर्द-गिर्द हुआ। पश्चिम या यूरोप की संस्कृति से भिन्नता को ये दोनों ही साहित्य चिंतक काल की अवधारणा की भिन्नता में केंद्रित करते हैं। निर्मल वर्मा ने लिखा– "भारत में अंग्रेजी राज का सबसे अधिक दुखदायी प्रभाव यह नहीं था कि हम आर्थिक और राजनीतिक रूप से गुलाम हुए बल्कि यह कि इतिहास ने हमारी चेतना को पहली बार अतीत, वर्तमान और भविष्य जैसे कठघरों में परिभाषित किया।"[253]

निर्मल वर्मा इतिहास को स्मृति या परंपरा का विलोम मानते हैं। स्मृति या परंपरा एक शाश्वत वर्तमानता है जिसमें अतीत, वर्तमान और भविष्य का विभाजन

नहीं रहता। अतीत वर्तमान में जीवित रहता है, व्यतीत नहीं होता। ठीक उसी तरह भविष्य भी वर्तमानता से अलग कोई सत्ता नहीं रखता। समय की यह अखंडता या संपूर्णता स्मृति से पैदा होती है जो कला का उद्‌गम है।

'भारत और यूरोप : प्रतिश्रुति के क्षेत्र की खोज' में निर्मल वर्मा कहते हैं– ''यूरोप का भारतीयों को एक अधिक सुसंगत और संयत बोध हुआ होता, अगर वे सीधे-सीधे उसकी संस्कृति के संपर्क में आए होते, ब्रिटिश उपनिवेशवाद की विकृत छवि के माध्यम से नहीं। यह विकृति उस ऐतिहासिक संदर्भ के कारण और भी गहरी हुई जिसमें उन्हें यूरोप को समझना और उसका सामना करना पड़ रहा था। यह संदर्भ उन्हें उनकी परंपरा से प्राप्त नहीं था, वह उन्हें ज्ञान, विज्ञान और दर्शन की यूरोपीय श्रेणियों के आधार पर प्राप्त हुआ था। भारतीयों को यूरोप से उस भाषा में प्रतिश्रुत होना था जो उनकी अपनी नहीं थी; विचार की उन श्रेणियों में, जो यूरोपीय थीं; उस सामाजिक परिवेश, में जो औपनिवेशिक था। यह आश्चर्यजनक नहीं है कि ऐसी स्थिति में भारत ने यूरोप की जो छवि अपने लिए बनाई, वह उतनी ही खंडित और पूर्वग्रहग्रस्त थी, जितनी भारत के विषय में बनाई गई यूरोपीय अवधारणाएं।''[254]

निर्मल वर्मा अलगाव या निर्वासन की एक सांस्कृतिक या साभ्यतिक व्याख्या करते हैं। उनके अनुसार पश्चिम का 'आत्मनिर्वासन' या अलगाव मानवीय संसार का गैर-मानवीय संसार से अलगाव है। गैर-मानवीय संसार ही प्रकृति है। औपनिवेशिक समय में भारतीय मानस का भी ऐसा ही अलगाव हुआ, पर फिर भी पूरी तरह से नहीं। मिथकीय दिक्काल मानवीय और गैर-मानवीय संसार के बीच संबंध की कुंजी है जिससे प्राक्-औपनिवेशिक भारत सदैव ही जुड़ा रहा जबकि यूरोप, ज्ञानोदय के समय से ही इस मिथकीय चेतना से विरहित हो गया। प्रकृति मनुष्य के भीतर भी है और बाहर भी। प्रकृति का आभ्यंतरीकरण बाहर स्थित प्रकृति को आतंक का हेतु नहीं रहने देता। मिथक मनुष्य और प्रकृति के संबंध की जीवित स्मृति तो है ही, साथ ही अवचेतन का स्वप्न भी है। यदि भारत यूरोप की दृष्टि में 'निद्राग्रस्त' सभ्यता थी तो मिथक उस निद्रारत संस्कृति का स्वप्न था। जागा हुआ यूरोप 'अवचेतन' के इस स्वप्न को खो बैठा और इतिहास के दुःस्वप्न में जा पड़ा। निर्मल वर्मा दो सभ्यताओं के द्वंद्व की जगह अधिक जटिल प्रक्रिया को रेखांकित करते हैं– ''...अब यह, भारतीय और यूरोपीय, दो सभ्यताओं के बीच का परस्पर द्वंद्व नहीं रह गया था-जो दो भिन्न आदर्शों का प्रतिनिधित्व करती थीं, बल्कि उसे भारत और यूरोप की सभ्यताओं द्वारा आभ्यंतरीकृत कर लिया गया, जहां पश्चिमी सभ्यता का एक पहलू रोमांटिसिज्म उसी के दूसरे पहलू वैज्ञानिक प्रगतिवाद और पाजिटिविज्म से टकराता था, जैसा कि भारतीय सभ्यता का परंपरावाद उसी के दूसरे पहलू उदारवादी पश्चिमी विकासधारा का विरोध करता था।''[255]

निर्मल वर्मा ने अपने चिंतन में मनुष्य की नियति और राष्ट्र की नियति को जिस आध्यात्मिक संकट के बतौर देखा, उसे साहित्य पर भी लागू करने का प्रयत्न किया। इस प्रक्रिया में वे विधा और रूप के प्रश्न को उठाते हैं और उनके अलगाव पर जोर देते हैं। साथ ही अपने अनेक लेखों में उन्होंने प्रेमचंद के बारे में बहसतलब प्रस्थापनाएं दी हैं। हिंदी आलोचना में इन प्रस्थापनाओं के साथ पर्याप्त बहस भी हुई है। हम यहां निर्मल वर्मा की भारतीयता की अवधारणा, खासतौर पर उपन्यास में उसके प्रतिफलित होने की प्रक्रिया और प्रेमचंद के बारे में उनके मूल्यांकन पर विचार करेंगे।

सन् 1999 में साहित्य अकादमी के एक सेमिनार के उद्घाटन भाषण में निर्मल जी ने कहा कि उपन्यास के पश्चिमी रूप ने बहुस्तरीय भारतीय यथार्थ की अभिव्यक्ति को परिसीमित और क्षतिग्रस्त किया। 18वीं और 19वीं सदी के यूरोपीय उपन्यास व्यक्तिकृत चेतना की स्वायत्त संवेदना से निर्मित हुए जबकि भारत में जिस समय उपन्यास एक पहले से ही उपलब्ध विधा के रूप में गृहीत हुआ, उस समय तक भारतीय समाज में व्यक्तिकरण की प्रक्रिया यूरोप जैसी अवस्था में नहीं पहुंची थी। निर्मल वर्मा के अनुसार भारतीय नैतिक द्वंद्वों के भिन्न किस्म के आख्यान की आवश्यकता थी। भले ही महाकाव्य विधा के रूप में समाप्त हो गया हो किंतु महाकाव्यात्मक संवेदना मृत नहीं हुई थी।[256]

यह विडंबना ही है कि निर्मल जी यूरोपीय नॉवेल की व्यक्तिकृत चेतना के बरअक्स जिस सामूहिक नैतिक महाकाव्यात्मक चेतना को भारतीय बता रहे हैं, उसके प्रति सजगता साहित्य के क्षेत्र में मिथ और आद्यबिंबों पर यूरोपीय चिंतन का ही परिणाम है। उनके विचार अनेक प्रश्नों को जन्म देते हैं—क्या उपन्यास के उदय का संबंध हमारी संवेदना के खंडित होने से जुड़ता है? कहानी कहने की देशज परंपराएं किस प्रकार हमारे औपन्यासिक आख्यानों को अधिक सर्जनात्मक बनाती है? क्या सामाजिक यथार्थवादी उपन्यास भारतीय यथार्थ की अभिव्यक्ति को संकुचित करते हैं?

मार्क्सवादी आलोचकों ने साहित्य के समाजशास्त्र के गढ़ से इस प्रश्न का उत्तर दिया। मैनेजर पांडेय ने उपन्यास विधा के भारतीय-अभारतीय होने के प्रश्न से 'उपन्यास का समाजशास्त्र' शीर्षक अपने लेख में बहस की है। उपन्यास के उदय और विकास की परिस्थितियों पर प्रकाश डालते हुए उन्होंने लिखा—"उपन्यास के उदय और विकास के लिए अर्थात उसके अस्तित्त्व के लिए कुछ ऐसे भौतिक और विचारधारात्मक आधारों की जरूरत थी, जो आधुनिक युग में ही विकसित हुए। उपन्यास के अस्तित्व के लिए अनिवार्य प्रेस, प्रकाशन और पत्र-पत्रिकाएं आधुनिक युग के वैज्ञानिक विकास की देन हैं तो उसके लेखक और

पाठक के रूप में क्रियाशील मध्यवर्ग पूंजीवादी सामाजिक संरचना का परिणाम है। इन भौतिक आधारों के साथ-साथ विचारधारा के स्तर पर व्यक्तिवाद, धर्मनिरपेक्ष जीवनदृष्टि और यथार्थवादी विश्वदृष्टि की जरूरत थी, जो आधुनिक युग की विवेकवादी चेतना की उपज है। उपन्यास की रचनादृष्टि में मनुष्य की स्वतंत्रता, व्यक्ति की महत्ता और मानवीय संबंधों की गरिमा को तभी केंद्रीय महत्त्व मिला, जब आधुनिक मानस अपने अनुभव और तर्क के अलावा किसी अलौकिक शक्ति की सत्ता को स्वीकार करने के लिए तैयार न था। यह मध्ययुग में संभव न था। उपन्यास मध्ययुगीनता के खिलाफ आधुनिकता के विद्रोह की अभिव्यक्ति करने वाला साहित्य रूप है।''[257]

इसके उलट निर्मल वर्मा ने उपन्यास के संदर्भ में पश्चिमी मॉडल की आलोचना करते हुए भारतीय यथार्थ के लिए महाकाव्यात्मक संवेदना को महत्त्वपूर्ण माना– ''हमने अपने कथात्मक गद्य के लिए उपन्यास जैसी 'विधा' को चुना जो पश्चिम के नितांत भिन्न सांस्कृतिक अनुभव क्षेत्र में पनपी और विकसित हुई थी।...प्रेमचंद से लेकर अधुनातन उपन्यासकारों ने कभी उपन्यास की विधा पर शंका प्रकट नहीं की, अपने अनुभव के संदर्भ में पुनः परीक्षा तो दूर की बात थी।''[258]

निर्मल वर्मा लंबे समय से भारतीयता के एक विशिष्ट स्वरूप को स्मृति और परंपराओं के सहारे अर्जित करने को लेकर चिंतित रहे। उपन्यास की अपेक्षा भारतीयता को वे महाकाव्य की संवदेना से अधिक घनिष्ठ रूप से जुड़ा हुआ मानते हैं। उनके सपने के उपन्यास का चित्र उन्हीं के शब्दों में– ''यूरोपीय उपन्यास के चौखटे से मुक्त होकर हम जिस उपन्यास के पुनर्जन्म की कल्पना करते हैं, उसमें मनुष्य की देह पर उन सब घावों के निशान होंगे जिसे व्यक्ति ने अपने पूर्वजन्म में झेला है, किंतु अब उनकी पीड़ा किसी अन्य के द्वारा या विरुद्ध न होकर सृष्टि के उस समूचे अस्तित्व से जुड़ी होगी जिसके सुख में सुखी और जिसकी यातना में दुखी हुआ जाता है। जहां देखना, होना, महसूस करना अलग-अलग खंडों में विभाजित नहीं है।''[259]

मैनेजर पांडेय ने इस समस्या पर विचार करते हुए लिखा कि ''उपन्यास आधुनिक युग का महाकाव्य कहा जाता है, इसीलिए वह राष्ट्र की पुरानी स्मृति का आधुनिक उत्तराधिकारी है। लेकिन उपन्यास का स्वभाव महाकाव्य से भिन्न होता है। महाकाव्य में जातीय जीवन के अतीत का गौरवगान होता रहा है, जबकि उपन्यास का संबंध समकालीन सामाजिक प्रक्रियाओं से होता है और वे सामाजिक प्रक्रियाएं राष्ट्र के शासक वर्ग की विचारधारा की एकान्विति और एकस्वरता का खंडन करती हैं। यही नहीं, वह राष्ट्र की कल्पित सामूहिकता के समक्ष विभिन्न समुदायों, वर्गों और अस्मिताओं को प्रस्तुत करता हुआ राष्ट्रवाद की समग्रतावादी

विचारधारा के एकाधिपत्य को तोड़ता है। दुनिया भर के उपन्यास के इतिहास से यह साबित होता है कि उपन्यास का रूप अत्यन्त लचीला, गतिशील, बहुआयामी और प्रयोगधर्मी होता है, इसीलिए मिखाइल बाख्तिन ने उपन्यास के सिद्धांतकारों को चेतावनी देते हुए कहा था कि उपन्यास का वह प्रत्येक सिद्धांत उलझाव का शिकार होता है जो उसे कुछ स्थायी विशेषताओं और विचारधारात्मक बंधनों में बांधना चाहता है। राष्ट्रवाद भी एक विचारधारा है, जिसके बंधनों में बंधना उपन्यास स्वीकार नहीं करता। ऐतिहासिक और व्यक्तिगत रोमांस के उपन्यास जिस तरह के राष्ट्रवाद के पोषक होते हैं, नैसे राष्ट्रवाद से सामाजिक यथार्थवाद के उपन्यासों का स्थायी विरोध होता है। रोमांसधर्मी उपन्यासकारों में वर्तमान के बोध की जगह अतीत की स्मृति या भविष्य की कल्पना अधिक होती है। उनकी आख्यान की पूरी संस्कृति पुनरुत्थानवादी राष्ट्रवाद की मदद करती है, जबकि सामाजिक यथार्थवाद के उपन्यास अपने समय और समाज की सच्चाइयों का साक्षात्कार करते हुए मुक्तिधर्मी और अग्रगामी राष्ट्रीय चेतना का निर्माण करते हैं। उनमें जनता की जिंदगी की वास्तविकताओं तथा लोकतांत्रिक आकांक्षाओं की अभिव्यक्ति होती है और राष्ट्रवाद के हाशिये पर रहने वालों की आवाज सुनाई देती है।''[260]

मैनेजर पांडेय ने इसी लेख में यह दिखलाया कि राष्ट्रवाद हमेशा मुक्तिधर्मी और मूलगामी नहीं होता। स्वाधीनता आंदोलन के समय के राष्ट्रवादी विमर्श में बहुधा किसानों, मजदूरों, स्त्रियों और दलितों को राष्ट्रवाद की मुख्यधारा की कल्पना में स्थान नहीं दिया गया था। सबाल्टर्न इतिहास लेखन इसी राष्ट्रवादी विमर्श के प्रतिरोध में खड़ा हुआ, जिसमें जनता एक बेचेहरा और बेजुबान भीड़ के अलावा कुछ नहीं थी। प्रेमचंद के उपन्यास इसी बेचेहरा भीड़ के विमर्श के बरअक्स किसान जीवन का यथार्थ और संघर्ष लेकर आते हैं।

जयदेव निर्मल वर्मा के प्रेमचंद के विश्लेषण को कठघरे में खड़ा करते हैं। वे निर्मल वर्मा की प्रेमचंद संबंधी धारणा को खोलते हुए लिखते हैं– '' 'गोदान' एक महान साहित्यिक पाठ इसलिए नहीं है कि वह होरी की दुनिया की निस्सहायता और वंचना दिखाता है, बल्कि इसलिए महान है कि वह दिखाता है कि पुरोहित को गाय दान दिये बिना आदमी मरकर भी शांति हासिल नहीं कर पाएगा।''[261]

निर्मल वर्मा के इस विश्लेषण से उलट प्रेमचंद के उपन्यासों ने स्वाधीनता संग्राम के इतिहास को नेताओं की जीवनी नहीं रहने दिया। भारतीय राष्ट्रवाद को उत्पन्न करने में खासतौर पर किसान जनता, मजदूर, स्त्री और दलित महज आंदोलनों की बेचेहरा भीड़ नहीं थे। यह प्रेमचंद को पढ़कर समझ में आता है, न कि राष्ट्रवादी इतिहास लेखन और निर्मल वर्मा को। राष्ट्रवादी इतिहास लेखन के सबाल्टर्न दृष्टि से विखंडन से काफी पहले प्रेमचंद ने राष्ट्रीय चेतना की आरोपित

अखंडता को तार-तार कर दिया था और उसके शक्ति-संबंधों को भी। 'रंगभूमि' के 'सूरदास' की ट्रेजडी, 'कर्मभूमि' में किसानों के विराट आंदोलन, दमन और प्रतिरोध के साथ नेतृत्वकारी वर्ग का विश्वासघात और शासकों के साथ उनके समझौते प्रेमचंद के सामने स्पष्ट थे। भारतीय राष्ट्रवाद के वर्ग-चरित्र की पहचान उसके भीतर संचालित वर्ग संघर्ष के जरिए होती है। 'रंगभूमि' के राष्ट्रवादी राजा महेन्द्र प्रताप सूरदास के संघर्ष को अशांति घोषित करते हैं, 'कर्मभूमि' में अमरकांत का ढुलमुलपन और समझौतापरस्ती, 'गोदान' के राय साहब और खन्ना का जमींदारी-पूंजीवादी राष्ट्रवाद, उत्तर-औपनिवेशिक भारत की राजसत्ता के वर्गाधार को पूर्वाशित करता है।

'गबन' का देवीदीन खटिक, जो आजादी के आंदोलन में अपने पोषित दो बेटों को गंवा चुका है, एक राष्ट्रवादी नेता से पूछता है– "साहब, सच बताओ, जब तुम सुराज का नाम लेते हो तो उसका कौन सा रूप तुम्हारी आंखों के सामने आता है? तुम भी बड़ी-बड़ी तलब लोगे, तुम भी अंग्रेजों की तरह बंगलों में रहोगे, पहाड़ों की हवा खाओगे, अंग्रेजी ठाट-बाट बनाए घूमोगे? इस सुराज से देश का क्या कल्याण होगा?"[262]

'गोदान' में मिर्जा खुर्शेद कहते हैं– "जिसे हम डेमोक्रेसी कहते हैं, वह व्यवहार में बड़े-बड़े व्यापारियों और जमीदारों का राज है और कुछ नहीं। चुनाव में वही बाजी मार ले जाता है जिसके पास रुपए हैं।"[263]

आज के भूमंडलीकरण के दौर में भारत में लाखों किसानों की आत्महत्याओं को यदि रविभूषण होरी की मृत्यु से जोड़कर देखते हैं तो यह अकारण नहीं है।[264] भूमिपति और पूंजीपति सत्ता द्वारा बाजार की किसान-विरोधी प्रवृत्तियों का राष्ट्रीय और वैश्विक संदर्भों में पर्दाफाश पहले-पहल प्रेमचंद ने ही किया। प्रेमचंद के यहां भारतीयता स्मृत्य और स्वप्नवत नहीं है। वह जटिल अंतर्विरोधों से गुजरते हुए राष्ट्र का जीवित चित्र है। हजारी प्रसाद द्विवेदी ने लिखा था– "अगर आप उत्तर भारत की समस्त जनता के आचार-विचार, भाषा-भाव, रहन-सहन, आशा-आकांक्षा, दुःख-सुख और सूझ-बूझ जानना चहते हैं तो प्रेमचंद से उत्तम परिचायक आपको नहीं मिल सकता।"[265]

अगर प्रेमचंद द्वारा चित्रित वास्तविक हिंदुस्तानी किसान औपनिवेशिक किसान है तो फिर शुद्ध 'औपनिषदिक किसान' कैसा होगा? निर्मल वर्मा ऐसे होरी की तलाश में हैं जिसकी जमीन की, शोषण की समस्या न हो, हो तो सिर्फ आस्था, स्मृति और [मरजाद नहीं] मर्यादा!

असल में निर्मल वर्मा से बहस करना एक मुश्किल काम इसलिए है कि उनकी परंपरा में ऐतिहासिक घटनाओं का कोई मोल नहीं। निर्मल जी इतिहास के

खिलाफ समयहीनता और तार्किकता के खिलाफ आस्था पर आस्था रखते हैं। इस तरह वे अपने को तार्किक विश्लेषण से परे कर लेते हैं। निर्मल जी के लिए यह पवित्र आस्था का मामला है जो किसी भी तार्किकता, प्रश्नाकुलता और सत्यापन से परे है। इस युद्ध में शुद्ध हिंदू परंपरा जीत जाती है और महान सभ्यता की केंद्रीय वस्तु बन जाती है। इस तरह यह देशभक्ति और राष्ट्रवाद के लिए गोलबंदी करने में इस्तेमाल होती है। जयदेव इसे राजनीतिक धोखा कहते हुए इस 'परंपरा के भीतर' अन्य उत्पीड़ित तबकों के सवाल उठाते हुए कहते हैं कि ''असल में वे दूसरी वैकल्पिक छोटी सांस्कृतिक परंपराओं के बारे में बात करने वालों का तिरस्कार करते हैं। यहां मूल रूप से सिर्फ यही एक परंपरा है और कुछ नहीं। मैं परंपरा में ऐसी महान, अदभुत छलांग नहीं लगा सकता क्योंकि मुझे डर है कि मैं पीटा जाऊंगा और बाहर कर दिया जाऊंगा। अव्वल तो तब जब मैं यह पूछूंगा कि इस महान परंपरा में शूद्रों या बाल विधवा के लिए कौन सी राहत मौजूद है? मैं दो बार लतियाया जाऊंगा- पहले तो सवाल पूछने के लिए और दुबारा दुनियावी सवाल पूछकर इस पवित्र दुनिया की पवित्रता भंग करने के लिए।''

यही वह जगह है जहां से अस्मिता के विमर्शों पर बहस होनी चाहिए। अगले खंड में हम इन्हीं की चर्चा करेंगे।

अध्याय : छह

कैननों के विस्थापन के प्रयत्न : अस्मिता के प्रश्न

स्त्री-विमर्श : प्रतिमानों का प्रश्नांकन

बीसवीं सदी के अंतिम दशकों में हिंदी साहित्य में स्त्री और दलित-विमर्श की चर्चा ने जोर पकड़ा। आमतौर पर इन दोनों विमर्शों ने अब तक हिंदी साहित्य में निर्मित किए गए कैननों के बारे में मूलगामी सवाल खड़े किए। लैंगिक और जातिगत श्रेष्ठता का बोध कैननों के निर्माण में कितनी प्रत्यक्ष और कितनी परोक्ष भूमिका निभाता है, इसे इन विमर्शों ने उजागर किया। आम तौर पर सर्वमान्य मान ली गई मान्यताओं पर नये सिरे से सवाल उठने लगे। न तो कलागत श्रेष्ठता निर्विवाद श्रेणी रह गई और न ही वर्ग-दृष्टि की केंद्रीयता। इसके पहले हिंदी आलोचना में संघर्ष का सबसे मुखर बिंदु कलावाद बनाम यथार्थवाद का था लेकिन इन विमर्शों ने दोनों की बुनियादी प्रस्थापनाओं पर सवाल खड़े किए।

यदि साहित्य का मूल्य उसकी कलात्मकता के चलते है तो यह कलात्मकता किसकी सौंदर्यचेतना से निर्मित है? क्या समाज के वंचित तबकों की सौंदर्यचेतना की हिस्सेदारी इस कलात्मकता में है? अभिजात अभिरुचि को सार्वभौम रूप में प्रस्तुत करने का तीखा प्रतिवाद इस दौर में देखने को मिलता है। साथ ही यथार्थवादी दृष्टि, जो काफी हद तक वंचित तबकों की वंचना के कारणों की व्याख्या करने का दावा कर रही थी, पर भी सवाल उठे। कहा गया कि साहित्य में प्रस्तुत यथार्थ दरअसल उन आंखों से देखा गया है जो यथार्थ की अनुभूतियों से दूर हैं, यथार्थ के खुरदुरे धरातल से उनका साबका ही नहीं हुआ है और इस तरह का साहित्य यथार्थ के भोक्ता द्वारा रचित साहित्य के समक्ष कहीं नहीं ठहरता। मार्क्सवादी सैद्धांतिकी से बहस करते हुए इन विमर्शों ने सवाल उठाया कि वर्ग को केंद्रीय कोटि मान लेने के बाद भारत की विशेष परिस्थितियों में न तो जाति आधारित शोषण की व्याख्या हो सकती है और न ही लिंग आधारित शोषण की। इन बहसों को दुनिया भर में विभिन्न अस्मिताओं द्वारा अपने निर्माण के दौर में मार्क्सवाद से की गई बहसों के क्रम में भी

देखा जा सकता है। अश्वेत आंदोलन ने भी किसी समय यह प्रश्न उठाया था। वर्ग, वर्ग के आधार पर शोषण और वर्ग संघर्ष की सार्वभौम धारणा के समक्ष नस्ल और उपनिवेश के चलते होने वाले शोषणों की मार्क्सवाद द्वारा अनदेखी का सवाल उठाया था। फिलहाल इस अध्याय में हम उस प्रक्रिया का विश्लेषण करने का प्रयत्न करेंगे जिसमें स्त्री और दलित अस्मिता की हिंदी साहित्य में अभिव्यक्ति ने न सिर्फ मौजूदा कैननों के पुनर्निर्माण का वैकल्पिक एजेंडा पेश किया बल्कि परंपरा को फिर से परिभाषित करने के प्रयत्न भी किए। इन तबकों द्वारा अपनी परंपरा की खोज के क्रम में 'अतियों' की शिकायत भले ही हो लेकिन इतिहास तक से बेदखल लोगों के द्वारा अपने इतिहास की खोज की बेचैनी कम महत्त्वपूर्ण नहीं है।

हिंदी में स्त्री साहित्य ने रचनात्मक रूप से तो अपनी बेचैनी को अभिव्यक्ति दी पर जहां तक आलोचना में कैनन-निर्माण का सवाल है, इस दिशा में काम कम ही हुआ है या लगभग नहीं के बराबर है। स्वयं स्त्रीवादी चिंतकों ने इस को लक्ष्य किया है– ''अंग्रेजी साहित्य में स्त्रीवादी समालोचना बेहद जनप्रिय पदबंध है। लेकिन हिंदी में यह उतना जनप्रिय नहीं है। बल्कि यह कहना ज्यादा सही होगा कि हिंदी के समीक्षकों को इस पदबंध में कोई आकर्षण नजर नहीं आता।...सच यह है कि स्त्रीवादी साहित्यालोचना को लेकर हिंदी में अभी सामान्य समझ भी नहीं बन पाई है।...स्त्रीवादी साहित्यालोचना का अर्थ है स्त्री के साहित्य और स्त्री पर लिखे पुरुष के स्त्री विषयक केंद्रित साहित्य के मूल्यांकन का नजरिया।''[266]

स्त्रीवादी आलोचना मुख्यत: साहित्य में पितृसत्ता-विरोध और स्त्री-मुक्ति को आधार बनाती है। इसी क्रम में उसके अन्य विमर्शों, आंदोलनों और विचारधाराओं से संबंध बनते हैं। सुधा सिंह ने स्त्री अस्मिता के बारे में लिखा– ''स्त्रीवादी लेखिकाएं स्त्री अस्मिता को एक नहीं, कई रूपों में देखती हैं। किसी के यहां लिंग, किसी के यहां शरीर, किसी के यहां मन, किसी के यहां स्त्री की अनुभूति प्रमुख है।...स्त्री अस्मिता का प्रमुख आधार है स्त्री को पुरुष संदर्भ से बाहर लाना और स्त्री संदर्भ में रखकर देखना। पितृसत्तात्मक विचारधारा का विरोध करना।''[267]

नवजागरण काल से सक्रिय आधुनिक स्त्री रचनात्मकता के सातत्य के बावजूद हिंदी आलोचना में ऐसे कैनन नहीं बने जिनमें स्त्रियां बतौर लेखक मजबूती से शामिल हों। आम तौर पर उनके काम प्रशंसित होने के बावजूद गंभीर आलोचना और विमर्श का केंद्र 90 के दशक की शुरुआत तक नहीं बने। 1990 का दशक हिंदी में स्त्री कथा-लेखन ही नहीं, स्त्री-लेखन की वैचारिकी के निर्माण, सैद्धांतिक सवालों पर बहस और दुनिया भर के स्त्रीवादी लेखन से अनुवाद का समय भी है। यहां पहुंचकर स्त्रियों ने यह रेखांकित करना शुरू किया कि उनके जीवनानुभव ही नहीं, उनके नजरिए से देखा गया जीवन स्त्री विरोधियों और समर्थकों द्वारा प्रस्तुत जीवन से कितना भिन्न है।

19वीं सदी के बंगाल पुनर्जागरण के दौरान समाज–सुधार के आंदोलनों के केंद्र में स्त्री प्रश्न था। राममोहन राय द्वारा सतीप्रथा का विरोध और ईश्वरचंद्र विद्यासागर के नेतृत्व में विधवाओं के पुनर्विवाह के पक्ष में और कुलीनों में बहुविवाह के विरुद्ध अभियान इस दौर की पहचान हैं। 19वीं सदी का अंत आते–आते समाज सुधार और स्त्री प्रश्न का राष्ट्रीय एजेंडे से गायब हो जाना इतिहासकारों के बीच महत्त्वपूर्ण बहस का विषय रहा है। पार्थ चटर्जी ने इस विषय पर विचार करते हुए राष्ट्रवाद और स्त्री प्रश्न के समीकरण की व्याख्या की है।[268] उनके अनुसार राष्ट्रवादी परियोजना ने औपनिवेशिक राज्य के साथ राजनीतिक अधिकारों के लिए संघर्ष और आंदोलन में जाने से काफी पहले ही सांस्कृतिक संप्रभुता के एक स्वायत्त क्षेत्र का निर्माण कर लिया था। जहां 19वीं सदी के पहले हिस्से में समाज–सुधारकों ने धर्म और समाज सुधार के लिए औपनिवेशिक शासकों के कानूनी तंत्र की मदद ली, वहीं 19वीं सदी के अंतिम तीन दशकों में नये मध्यवर्गों से बने राष्ट्रवादी नेतृत्व ने एक ऐसे सांस्कृतिक दायरे का निर्माण किया जो कि औपनिवेशिक शासन के हस्तक्षेप से मुक्त संप्रभुता का दायरा था। सामाजिक संस्थाओं और व्यवहारों को राष्ट्रवाद ने दो हिस्सों में बांटा। उसकी परियोजना में भौतिक दायरा बाहरी है और आध्यात्मिक दायरा भीतरी है। भौतिक दायरे में अर्थव्यवस्था, राज–काज, विज्ञान, तकनीक आदि आते हैं, जिनमें पश्चिम की श्रेष्ठता स्वीकार्य है, जिसे सीखकर दक्ष बनना है ताकि पश्चिम का उसकी ही जमीन पर मुकाबला किया जा सके। दूसरी ओर आध्यात्मिक दायरा भीतरी है, जो कि जाति की सांस्कृतिक अस्मिता का क्षेत्र है जहां भारत की पश्चिम पर श्रेष्ठता स्वयंसिद्ध है। जैसे–जैसे भौतिक दायरे में दक्षता बढ़ती है, वैसे–वैसे भीतरी दायरे के वैशिष्ट्य की रक्षा की जरूरत और भी बढ़ जाती है। स्त्री इस भीतरी सांस्कृतिक दायरे का केंद्र है। राष्ट्रवाद ने स्त्री प्रश्न का औपनिवेशिक दखल से मुक्त सांस्कृतिक अस्मिता के क्षेत्र में समाधन प्रस्तुत करके उसे बाह्य राजनीतिक संघर्ष का मुद्दा नहीं रहने दिया। टैगोर से रूपक लेते हुए इसको पार्थ चटर्जी ने 'घरे–बाहिरे' का द्वंद्व कहा है।

प्रणय कृष्ण ने पार्थ चटर्जी के लेख को आधार बनाते हुए बनते हुए राष्ट्र में महिला प्रश्न का जायजा लेते हुए लिखा– "औपचारिक शिक्षा नई भद्र महिला के लिए सिर्फ स्वीकार्य नहीं हुई बल्कि उसकी भद्रता की जरूरत बन गई। स्त्री की मुक्ति और 'आत्ममुक्ति की राष्ट्रवादी परियोजना में पुरुष और स्त्री दोनों को हिस्सेदारी निभानी थी।' अनुशासन के नये बुर्जुआ गुणों–मसलन व्यवस्थाप्रियता, किफायत, साफ–सुथरापन, व्यक्तिगत जिम्मेदारी का बोध, साक्षरता, हिसाब–किताब और स्वास्थ्य के व्यावहारिक कौशल, बाहरी दुनिया द्वारा निर्धारित नई भौतिक और आर्थिक स्थितियों के अनुरूप गृह–प्रबंधन आदि गुण स्त्रियों में विकसित

करना 'स्त्री शिक्षा' का मुख्य उद्देश्य था। इसके लिए स्त्री को बाहरी दुनिया को जानना भी जरूरी था, लिहाजा पर्देदारी के नियमों को शिथिल करके संस्कृति और समाज द्वारा अनुमोदित स्त्री और पुरुष के अलग-अलग आचरणों के मानक तय किए गए।''[269]

हिंदी क्षेत्र में भी कमोबेश यही हालात थे। यहां भारतेंदु की 'बालाबोधिनी' को याद करना प्रासंगिक होगा। स्त्री-शिक्षा को बढ़ाने और उसकी उपादेयता बताने के लिए बालकृष्ण भट्ट ने एक लेख लिखा–'स्त्रियां और उनकी शिक्षा'। इस लेख में स्त्री-शिक्षा की पक्षधरता करते हुए भट्ट जी लिखते हैं– ''खाली-झुरी शिकायत मत कीजिए कि आजकल स्त्रियों पर बड़ा अत्याचार हो रहा है और उनकी गिरी दशा और भद्दी अकल तस के लायक है। यकीन रखिए, उनकी गिरी दशा में आज यदि विदेशी स्वच्छंदता ठूंसना चाहते हैं तो चाहे आप मन से इसे प्रसंशनीय समझें पर इससे बढ़कर उन पर कोई दूसरा जुल्म न होगा। जिस बात को कोई न समझे और वह काम उससे जबरदस्ती लिया जाए तो वह घबड़ा उठेगा, तड़फड़ाने लगेगा। इसलिए कृपा करके और मुल्क की स्त्रियों को जो आराम है उनका नाम भी हमारे यहां की स्त्रियों के संदर्भ में न लीजिए।''[270]

यहां भी हम देख सकते हैं कि राष्ट्र और महिला प्रश्न के बीच एक तनाव है। स्त्रियां पश्चिम की तरह न हों और आधुनिक भी हों, यही उस युग का द्वंद्व है। इसके पीछे घरे-बाहिरे का द्वंद्व तो था ही पर इसमें निहित गहरी पितृसत्ता, उपनिवेशवाद विरोध के भीतर ही काम कर रही थी।

आजादी के आंदोलन के साथ-साथ महिलाओं की साक्षरता बढ़ी और उन्होंने उपनिवेशवाद विरोधी आंदोलन में बढ़-चढ़कर हिस्सेदारी की, पर उपरोक्त द्वंद्व हमेशा बना रहा। स्त्री और राष्ट्र की अस्मिताओं में अंतर्विरोध छायावादी दौर में सृजन में सक्रिय रहा।

सुधा सिंह ने इसकी पहचान करते हुए लिखा– ''स्त्री के प्रेम और राष्ट्र के द्वंद्व को, राष्ट्रीय प्रेम और व्यक्तिगत प्रेम के द्वंद्व के रूप में नहीं देखा जाना चाहिए जैसा कि सन् 1916 से लेकर 1936 तक के छायावादी युग में विशेषत: प्रसाद साहित्य में देखा गया।''[271]

यहां प्रसाद की कहानी 'पुरस्कार' को याद करना बेहतर होगा। हालांकि प्रसाद जी ने मध्यकालीन समय में अपनी इस कहानी को अवस्थित किया है, पर द्वंद्व उनका अपना समकालिक है। कहानी की नायिका मधूलिका अपने प्रेमी अरुण के लिए प्राण की बाजी लगाने को तैयार है। वह उसे बेहद प्रेम करती है। पर राष्ट्र का उसका बोध इस प्रेम पर भारी पड़ता है और वह अरुण को बंदी बनवा देती है। अरुण को प्राणदंड मिलता है और मधूलिका को पुरस्कार। पर प्रसाद इस

द्वंद्व को और गाढ़ा करते हैं और उनकी मधूलिका प्रेम और राष्ट्र को साधने के लिए अपने लिए पुरस्कार में प्राणदंड मांगती है। कहना न होगा कि यह प्राणदंड ही इस द्वंद्व का एकमात्र उत्तर न था, खासकर स्त्री दृष्टि से। पर अपने समय के द्वंद्व को चित्रित करते हुए प्रसाद बड़ी अस्मिता के लिए छोटी अस्मिता की कुर्बानी को चित्रित करते हैं।

दलित-विमर्श के संदर्भ में भी आगे हम देखेंगे कि कैसे पूना पैक्ट इसी तरह की वैचारिक द्वंद्व की उपज था।

नामवर जी के अनुसार छायावादी काव्य में यह स्त्रियों के चित्रण के लिहाज से 'देवि, मां, सहचरि, प्राण' की अवस्था थी। यानी स्त्री का स्वतंत्र व्यक्तित्व तब तक काव्य विषय नहीं बन पाया था। हालांकि महादेवी जैसी सक्षम महिला कथाकार अपने लेखन खासकर गद्य में इस प्रवृत्ति से जूझते हुए स्त्री दावेदारी को आगे बढ़ाने की कोशिश कर रही थीं।

मैनेजर पांडेय ने महादेवी की 'शृंखला की कड़ियां' की पड़ताल करते हुए उसे भारतीय नवजागरण के साथ विकसित हो रहे नारी जागरण की तरह देखा है। महादेवी ने अपने लेखन में प्रामाणिक स्त्री स्वर की अभिव्यक्ति की है। राष्ट्रवाद के सामने अस्मिता के प्रश्नों को महादेवी ने प्रसाद जी की तरह धुंधला नहीं किया। उन्होंने स्त्री अस्मिता के तत्कालीन तीन स्तरों की पहचान करते हुए लिखा– "भारत की आधुनिक तरुणी के विचारों का यही निष्कर्ष है कि भारतीय संस्कृति के घेरे में उन्हें रखकर समाज आधुनिक युग की चुनौती स्वीकार नहीं कर सकता।...दूसरा मत उस मध्यमार्गी महिला वर्ग का है जो भारतीय संस्कृति में उपलब्ध मूल्यों को आधुनिक समाज की आधारशिला बनाने में विश्वास रखता है।...तीसरा और बहुसंख्यक महिला वर्ग अभी तक इतना अप्रबुद्ध है कि उससे लोक के इधर-उधर देखने की अपेक्षा कम की जाती है।"[272]

महादेवी ऊपर के दोनों का समन्वय चाहती हैं अर्थात वे स्त्री की प्राचीन छवि और आधुनिक छवि के बीच तालमेल बिठाना चाहती हैं। पर महादेवी की तलाश की खास बात यह है कि संस्कृति की खोज में वह मातृसत्तात्मक समाजों तक जाती हैं और उसके बाद के नारी शोषण को रेखांकित करती हैं। दूसरी तरफ आधुनिक नारी में वे बाजार का प्रभाव और स्वतंत्रता दोनों को चिह्नित करती हैं। महादेवी यहां निश्चय ही घरे-बाहिरे के द्वंद्व से आगे बढ़ी हुई हैं। महत्त्वपूर्ण है कि महादेवी द्वारा चिह्नित तीसरा वर्ग उनकी रचनाओं में प्रभूत मात्रा में उपस्थित है और यही उनके स्त्री-विमर्श की अलहदा ताकत है।

भक्तिन, बिबिया और गुंगिया जैसे स्त्री पात्रों को पहली बार महादेवी अपने गद्य के बीचोबीच ले आती हैं। प्रणय कृष्ण ने इस संदर्भ में लिखा– "वे राष्ट्र और जाति का प्रतिनिधित्व करने वाली काल्पनिक स्त्री छवियां नहीं है?...वे [महादेवी]

अपने अनुभव से जानती थीं कि नवजागरण या पुनर्जागरण ने जिस नई पितृसत्ता को स्थापित किया था, उसने स्त्रियों को गौरवान्वित करने के साथ ही उनसे कितना कुछ छीन लिया था।...निम्न जाति की वे स्त्रियां, जो नवजागरण की रोशनी से वंचित रही थीं, उनका ही स्त्रीत्व राष्ट्रवाद द्वारा उपनिवेशित होने से बच गया था।''[273]

उपन्यासों में प्रेमचंद स्त्री प्रश्नों को पुरजोर ढंग से उठा रहे थे। प्रेमचंद को लेकर अब स्त्री नजरिए से पाठ हो रहे हैं। वीरेंद्र यादव जैसे आलोचकों ने अस्मिता के पहलू से प्रेमचंद के पुनर्पाठ की कोशिशें की हैं। सुधा सिंह अपने लेख 'स्त्रीवादी प्रेमचंद' में चिह्नित करती हैं कि ''प्रेमचंद का समस्त लेखन वर्चस्व की अवधारणा को अस्वीकार करता है। यही वह बिंदु है जहां पर प्रेमचंद नवजागरण की विचारधारा की सीमाओं का अतिक्रमण कर जाते हैं और स्त्री मुक्ति का नया एजेंडा सुझाते हैं। प्रेमचंद हिंदी के प्रथम लेखक हैं जो स्त्री के प्रश्नों पर वैज्ञानिक समझ का परिचय देते हैं। उनके लिए स्त्री समस्या राष्ट्रीय और लिंगीय समस्या है। प्रेमचंद की रचनाओं में जितने बड़े पैमाने पर स्त्री की समस्याओं को उठाया गया है उतने बड़े पैमाने पर किसी अन्य समूह की समस्याओं को नहीं उठाया गया।''[274] अलावा इसके तत्कालीन समाज में स्त्री से जुड़ी प्राय: हर समस्या–बाल-विवाह, उत्तराधिकार– से लेकर बर्थ कंट्रोल तक पर प्रेमचंद ने विचार किया है। पर यहां कात्यायनी की बात को याद करना जरूरी है जो उन्होंने रचनात्मक साहित्य में स्त्री अनुभूतियों के बारे में लिखा है– ''...मेरा मानना है कि नारी की सर्वतोन्मुखी समानता के ईमानदार से ईमानदार पक्षधर पुरुष लेखक की अनुभूतियां और संवेदनाएं वे नहीं हो सकतीं जो एक स्त्री लेखक की। वह स्त्री-त्रासदी का द्रष्टा ही हो सकता है या सहानुभूतिकर्ता, भोक्ता कदापि नहीं। अत: वह नारी मुक्ति आंदोलन का राजनीतिक, दार्शनिक सूत्रीकरण तो कर सकता है, पर रचनात्मक लेखन के धरातल पर उसका कृतित्व, उसका बोध [पर्सेप्शन] और एक हद तक उसकी धारणाएं [कंसेप्शन] भी वह नहीं हो सकतीं, जो एक स्त्री लेखक की।''[275]

आजादी के बाद के कथा-साहित्य में स्त्रियों की आवाज अभिव्यक्त होती है। कारण बताते हुए सुधा सिंह ने लिखा– ''यों तो कविता में भी निजी अनुभूतियों की अभिव्यक्ति होती है। लेकिन उच्च सांस्कृतिक अध्ययन का सघन सांकेतिक रूप होने के कारण कविता में अभ्यास शिक्षण और निरंतर सामाजिक अंत:क्रिया के बिना दक्ष अभिव्यक्ति संभव नहीं है।...उपन्यास भी सामाजिक परिवेश का ही हिस्सा है। पर विधा के रूप में इसकी प्रकृति 'डिमांडिंग' नहीं है।...खुली विधा होने के कारण इसमें कहीं से भी प्रवेश किया जा सकता है और कहीं से बाहर निकला जा सकता है। इस कारण विश्वस्तर पर आधुनिक काल में उपन्यास लेखन को स्त्रियों ने अपनाया।''[276]

कृष्णा सोबती, मन्नू भंडारी, शिवानी, चंद्रकिरण सौनरिक्सा, उषा प्रियम्वदा, मृदुला गर्ग, चित्रा मुद्गल, नासिरा शर्मा, प्रभा खेतान, ममता कालिया, अलका सरावगी, मैत्रेयी पुष्पा सहित तमाम अन्य महत्त्वपूर्ण महिला कथाकारों ने हिंदी कथा साहित्य में एक नया मोड़ प्रस्तुत किया। परिवार में स्त्रियों की स्थिति, पितृसत्ता के दमन, संबंधों में बदलाव और बाजार का दबाव और देह की स्वाधीनता जैसे मुद्दे इन लेखिकाओं के रचना संसार में गुंथे-बिंधे हैं।

कैनन के लिहाज से यहां एक मुद्दे पर चर्चा जरूरी है। स्त्री-विमर्श ने स्थापित कैनन आधारों को जहां झकझोरा, वह 'देह का प्रश्न' है। इस लिहाज से कृष्णा सोबती का अत्यंत महत्त्वपूर्ण उपन्यास है 'मित्रो मरजानी', जिसकी केंद्रीय पात्रा 'मित्रो' तमाम हमलों के बावजूद अपनी स्वच्छंदता पर कोई रोक स्वीकार नहीं करती। मित्रो का चरित्र स्वातंत्र्य-पूर्व की मध्यवर्गीय, राष्ट्रवादी भद्रमहिला के चरित्र से बिलकुल उलट है। उसका जीवन किसी अन्य के उद्देश्यों का वहन नहीं करता–वे उद्देश्य चाहे बड़े हों या छोटे, पवित्र हों या अपवित्र, नैतिक हों या अनैतिक। मुंहफट मित्रो के चरित्र में कृष्णा सोबती ने स्त्री-चरित्र की उस प्रामाणिकता को स्थापित किया जिसे मध्यवर्ग खो चुका है। हिंदी में मित्रो का चरित्र उर्दू में इस्मत चुगताई की कहानियों की स्त्री पात्रों के मेल में है जिन्हें गरीबी भले तोड़ दे लेकिन वे पितृसत्तात्मक दमन और पुरुष उद्दंडता के आगे झुकने वाली नहीं हैं। पितृसत्ता की सामाजिक और साहित्यिक अभिव्यक्तियां स्त्री-चरित्रों की दैहिकता का निषेध करके उन्हें आदर्श रूप प्रदान करती हैं। ऐसे में स्त्री-चरित्र की प्रामाणिकता उसकी निषिद्ध दैहिकता या शारीरिकता को बहाल किए बगैर संभव नहीं। प्रणय कृष्ण ने मित्रो को 'हिंदी कथा साहित्य में स्त्री की सदेह उपस्थिति' [अतः चुनौती] का सशक्त प्रमाण माना है।

यदि कथा में अभिव्यक्त कैननों के माध्यम से स्त्री-विमर्श के कैननों का रेखांकन करने का प्रयत्न किया जाए तो एक भरी-पूरी परंपरा सामने आती है जो स्त्री जीवन के तमाम प्रश्नों को बड़ी पैनी निगाह से उकेरती है पर आलोचना का परिदृश्य वैसा नहीं है। शायद इसीलिए इतने विस्तार और गहराई से अपने सवालों को अभिव्यक्त करने के बावजूद स्त्री-विमर्श कैनन में अभी अपनी अपेक्षित उपस्थिति नहीं बना सका है।

अंत में एक दूसरे बिंदु की चर्चा बेहद जरूरी है जिसकी ओर कात्यायनी ने इशारा किया है कि अपने समय की हकीकतों के लिहाज से पूंजी के इस दौर में भारत में स्त्री-विमर्श को और अधिक चुनौतियों का सामना करना होगा। दूसरी तरफ अधकचरे पुरुष वर्चस्ववादी भारतीय नारीवाद से भी छुटकारा पाना है। तीसरे, पश्चिम की उत्तर-आधुनिकता जैसी अवधारणाओं के चिंतन-चौखटे में

अपने को फंसने से बचाना होगा। और चौथे, स्त्री समाज के निचले पायदान पर खड़ी ग्रामीण, गरीब और श्रमिक महिलाओं स्त्रियों से अपने को जोड़ना होगा।[277]

दलित-विमर्श : प्रति-कैनन की जरूरत

कैनन के निर्माण की प्रक्रियाओं को महत्त्वपूर्ण झटका दलित-विमर्श द्वारा लगा। अब तक बने कैननों को खारिज करते हुए दलित-विमर्शकारों ने कहा कि ये सारे कैनन ब्राह्मणवादी आलोचकों द्वारा बनाए गए हैं। एक समूचे समुदाय को कैनन से बाहर रखा गया है और वह समुदाय अब अपनी दावेदारी कर रहा है। शरण कुमार लिंबाले के शब्दों में यह समुदाय 'गांव की सीमा से बाहर रहने वाली सभी अछूत जातियां, आदिवासी, भूमिहीन खेत मजदूर, श्रमिक, कष्टकरी जनता, और यायावर जातियां...'[278] हैं।

हिंदी साहित्य में दलित-विमर्श 1980 और 1990 के दशक में उभरा। इस विमर्श के पीछे आंदोलन की वैसी प्रेरणा न थी जैसी कि मराठी में। मराठी साहित्य का दलित-विमर्श फुले और अंबेडकर की वैचारिकी और सामाजिक आंदोलनों के साथ विकसित हुआ , जबकि हिंदी में दलित-विमर्श एक राजनीतिक ताकत के रूप में दलितों की स्वतंत्र दावेदारी से संबंध रखता है। इसका उत्स 80 और 90 के दशक में चिह्नित करते हुए लिंबाले जी ने लिखा– "...विश्वनाथ प्रताप सिंह के 'मंडल के हथौड़े की चोट' ने इन बिखरी शक्तियों को एक कर दिया। केवल सामाजिक समता, सामाजिक न्याय के सवाल पर ही नहीं बल्कि राजनीतिक सत्ता में भागीदारी के सवाल पर सब एक साथ हो लिए।...बाकी कसर कांशीराम और सुश्री मायावती और उनके 'सत्ता में भागीदारी' के नारे ने पूरी कर दी।"[279]

इस बिंदु से अपनी इयत्ता से जोड़ते हुए हिंदी दलित-विमर्श के सामने दूसरी तरह की समस्याएं आईं। दलित नेतृत्व द्वारा दलित आंदोलन को सत्ता-प्राप्ति की सीढ़ी बना देने का खतरा भी कुछ दलित चिंतकों ने रेखांकित किया है। कंवल भारती ने लिखा– " ...दलित राजनीति...दलित आंदोलन की सामाजिक शक्ति से नियंत्रित और संचालित नहीं हुई। इसके विपरीत दलित राजनीति ने दलित आंदोलन को नियंत्रित-संचालित किया, जिसके कारण वह बिखरा, भटका और कमजोर हुआ।"[280] इसके तह में दलित मध्यवर्ग की सत्ता में हिस्सेदारी की भावना है। यही मध्यवर्ग साहित्य में भी सक्रिय है और इसीलिए दलित-विमर्श के भीतर से यह आवाज आ रही है कि 'वह निचले दलित का प्रतिनिधित्व करे।'

दलित साहित्य के आगमन के साथ ही कैननों के आधार पर बात शुरू हुई। 'अनुभूति की प्रामाणिकता' के अब तक के 'छायावादी' और 'नई कविता' वाले अर्थ झर गए और यह ठोस जीवनानुभवों के संदर्भ में देखी जाने लगी। मुक्तिबोध

ने अनुभूति को यथार्थ से जोड़ने की बात की थी। यही बात एक खास दिशा में आगे बढ़ी। स्त्री-विमर्श की ही तरह दलित साहित्य में सबसे महत्त्वपूर्ण बिंदु था स्वानुभूति बनाम सहानुभूति अर्थात दलित ही दलित की वेदना को अभिव्यक्त कर सकता है, कोई अन्य नहीं। इसी को आधार बनाते हुए कंवल भारती ने दलित-विमर्श का तीन धाराओं में वर्गीकरण किया– "पहली धारा स्वयं दलित जातियों में जन्मे लेखकों की है, जिनके पास स्वानुभूतियों का विराट संसार है। दूसरी धारा हिंदू लेखकों की है, जिनके रचना संसार में, दलितों का चित्रण सौंदर्य सुख की विषय वस्तु के रूप में होता है। तीसरी धारा प्रगतिशील लेखकों की है, जो दलित को सर्वहारा की स्थिति में देखते हैं।"[281] ऐसे में 'जिए हुए अनुभवों' पर बहस केंद्रित हुई। नतीजतन हिंदी दलित साहित्य की सर्वोत्तम उपलब्धियां दलित आत्मकथाएं हैं। आलोचकों ने सवाल उठाया कि क्या एक व्यक्ति के अनुभव पूरे समुदाय के अनुभवों को व्यक्त कर सकते हैं?

शरण कुमार लिंबाले ने जवाब देते हुए लिखा– "दलित लेखकों का आग्रह इस पर है कि मैंने जो जीवन जिया, भोगा और देखा है, वही मैंने साहित्य में व्यक्त किया है। दलित साहित्य में अनुभव स्वतंत्रता की आकांक्षा से व्यक्त होने के कारण उसका रूप 'मैं' होने की अपेक्षा 'हम' जैसा है।"[282]

जूठन [ओमप्रकाश वाल्मीकि], अपने-अपने पिंजरे [मोहनदास नैमिशराय], तथा दोहरा अभिशाप [कौशल्या वैसंत्री] जैसी हिंदी दलित आत्मकथाएं इसका उत्कृष्ट उदाहरण हैं। ये आत्मकथाएं किसी दलित लेखक की व्यक्तिगत अनुभूतियां मात्र नहीं हैं, बल्कि अपने समय-समाज के विस्तृत दलित जीवनानुभवों को स्वर देती हैं।

कंवल भारती ने इसकी पहचान करते हुए लिखा– "...हिंदी में 'अपने अपने पिंजरे' तथा 'जूठन' जैसी आत्मकथाएं आईं, जिन्होंने एक नया ही सामाजिक यथार्थ हमारे सामने रखा..."[283]

जैसा कि पहले इशारा किया गया, 'स्वानुभूति' की सीमाओं पर बहस करते हुए आलोचकों ने यह रेखांकित करने की भी कोशिश की कि दलित आत्मकथाएं उन्हीं लेखकों की कथाएं हैं, जो पढ़े-लिखे मध्यवर्गीय जीवन-स्थितियों में अपना स्थान बना चुके हैं। इन आत्मकथाओं में सामाजिक-सांस्कृतिक भेदभाव और शोषण के वे अनुभव तो अभिव्यक्त होते हैं जो पूरे समुदाय के लिए सच हैं किंतु दलित सर्वहारा या भूमिहीन मजदूर तबके की वेदनाओं का प्रामाणिक चित्र इनमें नहीं मिलता। आर्थिक रूप से भी जो सर्वाधिक सताए हुए हैं उनका उत्पीड़न भी कहीं ज्यादा होता है। दलितों के भीतर ही जिन तबकों को अभिव्यक्ति मिल गई, वे अपनी दमित स्थिति को पार कर चुके हैं, जबकि वे तबके जिन्हें अभिव्यक्ति का अब भी इंतजार

है, दलितों में वे ही दमित रह जाते हैं। यह प्रश्न उस तबके का है जो शोषण की जातीय और वर्गीय, दुहरी चक्की के नीचे पिस रहे हैं। देखना चाहिए कि अभिव्यक्ति का सवाल किसी भी अस्मिता के लिए बेहद महत्त्वपूर्ण प्रश्न है।

प्रणय कृष्ण ने बहस को समेटते हुए लिखा– "दलित अस्मिता की अभिव्यक्ति में कौन सा तबका मुखर है–इस बहस में दलित समुदाय के भीतर वर्ग–निर्माण की प्रक्रियाओं के आलोक में दलित साहित्य के सौंदर्यशास्त्र को परखने की कोशिश दिखाई पड़ती है। जाति और वर्ग की परस्पर काटती रेखाओं का सैद्धांतीकरण इस विमर्श का सब–टेक्स्ट है।"[284]

जाति और वर्ग के प्रश्न को लेकर दलित–विमर्श ने लगातार बहसें की हैं। मार्क्सवाद से अंबेडकरवाद के संबंध पर भी इसी आयाम में बहसें संचालित की गईं। वर्ग और जाति की कोटियों में समन्वय के प्रयत्न भी हुए पर ये प्रयत्न जाति को मूल कोटि की तरह बरतते हैं क्योंकि किसी भी अस्मिता के लिए यह अपने को परिभाषित करने का प्रश्न है। दलित चिंतकों ने इस विषय पर काफी लिखा है। कम्यूनिस्ट पार्टियों में ब्राह्मण नेतृत्व का प्रश्न उठाते हुए ये चिंतक यहां दलित नेतृत्व की बात करते हैं जो सम्मान और रोजी–रोटी के सवाल को साथ–साथ उठा सके। इन चिंतकों की एक बड़ी धारा वामपंथ और दलित आंदोलन का संश्रय चाहती है। कंवल भारती दलित और कम्यूनिस्ट राजनीति के वर्तमान नेतृत्व को अंबेडकर और मार्क्स से हटा हुआ बताते हैं और दोनों के रेडिकल रूपों को बदलाव के लिए जरूरी मानते हैं।[285]

पिछले अध्यायों में हम देख आए हैं कि औपनिवेशिक समय में दलित अस्मिता के आकार ग्रहण करने के कारण ही राष्ट्रवाद से उसका टकराव अपरिहार्य हो गया। फुले ने उपनिवेशवाद को एक समय दलितों के लिए फायदेमंद बताया था। अंबेडकर के नेतृत्व में आजादी के आंदोलन के बीच चली लंबी लड़ाई को भी यहां ध्यान रखना चाहिए। पर तत्कालीन दलित अस्मिता के आंदोलन का नेतृत्व दलित मध्यवर्ग कर रहा था जो औपनिवेशिक आधुनिकता की प्रक्रियाओं से ही बना था। दूसरी ओर राष्ट्रवादी आंदोलन की बागडोर भी औपनिवेशिक प्रक्रियाओं के तहत उत्पन्न हुए नये मध्यम वर्ग और उद्योगपति वर्गों के हाथ में थी। बहुधा अनेक आलोचक इन प्रक्रियाओं के बारे में तथ्यपरक की अपेक्षा मूल्यपरक शब्दावली में बात करके इनकी ऐतिहासिकता को धूमिल करते हैं। अस्मिता या राष्ट्र के विमर्श का वस्तुगत विवेचन होना चाहिए। देश–काल से अलग कर देने पर एकायामी ढंग से फुले या अंबेडकर उपनिवेश समर्थक के रूप में व्याख्यायित किए जाने लगेंगे। इस गुत्थी को सुलझाते हुए प्रणय कृष्ण ने लिखा– "महात्मा फुले के समय में अंग्रेजीराज के सहयोग से समाज–सुधार की उम्मीद भारतीय सुधार के नेताओं को थी। फुले इतिहास के एक ऐसे मोड़ पर उपस्थित थे जहां 19वीं सदी की राष्ट्रवादी विचारधारा

के प्रादुर्भाव की महज आहटें ही महसूस की जा सकती थीं, जो कि नये मध्यम और औद्योगिक वर्गों की चिंताओं से निर्मित था। अंग्रेजी शासनकाल में पारंपरिक जातिप्रथा के तथ्य को आधुनिक ज्ञानमीमांसा के तहत किस तरह से पुनर्परिभाषित किया गया, इस पर अभी भी पर्याप्त शोध बाकी है। बहरहाल जिस समय डॉ. अंबेडकर ने दलितों की स्वतंत्र अस्मिता का आंदोलन शुरू किया, उस समय राष्ट्रवादी आंदोलन भी अपनी परिपक्व अवस्था में था। दलितों के लिए पृथक् निर्वाचन क्षेत्रों को लेकर गांधी-अंबेडकर की बहस और पूना पैक्ट, राष्ट्रवाद और दलित आंदोलन के बीच अंतरसंबंधों का प्रमुख संकेत चिह्न माना गया।''[286]

दलित-विमर्श ने एक ओर तो गैर-दलितों द्वारा दलित जीवन पर लिखे गए साहित्य से दलित साहित्य के अलगाव को रेखांकित किया तो दूसरी ओर आधुनिक दलित आंदोलन के पहले के तमाम दलित रचनाकारों और रचनाओं को पुनर्पाठ और पुनर्व्याख्या के जरिए गैर-दलित साहित्यशास्त्र के कब्जे से छुड़ाने का प्रयास किया। तीन रचनाकारों को विमर्श ने मुख्यतः इस बहस में शामिल किया। कबीर, प्रेमचंद और निराला। कबीर को दलित परंपरा में स्थापित करने के लिए उनकी वैष्णवी-वेदान्ती व्याख्याओं से मुक्ति का अभियान आवश्यक था। कबीर को लेकर आलोचना में बने आए कैननों को नष्ट करने और उन्हें दलित-विमर्श की परंपरा में अवस्थित करने के लिए जरूरी था कि अभी तक के आलोचकों के खासतौर पर हजारी प्रसाद द्विवेदी के शक्तिशाली कैनन आधारों से बहस की जाए। इस चुनौती को डॉ. धर्मवीर ने स्वीकारा और कबीर के आलोचकों को जवाब देते हुए छह पुस्तकें लिखीं- 'कबीर के आलोचक', 'कबीर के कुछ और आलोचक', 'सूत न कपास' , 'कबीर : डॉ. हजारी प्रसाद द्विवेदी का प्रक्षिप्त चिंतन', 'कबीर और रामानंद : किंवदन्तियां', और 'कबीर : बाज भी, कपोत भी, पपीहा भी'।

इस पुस्तक श्रृंखला ने हिंदी आलोचना में बहस संचालित की जो कि दलित-विमर्श को लेकर हिंदी में चली अब तक की सबसे विचारोत्तेजक बहस कही जा सकती है। धर्मवीर ने हरिऔध, श्यामसुंदर दास, रामचंद्र शुक्ल, हजारी प्रसाद द्विवेदी, परशुराम चतुर्वेदी, रामनिवास चंडक सहित अन्यान्य प्रगतिशील और दूसरे कबीर-अध्येताओं की मान्यताओं का खंडन करते हुए कबीर को ब्राह्मण-वैष्णव, हिंदू, जैन, बौद्ध, नाथ-सिद्ध, प्रगतिशील-जनवादी आदि सभी परंपराओं से मुक्त कर ठेठ दलित परंपरा में अवस्थित करने का प्रयास किया। इस पूरी बहस में तमाम समकालीन आलोचकों ने धर्मवीर के साथ बहस संचालित की। हजारी प्रसाद द्विवेदी पर धर्मवीर के गंभीर आक्षेप ने इस बहस को और गरमा दिया।

वीरभारत तलवार ने इस बहस में भाग लेते हुए 'कबीर पर कब्जे की लड़ाई'[287] शीर्षक लेख लिखा।

आशुतोष कुमार का मानना है कि धर्मवीर ने उत्तरआधुनिक विखंडन का इस्तेमाल कर अस्मिता की इस लड़ाई को नये आयाम दिये हैं। "आलोचना में उन्होंने विखंडन की पद्धति का सबसे अधिक सहारा लिया है। इसका एक प्रमुख उदाहरण डॉ. धर्मवीर द्वारा कबीर के आलोचकों का 'विखंडन' है...डॉ. धर्मवीर ने दिखाया है कि...सराहना करने वालों ने कबीर के अपने-अपने पाठ तैयार किए। ये 'पाठ' उन आलोचकों के अपने ब्राह्मणवादी पूर्वग्रहों में रचे-बसे हैं।"[288]

दूसरे दलित आलोचकों और रचनाकारों की मुख्य बहस मानवतावादी और प्रगतिवादी गैर-दलित लेखकों की रचनाओं को लेकर है। पिछले कुछ वर्षों में खासतौर पर प्रेमचंद और निराला की कृतियों के दलित पुनर्पाठ के प्रयास हुए हैं। सामान्यत: गैर-दलित लेखकों का दलित चित्रण तथा दलितों द्वारा आपबीती लिखे जाने के बीच फर्क सहानुभूति बनाम स्वानुभूति के मुहावरे में व्यक्त किया गया है। लेकिन खास रचनाओं को केंद्रित कर दलितों के प्रति सहानुभूति रखने वाले गैर-दलित लेखकों की रचनाओं में दलित-विरोधी अंतरध्वनियों को उभारने की कोशिश की गई है। इस संदर्भ में डॉ. धर्मवीर की पुस्तक 'प्रेमचंद : सामंत का मुंशी' महत्त्वपूर्ण है। कबीर की तरह ही धर्मवीर ने प्रेमचंद की कहानी 'कफ़न' का भी एक नया पाठ प्रस्तुत किया है। इस पाठ में वे कथेतर और कथा के भीतर के तत्त्वों की मदद से 'अनुपस्थित' का पाठ करते हैं। प्रेमचंद की अन्य कृतियों तथा शिवरानी देवी की पुस्तक 'प्रेमचंद : घर में' के आधार पर वे 'कफ़न' की आलोचनात्मक पुनर्रचना करते हैं। 'ऐसा होता तो क्या होता' की प्रविधि से चलते हुए धर्मवीर लिखते हैं– "असल में, चमारों के बारे में लिखी गई प्रेमचंद की बहुचर्चित कहानी 'कफ़न' में सच का 'एक बटा नौ भाग' ही कहा गया है। कफ़न का 'आठ बटा नौ भाग' अनकहा रह गया है जो प्रेमचंद के पेट में है। केवल साहित्य की दलित समीक्षा ही पूरे आइसबर्ग को बाहर लाएगी। सारी कहानी नये सिरे से स्पष्ट हो जाती यदि प्रेमचंद इस कहानी की आखिरी लाइन दलित जीवन का यह सच लिख देते कि बुधिया गांव के जमींदार के लौंडे से गर्भवती थी। उसने बुधिया से खेत में बलात्कार किया था। तब, शब्द दीपक की तरह जल उठते और सबकुछ समझ में आ जाता।"[289]

डॉ. धर्मवीर से पहले भी और उनके बाद भी दलित आलोचक प्रेमचंद के दृष्टिकोण की आलोचना करते रहे थे। यह आलोचना मूलत: संपूर्ण प्रेमचंद को अपनी परंपरा में रखते हुए की गई थी। 'कफ़न' पर आपत्ति इस कोण से उठाई गई कि कोई दलित इतना अमानवीय नहीं हो सकता कि वह घर में मरती हुई स्त्री को छोड़कर आलू खाने में लगा रहे और कफ़न के पैसों की शराब पी जाए; अर्थात प्रेमचंद ने जानबूझकर ऐसा चित्रण किया जिसमें दलित अमानवीय और विकृत दिखे।

कंवल भारती ने लिखा–"प्रेमचंद ने घीसू और माधव के चरित्रों को जानबूझकर विकृत करने की परिस्थितियों का निर्माण किया है।" पर कंवल भारती समूचे प्रेमचंद का मूल्यांकन इन शब्दों में करते हैं–"प्रेमचंद जिस प्रगतिशीलता को लेकर चल रहे थे, वह भले ही अंबेडकरवादी न हो, पर उसके निकट जरूर थी।"[290]

धर्मवीर ऐसा नहीं मानते। वे 'कफ़न' का पाठ करते हुए प्रेमचंद के निजी जीवन में प्रवेश करते हैं और दो संबंधों की उनकी स्वीकारोक्ति को उनके अवैध संबंधों से जोड़ देते हैं। इस तरह वे प्रेमचंद के 'पेट में छुपी बात' को बाहर निकालते हैं; अर्थात किसी सामंत या उसके मुंशी के बलात्कार की शिकार होने के कारण ही बुधिया के गर्भ ठहरा और इस लड़के और मां के लिए न घीसू में सहानुभूति है और न माधव में। कंवल भारती और धर्मवीर की आलोचनाएं 'कफ़न' को लगभग विरोधी कारणों से दलित विरोधी मानती हैं। कंवल जी की व्याख्या जहां प्रेमचंद को दलित को मानवीय न दिखाने के कारण कठघरे में लाती है वहीं धर्मवीर के लिए यह प्रश्न ही नहीं है। धर्मवीर प्रेमचंद को उनकी जातीय स्थिति के बिंदु पर घेरते हैं। लेकिन 'स्वानुभूति' के बिंदु पर दोनों आलोचक एकमत हैं।

राजेंद्र कुमार ने इस बहस में हस्तक्षेप करते हुए कहा कि "यह ठीक है कि गैर-दलित व प्रगतिशील रचनाकारों के साहित्य में वे अनुभव नहीं मिलते, पर यदि उनके साहित्य को हिंदी साहित्य की परंपरा में रखकर देखा जाए, तो अन्यों के मुकाबले उनके साहित्य में अधिक दलित-दृष्टि मिलेगी।"[291]

इस तरह वे दलित-विमर्श की परंपरा की पूरी पड़ताल करते हुए प्रेमचंद या निराला के बारे में राय बनाने की बात करते हैं।

इस संदर्भ में मुख्य बात है गैर-दलित परंपरा के प्रति क्या दृष्टि हो? उनके प्रगतिशील पक्ष के प्रति क्या रुख हो? एक धारा यह मानती है कि स्वानुभूति के सवाल को और अधिक मजबूती से उठाया जाए तो दूसरी धारा का मानना है कि ऐसे रचनाकारों के खराब पहलुओं को दिखाते हुए उनके बेहतर को अपनी परंपरा में शामिल किया जाए।

दलित-विमर्श के लिहाज से एक अन्य महत्त्वपूर्ण प्रश्न है कैनन के आधारों का बदलना। दलित-विमर्श के कैनन 'स्वानुभूति' पर बने कैननों में तब फांक बन जाती है जब उसके भीतर से कोई अस्मिता प्रतिरोध करती है। इसीलिए दलित स्त्री की अस्मिता दलित-विमर्श के सामने चुनौती प्रस्तुत करती है।

श्यौराज सिंह 'बेचैन' ने अपनी पुस्तक 'स्त्री-विमर्श और पहली दलित शिक्षिका' में दलित स्त्रियों को दलित-विमर्श को आगे बढ़ाने में सहायता देने की बात की है। दलित अस्मिता के भीतर से उठती दलित-स्त्री की अस्मिता के प्रति दलित-विमर्श के इस रुख में सैद्धांतिक गड़बड़ी तब पैदा होती है जब इसे 'बड़े के लिए छोटे की कुर्बानी'

या इंतजारी की तरह प्रस्तुत करने की कोशिश की जाती है। यह तर्क दलित अस्मिता की प्रारंभिक बहसों की याद ताजा कर देता है, जहां गांधी और अंबेडकर राष्ट्र और दलित अस्मिता को लेकर आमने-सामने खड़े हैं। गांधी 'राष्ट्र के हित में' अंबेडकर को पूना पैक्ट के लिए बाध्य करते हैं पर अंबेडकर इस हकीकत को भली भांति पहचानते हैं।

मैं यहां गांधी के अंबेडकर के प्रति रुख की तुलना दलित-विमर्श के स्त्री-दलित-विमर्श के प्रति रुख से नहीं कर रहा हूं। प्रश्न सिर्फ यह है कि बड़ी अस्मिताओं के नाम पर क्या छोटी [?] अस्मिताओं को रोका जा सकता है?

प्रख्यात आलोचक और दलित चिंतक कांचा इलैया अपनी चर्चित किताब 'मैं हिंदू क्यों नहीं हूं' में इसे एक दूसरे स्तर पर ले जाते हैं– "दलित बहुजनों के बीच परिवार के भीतर और समुदायगत परिवेश में राजनीतिक संबंध मूलरूप से लोकतांत्रिक हैं। माता-पिता और बच्चों के संबंध के रूप में राजनीति यहां जिस रूप में काम करती है, उसे पितृसत्तात्मक लोकतंत्र कहा जा सकता है।"[292] वे द्विज घरों के मुकाबले दलित परिवार को ज्यादा लोकतांत्रिक करार देते हैं। पर क्या सबके लिए ऐसा है? 'पितृसत्तात्मक लोकतंत्र' के दोनों पद ही परस्पर ध्रुवांतों पर हैं। कोई भी लोकतंत्र न तो पितृसत्तात्मक हो सकता है और न ही कोई भी पितृसत्ता लोकतांत्रिक। ऐसा होना भारतीय राष्ट्र राज्य के लोकतंत्र जैसा ही लोकतंत्र से भी घातक होना है, जिसके खिलाफ दलित-गरीबों की लड़ाई है। इस अवधारण के उलट दलित-स्त्री के दलित-विमर्श के भीतर-बाहर के पितृसत्तात्मक शोषण के बारे में बोलते हुए विमल थोराट ने दलित स्त्री के 'तिहरे शोषण' की बात उठाई थी।

सुशीला टाकभौरे ने अपने एक इंटरव्यू में इसे और व्याख्यायित किया और कहा– " ...सवर्णों से पीड़ित और भयभीत रहने वाले दलित पुरुष अधिकतर घरों में अपनी पत्नी और मां, बहन, बेटियों पर अपना क्रोध निकालते हैं। अपनी सत्ता और शक्ति का भय दिखाने के लिए दलित स्त्रियों के साथ दुर्व्यवहार किया जाता है।"[293]

सारांशतः हम देखते हैं कि कैनन के निर्माण में भले ही दलित आलोचना अभी शुरुआत कर रही हो, पर पुराने कैननों को हिलाने और उनके आधारों को बदलने की उसने कोशिश की। इससे अभी चाहे कुछ निर्णायक न हुआ हो, पर अन्य कैनन-निर्माण प्रक्रियाओं में इस बहस ने पर्याप्त असर डाला है।

संदर्भ और टिप्पणियां

1. प्रतिमानों की पुरोहिती, नीलाभ, सदानीरा प्रकाशन, 2005, पृष्ठ : 134 से उद्धृत डॉ. नामवर सिंह का वक्तव्य
2. Ref. from The Oxford Companion to Classical Literature, Secound Edition, M.C.Howatson,1989, OUP, Page 114. The Bedford Glossary of Critical and Literary Terms, Ross Murfin. and Supriya M. Ray, Bedford/ St. Martin's, Boston, New York, Secound Edition, 2003, Page 46. A Dictionary of Literary Terms and Literary Theory, Forth Edition, J.A. Cuddon, Maya blackwell, DOABA HOUSE, New Delhi, Page108
3. Critical Terms for Literary History, (ed.) Frank Lentricchia and Thomas Mc Laughlin, The University Of Cicago Press, London, Secound Edition, 1995, Page 233
4. प्रतिमानों की पुरोहिती, नीलाभ, सदानीरा प्रकाशन, 2005, पृष्ठ 14
5. वही, पृष्ठ 135
6. Critical Terms for Literary History, (ed.) Frank Lentricchia and Thomas Mc Laughlin, The University Of Cicago Press, London, Secound Edition, 1995, Page 233
7. Guide to Litrery Terms, Jaik linch, OUP, Page 98
8. वही, पृष्ठ 99
9. The Bedford Glossary of Critical and Literary Terms, Ross Murfin and Supriya M. Ray, Bedford/St. Martin's, Boston, New York, Secound Edition, 2003, Page 47
10. प्रतिमानों की पुरोहिती, नीलाभ, सदानीरा प्रकाशन, 2005, पृष्ठ 144
11. Critical Terms for Literary History, (ed.) Frank Lentricchia and Thomas Mc Laughlin, Canon by John Guillory, The University Of Cicago Press, London, Secound Edition, 1995, Page 241
12. प्रतिमानों की पुरोहिती, नीलाभ, सदानीरा प्रकाशन, 2005, पृष्ठ 144
13. वही, पृष्ठ 139
14. हिंदी साहित्य का इतिहास, रामचंद्र शुक्ल, नागरी प्रचारिणी सभा, काशी, 32वां संस्करण, 2054 संवत, पृष्ठ 4

15. प्रतिमानों की पुरोहिती, नीलाभ, सदानीरा प्रकाशन, 2005, पृष्ठ 144
16. Critical Terms for Literary History, (ed.) Frank Lentricchia and Thomas Mc Laughlin, Canon by John Guillory, The University Of Cicago Press, London, Secound Edition, 1995, Page 239
17. आलोचना के मान, शिवदान सिंह चौहान, संपादक- विष्णुचंद्र शर्मा, स्वराज प्रकाशन, 2002, पृष्ठ 51
18. फोर्ट विलियम कॉलेज [1800-1847 ई.], डॉ. लक्ष्मीसागर वार्ष्णेय, हिंदी परिषद् प्रकाशन, हिंदी विभाग, इलाहाबाद विश्वविद्यालय, पृष्ठ 25
19. In Theory : Classes, Nations, Literatures, Aijaz Ahamad, OUP, 1994, Page 225
20. वही, पृष्ठ 224
21. आचार्य रामचंद्र शुक्ल और हिंदी आलोचना, रामविलास शर्मा, भूमिका, राजकमल प्रकाशन, पृष्ठ 11
22. फोर्ट विलियम कॉलेज [1800-1847 ई.], डॉ. लक्ष्मीसागर वार्ष्णेय, परिशिष्ट 'इ', वेलेजली के मिनिट्स के कुछ महत्त्वपूर्ण उद्धरण, हिंदी परिषद् प्रकाशन, हिंदी विभाग, इलाहाबाद विश्वविद्यालय, पृष्ठ 25
23. वही, पृष्ठ 163
24. हिंदी साहित्य का इतिहास, रामचंद्र शुक्ल, नागरी प्रचारिणी सभा, 32वां संस्करण, 1997, पृष्ठ 227
25. वही, पृष्ठ 228
26. फोर्ट विलियम कॉलेज [1800-1847 ई.], डॉ. लक्ष्मीसागर वार्ष्णेय, हिंदी परिषद् प्रकाशन, हिंदी विभाग, इलाहाबाद विश्वविद्यालय, पृष्ठ 162
27. वही, पृष्ठ 24
28. Theory : Classes, Nations, Literatures, Aijaz Ahamad, OUP, 1994, Page 114
29. The Oriental Linguist, John Gilchrist, An Easy and Familiar Introduction to the Hindoostanee, or Grand Popular language of Hindoostan, उर्दू का आरंभिक युग, इतिहास, विश्वास एवं राजनीति: आरंभ की कुछ मिथ्याएं, शम्सुर्रहमान फारूकी के पृष्ठ 20 से उद्धृत
30. उर्दू का आरंभिक युग, इतिहास, विश्वास एवं राजनीति: आरंभ की कुछ मिथ्याएं, शम्सुर्रहमान फारूकी, राजकमल प्रकाशन, 2007, पृष्ठ 20
31. फोर्ट विलियम कॉलेज [1800-1847 ई.], डॉ. लक्ष्मीसागर वार्ष्णेय, हिंदी परिषद् प्रकाशन, हिंदी विभाग, इलाहाबाद विश्वविद्यालय, पृष्ठ 48
32. उर्दू का आरंभिक युग, इतिहास, विश्वास एवं राजनीति: आरंभ की कुछ मिथ्याएं, शम्सुर्रहमान फारूकी, राजकमल प्रकाशन, 2007, पृष्ठ 12
33. काइम चांदपुरी : कुल्लियात, संपादक : इक्तिदा हुसैन, मजलिस तरक्की अदब, 1965, पृष्ठ 215

34. देखें– हिंदी साहित्य का इतिहास, रामचंद्र शुक्ल, नागरी प्रचारिणी सभा, 32वें संस्करण में आधुनिक काल– गद्य खंड, प्रकरण एक में 'गद्य का विकास : खड़ी बोली का गद्य' शीर्षक अंश, पृष्ठ 224–238
35. फोर्ट विलियम कॉलेज [1800–1847 ई.], डॉ. लक्ष्मीसागर वार्ष्णेय, हिंदी परिषद् प्रकाशन, हिंदी विभाग, इलाहाबाद विश्वविद्यालय, पृष्ठ 14
36. हिंदी साहित्य का इतिहास, फ्रेंक ई. के, सम्पादन एवं अनुवाद : सदानंद शाही, लोकायत प्रकाशन, 1988, पृष्ठ 6
37. एडवर्ड सईद और उनके 'ओरिएंटलिज्म' पर मार्क्सवादी दृष्टि से की गई बहस के लिए देखें—एजाज अहमद की किताब 'इन थ्योरी' का 'ओरिएंटलिज्म एंड आफ्टर : एंबिवेलेंस एंड मेट्रोपॅलिटन लोकेशन इन द वर्क ऑफ एडवर्ड सईद' नामक अध्याय। यहां एजाज अहमद ने 'ओरिएंटलिज्म' की सईद की धारणा और उसकी परिभाषाओं में निहित अंतर्विरोधों को रेखांकित करते हुए 'पश्चिम' और 'पूर्व' की आत्यंतिक कोटियों की बजाय पूंजी के राजनीतिक गतिविज्ञान के सहारे देखने की बात की है। पृष्ठ 159–218
38. कहीं-कहीं इस किताब का नाम 'द मॉडर्न वर्नाक्युलर लिटरेचर ऑफ नादर्न हिंदुस्तान' मिलता है। आचार्य शुक्ल ने अपने इतिहास में इसी नाम का प्रयोग किया है, जबकि बाद के लगभग सभी साहित्येतिहासकारों ने 'नार्दर्न' नहीं लिखा है। अपने अनुवाद में भी डॉ. वार्ष्णेय ने 'नार्दर्न' नहीं लिखा है।
39. हिंदुई साहित्य का इतिहास, गार्सां द तासी, अनुवादक : लक्ष्मीसागर वार्ष्णेय, हिंदुस्तानी एकेडमी, 1953, पृष्ठ 1
40. वही, पृष्ठ 1
41. हिंदी साहित्य का प्रथम इतिहास, जॉर्ज अब्राहम ग्रियर्सन, अनुवाद : किशोरीलाल गुप्त, हिंदी प्रचारक पुस्तकालय, 1961, पृष्ठ 126
42. हिंदुई साहित्य का इतिहास : गार्सां द तासी, अनुवादक : लक्ष्मीसागर वार्ष्णेय, हिंदुस्तानी एकेडमी, 1953, प्रथम संस्करण [1839] की पहली जिल्द की भूमिका, पृष्ठ 1–2
43. वही, द्वितीय संस्करण [1870] की पहली जिल्द की भूमिका, पृष्ठ 57–58
44. वही, पृष्ठ 5
45. उर्दू का आरंभिक युग, इतिहास, विश्वास एवं राजनीतिः आरंभ की कुछ मिथ्याएं, शम्सुर्रहमान फारूकी, राजकमल प्रकाशन, 2007, पृष्ठ 14–15
46. वही, पृष्ठ 16
47. वही, पृष्ठ 17
48. वही।
49. हिंदुई साहित्य का इतिहास : गार्सां द तासी, अनुवादक : लक्ष्मीसागर वार्ष्णेय, हिंदुस्तानी एकेडमी, 1953, द्वितीय संस्करण [1870] की पहली जिल्द की भूमिका, पृष्ठ 60–61

50. हिंदी साहित्य का प्रथम इतिहास, जॉर्ज अब्राहम ग्रिर्यसन, अनुवाद : किशोरीलाल गुप्त, हिंदी प्रचारक पुस्तकालय, 1961, पृष्ठ 136
51. वही, पृष्ठ 137
52. वही, पृष्ठ 62
53. अपनी मूल पुस्तक में ग्रियर्सन ने 'कैथोलिसिटी' शब्द लिखा है– [Here we first touch upon marevellous catholicity of sentiment of which the key-note was struck by Ramanand.] इसमें आए 'कैथोलिसिटी' का अनुवाद किशोरीलाल गुप्त ने 'महान उदारता' किया है। इस शब्द का एक अर्थ तो यह है ही, पर यदि सांस्कृतिक अनुवाद किया जाए तो ग्रिर्यसन के इस प्रयोग में एक विशिष्ट धार्मिक श्रेष्ठता बोध है। ठीक इसी तरह का एक और उदाहरण दिया जा सकता है। तुलसीदास के प्रसंग में उनकी एक पंक्ति 'मन मति रंक मनोरथ राऊ' का ग्रियर्सन द्वारा किया गया अनुवाद द्रष्टव्य है। ग्रियर्सन का अनुवाद है– 'My intellect is beggarly, while my ambition is imperial'। यहां भी 'राऊ' शब्द का अनुवाद ग्रियर्सन ने 'इम्पीरियल' किया है। हमारे भारतीय संदर्भों में 'राऊ', राजा, नरेश या किसी छोटे-बड़े राज्य का राजा हो सकता है पर साम्राज्य का राजा जैसी अर्थच्छवि 'राऊ' से नहीं निकलती। पर ग्रियर्सन ने साम्राज्य के अर्थ में इस शब्द को ढाल दिया। 'राऊ' के अर्थ का ग्रियर्सन द्वारा किया गया यह विस्तार उनकी अपनी साम्राज्यी अवस्थिति को और स्पष्ट कर देता है। अनुवाद करने में राजनीति कैसे काम करती है या अनुवादक की राजनीतिक अवस्थिति कैसे पाठ को प्रभावित कर सकती है, यहां हम इन दृष्टांतों द्वारा समझ सकते हैं।
54. हिंदी साहित्य का प्रथम इतिहास, जॉर्ज अब्राहम ग्रिर्यसन, अनुवाद : किशोरीलाल गुप्त, हिंदी प्रचारक पुस्तकालय, 1961, पृष्ठ 62-63
55. वही, पाद-टिप्पणी संख्या : 1, पृष्ठ 62
56. कबीर एंड हिज फॉलोवर्स, एफ. ई. के, हिंदी की सैद्धांतिक समीक्षा, रामाधर शर्मा, अनुसंधान प्रकाशन, 1962, पृष्ठ 13 पर उद्धृत
57. हिंदी साहित्य का इतिहास, एफ. ई. के, सम्पादन एवं अनुवाद : सदानंद शाही, लोकायत प्रकाशन, 1988, पृष्ठ 109
58. वही, भूमिका, पृष्ठ 11
59. निम्नवर्गीय प्रसंग, भाग-एक, संपादक : शाहिद अमीन, ज्ञानेंद्र पांडेय, राजकमल प्रकाशन, 1995, पृष्ठ 9
60. द नेशनलाइजेशन ऑफ हिंदू ट्रेडिशन : भारतेंदु एंड नाइन्टीन्थ सेंचुरी बनारस, वसुधा डालमिया, ओ. यू. पी., 1997, पृष्ठ 150
61. हिंदुई साहित्य का इतिहास : गार्सां द तासी, अनुवादक : लक्ष्मीसागर वार्ष्णेय, हिंदुस्तानी एकेडमी, 1953, प्रथम संस्करण की दूसरी जिल्द [1847] की भूमिका, पृष्ठ 18
62. वही, पृष्ठ 18

63. हिंदी की सैद्धांतिक समीक्षा, रामाधर शर्मा, अनुसंधान प्रकाशन, 1962, पृष्ठ 8, ['द रामायन ऑफ तुलसीदास' की एफ. एस. ग्राउस द्वारा लिखी भूमिका के आधार पर]
64. हिंदी साहित्य का प्रथम इतिहास, जॉर्ज अब्राहम ग्रियर्सन, अनुवाद : किशोरीलाल गुप्त, हिंदी प्रचारक पुस्तकालय, 1961, पृष्ठ 107
65. वही, पृष्ठ 63
66. हिंदुई साहित्य का इतिहास : गार्सां द तासी, अनुवादक : लक्ष्मीसागर वार्ष्णेय, हिंदुस्तानी एकेडमी, 1953, द्वितीय संस्करण [1870] की पहली जिल्द की भूमिका, पृष्ठ 78
67. हिंदी साहित्य का इतिहास, एफ. ई. के, संपादन एवं अनुवाद : सदानंद शाही, लोकायत प्रकाशन, 1988, पृष्ठ 8
68. हिंदी साहित्य का इतिहास, रामचंद्र शुक्ल, नागरी प्रचारिणी सभा, 32वां संस्करण, 1997, पृष्ठ 237-238
69. वही, पृष्ठ 232
70. उर्दू का आरंभिक युग, इतिहास का नवनिर्माण, साहित्यिक संस्कृति का पुनर्गठन, शम्सुर्रहमान फारूकी, राजकमल प्रकाशन, 2007, पृष्ठ 35
71. फोर्ट विलियम कॉलेज [1800-1847 ई.], डॉ. लक्ष्मीसागर वार्ष्णेय, परिशिष्ट 'च', हिंदी परिषद् प्रकाशन, हिंदी विभाग, इलाहाबाद विश्वविद्यालय, पृष्ठ 206
72. बदरी नारायण चौधरी का लेख, हिंदी आलोचना का विकास, नंदकिशोर नवल, राजकमल प्रकाशन, 1981, पृष्ठ 16 से उद्धृत
73. देखें- हिंदीनवरत्न : हिंदी आलोचना की पहली किताब, गोपाल प्रधान, स्वराज प्रकाशन, 2009 का प्रथम अध्याय, पृष्ठ 8-11
74. वही, पृष्ठ 16
75. हिंदी आलोचना का विकास, नंदकिशोर नवल, राजकमल प्रकाशन, 1981, पृष्ठ 26
76. संक्षिप्त नवरत्न, मिश्रबंधु, गंगा ग्रंथागार, दसवां संस्करण, 1965, पृष्ठ 5
77. हिंदी साहित्य का इतिहास, रामचंद्र शुक्ल, नागरी प्रचारिणी सभा, सं. 2050, पृष्ठ 34
78. द्विवेदीयुगीन हिंदी आलोचना, हिंदी साहित्य का वृहद् इतिहास, नवां भाग, विष्णुकांत शास्त्री, पृष्ठ 134
79. संक्षिप्त नवरत्न, मिश्रबंधु, गंगा ग्रंथागार, दसवां संस्करण, 1965, पृष्ठ 17 18
80. हिंदी-नवरत्न अर्थात् हिंदी के नव सर्वोत्कृष्ट कवि, मिश्रबंधु, गंगा पुस्तकमाला, 1987, पृष्ठ 31
81. वही, पृष्ठ 420
82. हिंदी आलोचना, विश्वनाथ त्रिपाठी, राजकमल प्रकाशन, 2010, पृष्ठ 33
83. सरस्वती, भाग 13, संख्या 1, जनवरी-फरवरी, 1912, पृष्ठ 74
84. महावीर प्रसाद द्विवेदी और हिंदी नवजागरण, रामविलास शर्मा, राजकमल प्रकाशन, 1977, पृष्ठ 275

85. हिंदीनवरत्न : हिंदी आलोचना की पहली किताब, गोपाल प्रधान, स्वराज प्रकाशन, 2009, पृष्ठ 100
86. हिंदी-नवरत्न अर्थात् हिंदी के नव सर्वोत्कृष्ट कवि, मिश्रबंधु, गंगा पुस्तकमाला, 1987, पृष्ठ 36
87. वही, पृष्ठ 56-57
88. वही, पृष्ठ 42-43
89. वही, पृष्ठ 287-288
90. रामचंद्र शुक्ल संचयन, भूमिका एवं चयन- नामवर सिंह, साहित्य अकादेमी, द्वितीय संस्करण, 1998, पृष्ठ 7-8
91. वही, पृष्ठ 120
92. हिंदी साहित्य का इतिहास, रामचंद्र शुक्ल, नागरी प्रचारिणी सभा, 32वां संस्करण, 1997, पृष्ठ 40
93. रामचंद्र शुक्ल संचयन, भूमिका एवं चयन- नामवर सिंह, साहित्य अकादेमी, द्वितीय संस्करण, 1998, पृष्ठ 122-25
94. आचार्य रामचंद्र शुक्ल और हिंदी आलोचना, रामविलास शर्मा, राजकमल प्रकाशन, 2003, पृष्ठ 77
95. हिंदी साहित्य : बीसवीं सदी, नंद दुलारे वाजपेई, लोकभारती प्रकाशन, 2007, पृष्ठ 52
96. देखें आचार्य रामचंद्र शुक्ल और हिंदी आलोचना का 'जायसी का प्रेममार्ग' नामक अध्याय, रामविलास शर्मा, राजकमल प्रकाशन, 2003, पृष्ठ 63-77
97. रामचंद्र शुक्ल संचयन, भूमिका एवं चयन : नामवर सिंह, साहित्य अकादेमी, द्वितीय संस्करण, 1998, पृष्ठ 126
98. महाकवि सूरदास, आचार्य नंददुलारे वाजपेई, राजकमल प्रकाशन, 2003, पृष्ठ 108
99. आचार्य रामचंद्र शुक्ल और हिंदी आलोचना, रामविलास शर्मा, राजकमल प्रकाशन, 2003, पृष्ठ 93
100. रामचंद्र शुक्ल संचयन, 'कविता क्या है?' शीर्षक निबंध, भूमिका एवं चयन- नामवर सिंह, साहित्य अकादेमी, द्वितीय संस्करण, 1998, पृष्ठ 54
101. वही, 'काव्य में लोकमंगल की साधनावस्था' शीर्षक निबंध, पृष्ठ 68
102. वही, 'आनंद की सिद्धावस्था' शीर्षक निबंध, पृष्ठ 77
103. वही, 'तुलसी की भावुकता' शीर्षक निबंध, पृष्ठ 139-40
104. आचार्य रामचंद्र शुक्ल और हिंदी आलोचना, रामविलास शर्मा, राजकमल प्रकाशन, 2003, पृष्ठ 95
105. 'रामचंद्र शुक्ल' शीर्षक निबंध, शिवकुमार मिश्र, वर्तमान साहित्य, वर्ष 19, अंक : 5, मई, 2002 में शिल्पायन प्रकाशन, पृष्ठ 21
106. आलोचना की सामाजिकता, मैनेजर पांडेय, वाणी प्रकाशन, 2005, पृष्ठ 38
107. हिंदी साहित्य का इतिहास, रामचंद्र शुक्ल, नागरी प्रचारिणी सभा, 32वां संस्करण, 1997, पृष्ठ 131

108. आचार्य रामचंद्र शुक्ल और हिंदी आलोचना, रामविलास शर्मा, राजकमल प्रकाशन, 2003, पृष्ठ 117
109. हिंदी साहित्य का इतिहास, रामचंद्र शुक्ल, नागरी प्रचारिणी सभा, 32वां संस्करण, 1997, पृष्ठ 18
110. वही, पृष्ठ 141
111. रामचंद्र शुक्ल ग्रंथावली, भाग : 4, संपादक : ओंप्रकाश सिंह, भाषा, साहित्य और समाज विमर्श, http://www.hindisamay.com/alochana/shukla%20granthavali4/bhag7.html
112. वही, /bhag 7.html
113. वही, /bhag 7.html
114. सामाजिक क्रांति के दस्तावेज, संपादक : शंभुनाथ, भाग-1, 2004, वाणी प्रकाशन, पृष्ठ 390
115. देश की बात, भूमिका और संपादन : मैनेजर पांडेय, नेशनल बुक ट्रस्ट, 2006, पृष्ठ 168
116. रामचंद्र शुक्ल ग्रंथावली, भाग : 4, संपादक : ओंप्रकाश सिंह, भाषा, साहित्य और समाज विमर्श, http://www.hindisamay.com/alochana/shukla%20granthavali 4/bhag 10.html
117. वही, /bhag 10.html
118. यहां ध्यान रखें कि शुक्ल जी की कृषक श्रेणियों में जमीन से संबंध रखने वाले सभी तबके- रैयत, जमींदार, छोटा जमींदार, किसान और मजदूर सभी शामिल हैं।
119. रामचंद्र शुक्ल ग्रंथावली, भाग : 4, संपादक : ओंप्रकाश सिंह, भाषा, साहित्य और समाज विमर्श, http://www.hindisamay.com/alochana/shukla%20granthavali 4/bhag 10.html
120. वही, /bhag 10.html
121. वही, /bhag 10.html
122. इस पूरी बहस के लिए देखें- उत्तर औपनिवेशिकता के स्रोत और हिंदी साहित्य का 'हिंदी आलोचना में औपनिवेशिक का रेखांकन' शीर्षक अध्याय, प्रणय कृष्ण, लोकभारती प्रकाशन, 2008
123. यह दुर्भाग्य ही है कि रामचरित मानस, गीता प्रेस, गोरखपुर के संस्करणों में नंद दुलारे वाजपेई का नाम संपादक के तौर पर नहीं लिखा जाता, जबकि यह एक बेहद महत्त्वपूर्ण काम था। बंबई के व्यंकटेश प्रेस से छपी 'रामायण' ही इसके पहले 'रामचरित मानस' के नाम पर आमतौर पर प्रचलित थी, जिसमें अशुद्धियों की भरमार थी।
124. हिंदी साहित्य : बीसवीं सदी, नंद दुलारे वाजपेई, लोकभारती प्रकाशन, 2007, पृष्ठ 60

125. वही, पृष्ठ 59
126. वही, पृष्ठ 73
127. वही, पृष्ठ 82
128. वही, पृष्ठ 70-71
129. वही, विज्ञप्ति, पृष्ठ XXIX
130. छायावाद, नामवर सिंह, राजकमल प्रकाशन, 1990, पृष्ठ 15
131. वही, पृष्ठ 24-34
132. हिंदी साहित्य : बीसवीं सदी, नंददुलारे वाजपेई, लोकभारती प्रकाशन, 2007, पृष्ठ 103
133. वही, विज्ञप्ति, पृष्ठ XIX
134. छायावाद, नामवर सिंह, राजकमल प्रकाशन, 1990, पृष्ठ 25
135. हिंदी आलोचना की बीसवीं सदी, निर्मला जैन, राधाकृष्ण प्रकाशन, 1992, पृष्ठ 53
136. नामवर सिंह ने 'वोल्गा से गंगा' में सृजित इतिहास को यहीं 'इतिहास की धक्केमार व्याख्या' कहा है। बहस के संदर्भ से इतर भी यह रेखांकित करने योग्य है। राहुल जी भी इसे इतिहास नहीं कह रहे हैं। राहुल जी का जोर इतिहास को सामान्य जन की संवेदना का हिस्सा बना देना है, और जिस तरह से वह किताब पढ़ी गई, उससे लगता है कि राहुल जी अपने प्रयास में सफल रहे। दूसरी बात यह है कि मानवीय सारतत्त्व को इतिहास की धरा से गुजरते हुए चित्रित करना राहुल जी का लक्ष्य था, जैसा कि स्वयं हजारी प्रसाद द्विवेदी का, जो मानते थे कि 'मनुष्य ही साहित्य का लक्ष्य है', और जिन्होंने अपने उपन्यासों और निबंधों में मानवीय सारतत्त्व के लिए इतिहास की नई व्याख्या प्रस्तुत की। 'बाणभट्ट की आत्मकथा' इसका सशक्त उदाहरण है।
137. दूसरी परंपरा की खोज, नामवर सिंह, राजकमल प्रकाशन, 2005, पृष्ठ 53-54
138. द हार्ट डिवाइडेड, मुमताज शाह नवाज, ए.एस.आर., लाहौर, 1990, पृष्ठ 329-330
139. इस पूरी बहस के लिए देखिए 'मेरा देश, तुम्हारा देश', कृष्ण कुमार, राजकमल प्रकाशन, 2007 का 'विपरीत कल्पनाएं' नामक अध्याय।
140. देखिए 'दूसरी परंपरा की खोज' में 'अस्वीकार का साहस' शीर्षक लेख में कबीर पर किए गए पूर्ववर्ती कामों का लेखा-जोखा, नामवर सिंह, राजकमल प्रकाशन, 2005, पृष्ठ 43-44
141. हिंदी साहित्य का इतिहास, रामचंद्र शुक्ल, नागरी प्रचारणी सभा, 32वां संस्करण, 2054 वि., पृष्ठ 36
142. 'अशोक के फूल' शीर्षक निबंध, हजारी प्रसाद द्विवेदी ग्रंथावली, भाग 9, राजकमल प्रकाशन, 2007, पृष्ठ 23
143. 'ठाकुरजी की बटोर' शीर्षक निबंध, हजारी प्रसाद द्विवेदी ग्रंथावली, भाग 9, राजकमल प्रकाशन, 2007, पृष्ठ 163-164

144. 'संवाद ही हमारी परंपरा है' जवाहरलाल नेहरू का लेख, सामाजिक क्रांति के दस्तावेज, भाग-1, सं. शंभुनाथ, वाणी प्रकाशन, 2004, पृष्ठ 598
145. देखिए 'दूसरी परंपरा की खोज' में 'संस्कृति और सौंदर्य' शीर्षक लेख, नामवर सिंह, राजकमल प्रकाशन, 2005
146. बाबा साहेब डॉ. अंबेडकर : संपूर्ण वांग्मय, खंड 21, सूचना एवं प्रसारण मंत्रालय, भारत सरकार, 1933, पृष्ठ 3
147. यह उद्धरण ध्यान देने योग्य है। इसकी तुलना आचार्य शुक्ल की व्याख्या से की जानी चाहिए। द्विवेदी जी ने लिखा– ''देखते-देखते मेरी कल्पना ने मध्ययुग की आतंकग्रस्त हिंदू संस्कृति को सामने खड़ा कर दिया।...इस्लाम के आक्रमण से उसका तेज म्लान हो गया था, हत-दर्प हो गया था, पर वह हार मानने को तैयार नहीं थी। वह कुचली हुई वन्य वीरुध की भांति म्लान होकर भी सजीव थी, फिर से पनप उठने के लिए सचेष्ट थी, निरुपाय होकर वह जिधर सुविधा पाती उसी तरफ आश्रय को लपक पड़ती। इसी समय दक्षिणी आसमान से कई तेज-पुंज ज्वलंत ज्योतियां उत्तर की ओर बड़े वेग से दौड़ती हुई नजर आईं। दिशाएं तिमिराच्छन्न थीं, आसमान धूल से भरा हुआ था, धरित्री रक्त से तर थी। दक्षिण आकाश से आई हुई इन ज्योतियों ने कोई बाधा नहीं मानी, किसी की परवा न की। वे बढ़ती ही गईं। अचानक प्रकाश की किरण में स्पष्ट मालूम हुआ, इस कुचली हुई संस्कृति लता को एक सहारा मिला है। वह सहारा था वैष्णव धर्म, भक्ति–मतवाद।'' [हजारी प्रसाद द्विवेदी ग्रंथावली, भाग 9, 'ठाकुरजी की बटोर' शीर्षक निबंध, राजकमल प्रकाशन, 2007, पृष्ठ 165-166]। अब शुक्ल जी के बहुचर्चित कथन से इसका मिलान करें– ''देश में मुसलमानों का राज्य प्रतिष्ठित हो जाने पर हिंदू जनता के हृदय में गौरव, गर्व और उत्साह के लिए अवकाश न रह गया। उसके सामने ही उसके देवमंदिर गिराए जाते थे, देवमूर्तियां तोड़ी जाती थीं और पूज्य पुरुषों का अपमान होता था और वे कुछ भी नहीं कर सकते थे।...अपने पौरुष से हताश जाति के लिए भगवान की शक्ति और करुणा की ओर ध्यान ले जाने के अतिरिक्त दूसरा मार्ग ही क्या था?...भक्ति का जो सोता दक्षिण की ओर से धीरे-धीरे उत्तर भारत की ओर पहले से ही आ रहा था, उसे राजनीतिक परिवर्तन के कारण शून्य पड़ते जनता के हृदयक्षेत्र में फैलने के लिए पूरा स्थान मिला।'' [हिंदी साहित्य का इतिहास, आचार्य रामचंद्र शुक्ल, नागरी प्रचारणी सभा, 32वां संस्करण, 2054 वि., पृष्ठ 34-35]
148. 'कबीर', हजारी प्रसाद द्विवेदी ग्रंथावली, भाग 4, राजकमल प्रकाशन, 2007, पृष्ठ 333
149. वही, पृष्ठ 203
150. 'दूसरी परंपरा की खोज', नामवर सिंह, राजकमल प्रकाशन से उद्धृत।
151. यह लिखित रूप में छपा है, पर उस अधिवेशन की स्वागत समिति द्वारा रद्द कर दिए जाने की वजह से पढ़ा नहीं गया था।
152. बाबा साहेब डॉ. अंबेडकर : संपूर्ण वांग्मय, खंड 1, सूचना एवं प्रसारण मंत्रालय, भारत सरकार, 1933, पृष्ठ 89

153. 'मेरी जन्मभूमि' शीर्षक निबंध, हजारी प्रसाद द्विवेदी ग्रंथावली, भाग 9, राजकमल प्रकाशन, 2007, पृष्ठ 98-99
154. दूसरी परंपरा की खोज, नामवर सिंह, राजकमल प्रकाशन, 2005, पृष्ठ 77
155. आर्थिक मंदी के प्रश्न पर उस दौर में स्टालिन के लेखों में सोवियत संघ में आर्थिक मंदी न आने के कारणों का विश्लेषण किया गया है। अति-उत्पादन और मजदूरों की क्रय-शक्ति का लगातार क्षीण होते जाना पूंजीवाद का ऐसा संकट है जो बार-बार उसे ग्रस्त करता रहता है। 1929 की मंदी से उबरने के लिए ही पूंजीवाद ने कल्याणकारी राज्य की अवधारणा विकसित की। पूंजीवाद के इस असमाधेय संकट के बारे में मार्क्स ने 'कैपिटल' में विस्तृत अध्ययन प्रस्तुत किया। मौजूदा आर्थिक संकट से उबरने के लिए एक बार फिर पूंजीवादी अर्थशास्त्रियों को मार्क्स के विश्लेषणों की तरफ लौटना पड़ा। 30 के दशक में भारतीय किसानों की तबाही का कारण यह था कि अंग्रेजों ने भारत को कच्चे माल की मंडी बनाकर रखा था। वैश्विक अर्थव्यवस्था के संकटग्रस्त होते ही इस कच्चेमाल की खपत कम हो गई और किसानों की फसलों के दाम तेजी से घट गए लेकिन लगान और मालगुजारी कम न हुई बल्कि उसकी वसूली के लिए दमन और भी तेज हो गया। 'डोमिनियन स्टेट्स' का मिलना और विभिन्न राज्यों में कांग्रेसी सरकारों का बनना इस परिप्रेक्ष्य से भी देखा जाना चाहिए। अंग्रेज सरकार ने संभावित जनविद्रोहों पर पानी डालने में कांग्रेस को उपयोगी पाया, साथ ही स्वराज की मांग को लंबे समय के लिए टाल दिया।
156. अवध के किसान आंदोलन पर ज्ञानेन्द्र पांडेय ने 'निम्नवर्गीय प्रसंग' में विस्तृत अध्ययन किया है। उन्होंने यह स्थापित किया है कि अवध का किसान आंदोलन कांग्रेस द्वारा संचालित स्वाधीनता आंदोलन से अलग था और जनता ही इस आंदोलन में नायक थी। पूरे अध्ययन के लिए देखें- ज्ञानेन्द्र पांडेय, निम्नवर्गीय प्रसंग, किसान आंदोलन और भारतीय राष्ट्रवाद : अवध का किसान आंदोलन, 1919-1922, राजकमल प्रकाशन, दिल्ली, 1995, पृष्ठ 129-182
157. हिंदी आलोचना की बीसवीं सदी, निर्मला जैन, राधाकृष्ण प्रकाशन, दिल्ली, 1998, पृष्ठ 67-68 पर उद्धृत
158. भारतीय साहित्य के इतिहास की समस्याएं, रामविलास शर्मा, वाणी प्रकाशन, दिल्ली, 2002, पृष्ठ 14
159. J.V. Stalin, Marxism and National Question, htpp:\\www.marxist.org\reference\ archive\stalin\works\1913\03a.htm:s1
160. कलेक्टेड वर्क्स, खंड 2, जे. वी. स्टालिन, रादुगा प्रकाशन, मास्को, पृष्ठ 315
161. भाषा और समाज, रामविलास शर्मा, राजकमल प्रकाशन, दिल्ली, 2008, पृष्ठ 240
162. वही, पृष्ठ 260
163. रामविलास शर्मा की विवेचन पद्धति और मार्क्सवाद-III, सामना, वीरभारत तलवार, वाणी प्रकाशन, दिल्ली, 2005, पृष्ठ 92

164. प्रणय कृष्ण, 'उत्तर औपनिवेशिकता के स्रोत और हिंदी साहित्य', हिंदी परिषद प्रकाशन, इ.वि.वि., 2008, पृष्ठ 132
165. मैनेजर पांडेय, साहित्य और इतिहास दृष्टि, वाणी प्रकाशन, नई दिल्ली, 1981, पृष्ठ 31
166. नवजागरणकालीन साहित्य के चरित्र का एक विशिष्ट पहलू शीर्षक लेख, शिवकुमार मिश्र, आलोचना, जुलाई-सितंबर, 1987, पृष्ठ 55-56
167. हिंदी नवजागरण : अध्ययन की समस्याएं, सामना, वीरभारत तलवार, वाणी प्रकाशन, दिल्ली, 2005, पृष्ठ 257-258
168. रस्साकशी : 19वीं सदी का नवजागरण और पश्चिमोत्तर प्रांत, वीरभारत तलवार, सारांश प्रकाशन, दिल्ली-हैदराबाद, 2002, पृष्ठ 396-404
169. आचार्य रामचंद्र शुक्ल और हिंदी आलोचना, रामविलास शर्मा, भूमिका, राजकमल प्रकाशन, दिल्ली, 2003, पृष्ठ 27
170. वही, पृष्ठ 58
171. वही, पृष्ठ 23
172. डी.डी. कोसंबी शीर्षक लेख, मैनेजर पांडेय, प्रभात खबर, दीपावली विशेषांक, 2007, रांची, पृष्ठ 18
173. हिंदी साहित्य की भूमिका, हजारी प्रसाद द्विवेदी, राजकमल प्रकाशन, 2000, पृष्ठ 20
174. साहित्य और इतिहास दृष्टि, मैनेजर पांडेय, वाणी प्रकाशन, 1981, पृष्ठ 138
175. डी.डी. कोसंबी शीर्षक लेख, मैनेजर पांडेय, प्रभात खबर, दीपावली विशेषांक, 2007, रांची, पृष्ठ 18
176. कम्यूनिस्ट पार्टी का घोषणापत्र, मार्क्स-एंगेल्स, प्रगति प्रकाशन, मास्को, पृष्ठ 35
177. वही, पृष्ठ 35
178. प्रतिबद्धता के बावजूद, राजेन्द्र कुमार, स्वराज प्रकाशन, 2009, पृष्ठ 102
179. आलोचना की सामाजिकता, मैनेजर पांडेय, वाणी प्रकाशन, 2005, पृष्ठ 17
180. मुक्तिबोध रचनावली, खंड-5, संपादक : नेमिचंद्र जैन, राजकमल प्रकाशन, 1998, पृष्ठ 293
181. वही, पृष्ठ 292
182. वही।
183. वही।
184. वही, पृष्ठ 289
185. वही।
186. वही।
187. वही, पृष्ठ 290
188. वही, पृष्ठ 294
189. वही।
190. दूसरी परंपरा की खोज, नामवर सिंह, राजकमल प्रकाशन, नई दिल्ली, पृष्ठ 84-85

191. अनभै सांचा, मैनेजर पांडेय, पूर्वोदय प्रकाशन, 2002, पृष्ठ 25
192. वही, पृष्ठ 26
193. मुक्तिबोध रचनावली, खंड-5, संपादक : नेमिचंद्र जैन, राजकमल प्रकाशन, 1998, पृष्ठ 293
194. श्रीपाद अमृत डांगे के नाम पत्र, मुक्तिबोध रचनावली, खंड-6, राजकमल प्रकाशन, 1998, पृष्ठ 397
195. नई कविता की प्रकृति, वही, खंड-5, पृष्ठ 319
196. प्रयोगवाद, वही, पृष्ठ 287
197. हिंदी काव्य की नई धारा, वही, पृष्ठ 318
198. नई कविता और आधुनिक भावबोध, वही, पृष्ठ 30
199. नई कविता की प्रकृति, वही, पृष्ठ 324
200. नई कविता का आत्मसंघर्ष, वही, पृष्ठ 328
201. वही, पृष्ठ 330
202. वही, पृष्ठ 333
203. मुक्तिबोध रचनावली, खंड-2, संपादक : नेमिचंद्र जैन, राजकमल प्रकाशन, 1998, पृष्ठ 243
204. सभ्यता-समीक्षा और मुक्तिबोध, मधुप कुमार; अभिप्राय, संपादक : राजेन्द्र कुमार मधुप, अंक 24-25, पृष्ठ 102
205. नवीन समीक्षा के आधार, मुक्तिबोध रचनावली, खंड-5, संपादक : नेमिचंद्र जैन, राजकमल प्रकाशन, 1998, पृष्ठ 83
206. पहल-53 में छपा नामवर सिंह का भाषण, संपादक : ज्ञानरंजन, पृष्ठ 46
207. वही, पृष्ठ 47-48
208. समाज और साहित्य, मुक्तिबोध रचनावली, खंड-5, संपादक : नेमिचंद्र जैन, राजकमल प्रकाशन, 1998, पृष्ठ 70-71
209. वही, खंड-4, पृष्ठ 341-342
210. निम्नवर्गीय प्रसंग-1, संपादक : शाहिद अमीन और ज्ञानेंद्र पांडेय, राजकमल प्रकाशन, 1995, पृष्ठ 9।
211. पहले संस्करण की भूमिका, कविता के नए प्रतिमान, नामवर सिंह, राजकमल प्रकाशन, 2003, पृष्ठ 8
212. कविता के नए प्रतिमान, नामवर सिंह, राजकमल प्रकाशन, 2003, पृष्ठ 40
213. वही, पृष्ठ 66
214. वही, पृष्ठ 68
215. मुक्तिबोध रचनावली, खंड-5, संपादक : नेमिचंद्र जैन, राजकमल प्रकाशन, 1998, पृष्ठ 337-38
216. दूसरे संस्करण की भूमिका, नई कविता और अस्तित्ववाद, रामविलास शर्मा, राजकमल प्रकाशन, दिल्ली, 1997, पृष्ठ 5-6
217. कविता के नए प्रतिमान, नामवर सिंह, राजकमल प्रकाशन, 2003, पृष्ठ 105

218. वही, पृष्ठ 109
219. समकालीन कविता और मार्क्सवाद, आशुतोष कुमार, हिंदी विभाग, अलीगढ़ मुस्लिम विश्वविद्यालय, 2009, पृष्ठ 95
220. कविता के नए प्रतिमान, नामवर सिंह, राजकमल प्रकाशन, 2003, पृष्ठ 131
221. वही, पृष्ठ 136
222. मुक्तिबोध रचनावली, खंड-5, संपादक : नेमिचंद्र जैन, राजकमल प्रकाशन, 1998, पृष्ठ 269
223. वही, पृष्ठ 270
224. कविता के नए प्रतिमान, नामवर सिंह, राजकमल प्रकाशन, 2003, पृष्ठ 165
225. वही, पृष्ठ 181
226. वही, पृष्ठ 189
227. वही, पृष्ठ 191-92
228. वही, पृष्ठ 210
229. जायसी, विजयदेव नारायण साही, हिंदुस्तानी एकेडमी, 1983 की भूमिका
230. वही, पृष्ठ 23
231. वही, पृष्ठ 22
232. रामचंद्र शुक्ल संचयन, भूमिका एवं चयन : नामवर सिंह, साहित्य अकादेमी, द्वितीय संस्करण, 1998, पृष्ठ 122-25
233. वही, पृष्ठ 111
234. मुक्तिबोध रचनावली, खंड-4, संपादक : नेमिचंद्र जैन, राजकमल प्रकाशन, 1980, पृष्ठ 85
235. जायसी, विजयदेव नारायण साही, हिंदुस्तानी एकेडमी, 1983, पृष्ठ 106
236. वही, पृष्ठ 62
237. मुक्तिबोध रचनावली, खंड-5, संपादक : नेमिचंद्र जैन, राजकमल प्रकाशन, 1986, पृष्ठ 307
238. जायसी, विजयदेव नारायण साही, हिंदुस्तानी एकेडमी, 1983, पृष्ठ 70
239. वही, पृष्ठ 70
240. आलोचक और समीक्षाएं, सत्यप्रकाश मिश्र, विभा प्रकाशन, 1993, पृष्ठ 61
241. नितांत समसामयिकता का नैतिक दायित्व-1, छठवां दशक, विजयदेव नारायण साही, हिंदुस्तानी एकेडमी, 2007, पृष्ठ 146
242. नितांत समसामयिकता का नैतिक दायित्व-2, वही, पृष्ठ 163
243. मुक्तिबोध रचनावली, खंड-5, संपादक : नेमिचंद्र जैन, राजकमल प्रकाशन, 1986, पृष्ठ 326
244. नितांत समसामयिकता का नैतिक दायित्व-2, छठवां दशक, विजयदेव नारायण साही, हिंदुस्तानी एकेडमी, 2007, पृष्ठ 161
245. मुक्तिबोध रचनावली, खंड-5, संपादक : नेमिचंद्र जैन, राजकमल प्रकाशन, 1986, पृष्ठ 326

246. देखिए 'पद्मावत का विश्लेषण' नामक अध्याय, जायसी, विजयदेव नारायण साही, हिंदुस्तानी एकेडमी, 1983, पृष्ठ 80-112
247. देखिए 'शमशेर की काव्यानुभूति की बनावट' शीर्षक लेख, छठवां दशक, विजयदेव नारायण साही, हिंदुस्तानी एकेडमी, 2007, पृष्ठ 194-219
248. समकालीन कविता और मार्क्सवाद, आशुतोष कुमार, हिंदी विभाग, अ.मु.वि., 2009, पृष्ठ 140
249. वही, पृष्ठ 136
250. भूमिका, निर्मल वर्मा, संपादक : अशोक वाजपेई, राजकमल प्रकाशन, 2001, पृष्ठ 7
251. निर्मल वर्मा का साक्षात्कार, वही, पृष्ठ 27
252. Dalit and Woman in Indian Literature, Ed. Chamanlal, Saraansh Publication, 2001, Page 128
253. शताब्दी के ढलते वर्षों में, पत्थर और बहता पानी, निर्मल वर्मा, वाग्देवी प्रकाशन, बीकानेर, 2000, पृष्ठ 65
254. भारत और यूरोप : प्रतिश्रुति के क्षेत्र की खोज, पत्थर और बहता पानी, निर्मल वर्मा, वाग्देवी प्रकाशन, बीकानेर, 2000, पृष्ठ 136
255. वही, पृष्ठ 132
256. Narrating India: The Novel In Search of The Nation, Introduction, Ramakrishnan, E.V. (Ed.) , Sahitya Academy, Delhi, 2005, Page 12
257. अनभै सांचा, मैनेजर पांडेय, पूर्वोदय प्रकाशन, दिल्ली, 2002, पृष्ठ 48
258. आलोचना, संपादक : नामवर सिंह, अप्रैल-जून, 1980, पृष्ठ 2, संपादकीय से उद्धृत
259. आधुनिक मनुष्य के आत्म का नया छंद शीर्षक लेख में ध्रुव शुक्ल द्वारा उद्धृत, निर्मल वर्मा, संपादक : अशोक वाजपेई, राजकमल प्रकाशन, 2001, पृष्ठ 131
260. अनभै सांचा, मैनेजर पांडेय, पूर्वोदय प्रकाशन, दिल्ली, 2002, पृष्ठ 148
261. Allegory for the Interface, Jaidev, Dalit and Woman in Indian Literature, Ed. Chamanlal, Saraansh Publication, 2001, Page 128
262. गबन, प्रेमचंद, राजकमल प्रकाशन, दिल्ली, 2004, पृष्ठ 203
263. गोदान, प्रेमचंद, वाणी प्रकाशन, दिल्ली, 2004, पृष्ठ 97
264. होरी की मृत्यु और किसानों की आत्महत्या, रविभूषण, समकालीन जनमत, वर्ष 25, अंक 1 पृष्ठ 16-18
265. हिंदी साहित्य : उद्भव और विकास, हजारी प्रसाद द्विवेदी, राजकमल प्रकाशन, 1988, दिल्ली, पृष्ठ 250
266. ज्ञान का स्त्रीवादी पाठ, सुधा सिंह, ग्रंथशिल्पी प्रकाशन, 2008, पृष्ठ 94
267. भूमिका, वही, पृष्ठ 11-12
268. देखें 'राष्ट्र और उसकी महिलाएं' शीर्षक लेख, पार्थ चटर्जी, निम्नवर्गीय प्रसंग-2, संपादक : शाहिद अमीन, ज्ञानेंद्र पांडेय, राजकमल प्रकाशन, 2002

269. उत्तर औपनिवेशिकता के स्रोत और हिंदी साहित्य, प्रणय कृष्ण, हिंदी परिषद प्रकाशन, इ.वि.वि., 2008, पृष्ठ 261
270. स्त्रियां और उनकी शिक्षा, बालकृष्ण भट्ट, स्त्री अस्मिता : साहित्य और विचारधारा, संपादक : सुधा सिंह, जगदीश्वर चतुर्वेदी, आनंद प्रकाशन, 2004, पृष्ठ 41
271. ज्ञान का स्त्रीवादी पाठ, सुधा सिंह, ग्रंथशिल्पी प्रकाशन, 2008, पृष्ठ 251
272. आधुनिक नारी, महादेवी वर्मा, स्त्री अस्मिता : साहित्य और विचारधारा, संपादक : सुधा सिंह, जगदीश्वर चतुर्वेदी, आनंद प्रकाशन, 2004, पृष्ठ 82
273. उत्तर औपनिवेशिकता के स्रोत और हिंदी साहित्य, प्रणय कृष्ण, हिंदी परिषद प्रकाशन, इ.वि.वि., 2008, पृष्ठ 277
274. स्त्री अस्मिता : साहित्य और विचारधारा, संपादक : सुधा सिंह, जगदीश्वर चतुर्वेदी, आनंद प्रकाशन, 2004, पृष्ठ 245
275. Dalit and Woman in Indian Literature, Ed. Chamanlal, Saraansh Publication, 2001, Page 156
276. ज्ञान का स्त्रीवादी पाठ, सुधा सिंह, ग्रंथशिल्पी प्रकाशन, 2008, पृष्ठ 59
277. Dalit and Woman in Indian Literature, Ed. Chamanlal, Saraansh Publication, 2001, Page 157-165
278. दलित साहित्य का सौंदर्यशास्त्र, डॉ.. शरण कुमार लिंबाले, वाणी प्रकाशन, 2000, पृष्ठ 38
279. वही, पृष्ठ 19
280. दलित-विमर्श की भूमिका, कंवल भारती, इतिहास बोध प्रकाशन, 2002, पृष्ठ 129
281. वही, पृष्ठ 102
282. दलित साहित्य का सौंदर्यशास्त्र, डॉ. शरण कुमार लिंबाले, वाणी प्रकाशन, 2000, पृष्ठ 40
283. दलित-विमर्श की भूमिका, कंवल भारती, इतिहास बोध प्रकाशन, 2002, पृष्ठ 124
284. उत्तर औपनिवेशिकता के स्रोत और हिंदी साहित्य, प्रणय कृष्ण, हिंदी परिषद प्रकाशन, इ.वि.वि., 2008, पृष्ठ 308
285. देखिए 'दलित-विमर्श की भूमिका' का 'पुनश्च:- दलित और वाम : गैरजरूरी सवाल' शीर्षक अध्याय। भूमिका में ही कंवल जी साफ कर देते हैं कि दलित-विमर्श की मार्क्सवाद से की गई अपेक्षाओं के आधार पर यह अध्याय लिखा गया है। अस्मिता के प्रश्न को मुख्य मानते हुए अन्यान्य बदलाव के आंदोलनों के साथ योग ही उनके विमर्श का आधार है।
286. वही, पृष्ठ 309-10
287. देखें कबीर पर कब्जे की लड़ाई, पल-प्रतिपल, संपादक : देश निर्मोही, आधार प्रकाशन, अक्टूबर-दिसंबर, 1997, इस लेख में वीरभारत तलवार ने बताया है